갈길을 밝히 보이시니

Come to Savior, make me no delay : Here in His word He's shown us the way

김성호

비즈프레스

갈 길을 밝히 보이시니

제1판 발행: 2022년 3월 25일

제2판 발행: 2022년 5월 25일

저　자: 김성호

발행처: 비즈프레스

발행인: 추일재

출판등록: 제324-2006-0044호

주　소: 서울시 강동구 천호동 359-23

문　의: 010-3300-8981

E-mail: bizpress@hanmail.net

ISBN: 979-11-86331-71-2 (03230)

책을 펴내면서

대학에서의 정년과 목회의 은퇴 이후에 강단에서 전했던 말씀들을 되돌아보고 싶었다.

학문적으로도 부족하고 신학과 목회에서는 더 많이 부족하지만 '오직 하나님께 영광을!(Soli Deo Gloria!)', '오직 성경으로만!(Sola Scriptura!)' '오직 믿음으로만!(Sola Fide!)', '오직 은혜로만(Sola Gratia)'에 의지하여 그동안 전했던 말씀들을 되돌아보고 정리하여 지금 목회의 현장에서 거룩한 발자취를 걷고 있는 후배 · 제자들과 공유하고 경청해준 교우들과도 함께 기억하고 간직하고 싶었다.

돌이켜 보면 부끄럽기도 하지만 '아무리 들어도 좋은 말' 그대로 '참으로 감사한 일!'이다. 그동안 서울과 지방은 물론 2~3년차의 개척교회, 1911년에 세워져 110년이 넘은 교회와 전방의 군인교회, 대학교회 그리고 직장 신우회 등에서도 말씀을 전했고 며칠간의 부흥회도 인도하였다.

이 책에는 선친 김홍준목사의 설교(牧童의 노래, 경기노회 목회자 설교집, 위곡출판사, 1991), 서로를 안지 55년이 넘는 절친인 UMC의 감독 선친의 설교(朴信五목사, 苦難과 恩寵, 敬天愛人社, 1964), 역시 오랜 친구 목사의 설교(전덕영, 차원 높은 삶의 길, 쿰란출판사, 2006)와 평소에 존경하여 왔던 목사님들의 말씀들도 요약, 인용되어 있다.

마치 '낮에는 구름기둥, 밤에는 불기둥이 가나안을 향해 광야를 지나야 했던 이스라엘 민족을 이끌어 주었던 것' 처럼 선친이 목회 현장에서 늘 구독하신 〈다락방〉과 〈神學指南〉은 지금도 기억에 뚜렷하다.

특히 감리교 신학대학원 도서관에서 우연히 발견한 박신오목사님의 설교집은 복사판으로 만들어 한 권을 UMC Bishop인 아들 Jeremiah Park감독에게 선물하고 다른 한 권을 필자가 애장하고 있다.

박목사님은 설교집의 앞부분에서 설교의 요령 16개조를 밝혀 놓으셨다. 즉 ① 성경을 매일 꾸준히 읽어 갈 것(감명 깊은 데는 표해 둠) ② 매일 기도와 명상에 시간을 쓸 것 ③ 좋은 생각이나 예화가 떠오를 때는 즉시 설교 노트에 기입하여 둘 것 ④ 설교 제목은 가급적 10자 이내로 정할 것 ⑤ 설교 본문은 15자 이내로 할 것 ⑥ 설교 시간은 30분을 넘기지 말도록 할 것이며 성경 해석을 주로 할 것 ⑦ 설교 내용은 청중의 연령과 지식정도를 참작해서 그들의 요구에 맞도록 꾸밀 것 ⑧ 말은 가급적 천천히 하며 열의를 가질 것 ⑨ 어성(語聲)은 그 실내의 맨 뒷줄사람이 알아들을 수 있는 높이로 하고 이상한 음성을 내는 것을 하지 말 것 ⑩ 태도는 자연스럽게 가질 것 ⑪ 필요시에는 몸으로나 손으로 표정을 지을 것 ⑫ 남을 악평하는 말을 하지 말 것 ⑬ 예화는 두 개 이상 쓰지 말 것 ⑭ 원고나 성구를 읽는 외에는 설교자는 늘 청중을 바라볼 것 ⑮ 강단에서는 비록 흉내일지라도 누추한 말이나 욕하는 것은 하지 말 것 ⑯ 그리스도만을 언제나 높일 것 등이었다.

평소에 말씀을 준비할 때마다 이를 지키려 하였으나 ①④⑦⑧은 좀 따른 것 같고 ⑩⑪⑬⑭는 제대로 지키지 못한 것 같다.

늘 말씀을 준비할 때마다 3M을 꼭 지키려고 애를 썼다. 즉 은혜를 나누려는 본문의 상황(事件) 개요를 요약하여 설명하는 Matter, 그런 상황이 주는 의미(意味)를 설명(누가복음 24:32)하는 Meaning, 그리고 말씀을 듣고 은혜(恩惠)를 받은 성도들이 세상에(in the world) 나아가 '때로는 넘어지기도 하면서 비록 주님이 뜻하신 일 헤아리기가 어렵더라도 최후 승리를 믿고 세상 사람들과 달리(not of the world) 더욱 굳센 믿음으로 언제나 주님만을 따르며 살겠다'는 자신감과 사명감을 갖게 하는 Mission을 강조하려 하였다.

근대 철학의 아버지 Rene Descartes는 "Cogito ergo sum!"(나는 생각한다. 그러므로 나는 존재한다)라 하였고 Baruch Spinoza는 "Desidero ergo sum!"(나는 욕망한다 고로 나는 존재한다)라 했다고 하지만 이 책을 쓰는 동안 머릿속에 맴돌던 말은 St. Augustine의 "Deus Cogitat me, ergo sum!"(하나님이 나를 생각하신다. 그러므로 나는 존재한다)이었다.

신·구약 성경 66권은 '하나님을 알게 하는 책'이다. 그리고 성경의 처음인 창세기부터 시작해서 마지막인 요한계시록까지를 읽고 나면 '나와 우리를 알게 해주는 책'이기도 하다.

이 책의 제목을 "갈 길을 밝히 보이시니"로 한 것은 거룩하신 하나님의 말씀인 성경을 늘 사모하고 신앙생활을 하면서 '언제 한번 제대로 읽어야지'라는 '거룩한 각오와 결심'에도 불구하고 늘 세상 일이 먼저였기에 제대로 지켜오지 못하였으나(그리하여 찬송가 375장의 "나는 갈 길 모르니~"는 우리들의 고백적 찬송이기도 하다) 그럼에도 불구하고 지금까지 지금의 나, 우리들 된 것은 우리들로 하여금 이런 모양 저런 모양으로 '갈 길을 인도하여 주신 은혜와 축복' 때문이다.

찬송가 524장에서는 "갈 길을 밝히 보이시니 주 앞에 빨리 나가자"(Come to the Savior, make no delay ; Here in His word He's shown us the way)고 한다.

그리고는 이어서 "기쁘게 듣고 순종하자"(Let every heart leap forth and rejoice)고 한다. 또한 마지막에는 "듣기도 하며 생각하니 참 진리"(Hear now His accents, tenderly say, Will you, my children,

Come)라고 한다.

그리하여 그러한 영혼은 “기뻐하며 주를 보겠네 하늘에 계신 주예수를 영원히 섬기겠다.”(When from sin, our hearts are pure and free. And we shall gather, Savior, with Thee. In our eternal home.)고 고백한다.

때로는 힘들고 어려움이 늘 곁에 있어서 살아가면서 또는 믿음생활을 하면서도 “나는 갈 길 모르니”(Jesus, Savior, pilot me, Lost on Life's uncharted sea)의 찬송(375장)이 저절로 읊조리게 될 때 이 책을 읽는 중에 주님 주시는 기쁨과 감사, 풍성한 은혜가 넘쳐 ‘갈 길이 밝히 보여 지기’를 간절히 기도한다.

언제인가 한 밤중에 필자에게 꿈으로 보여 주신 이 책의 제목처럼 “갈 길을 밝히 보여 주시니”가 이뤄지기를 진심으로 바라고 있다.

책의 뒷부분에는 지난 2020년 11월에 영락교회에서 한경직목사 20주기를 맞아 “한경직 목사 정신 찾기 프로젝트” 공모에서 ‘한경직목사 논문상’으로 수상한 〈한경직목사의 경천애인사상의 실천방안에 대한 연구〉를 요약하여 게재하였다.

한경직목사님은 영락교회를 한국은 물론 세계적으로 널리 알려지게 하셨을 뿐만 아니라 신자와 비신자의 여부에 상관없이 모든 이들에게 신실한 목회자와 아름다운 교회의 모습을 보여 주셨다.

그분의 경천애인사상은 ‘성경, 곧 하나님의 말씀을 우리들의 신앙생활과 교회생활 나아가 사회생활에서 구체적으로 적용, 실천하며 살아가는 방법과 도리를 몸소 실천하여 본으로 보여 주시는 것’이라고 확신하고 있다.

필자는 한경직목사님과 영락교회가 하원 선교를 위해 설립한 대광학교(목사님은 오랜 동안 이사장이셨다)에 다녔고 후에 그곳에서 가르치게 되면서 각종 행사 때는 물론 심령 수양회와 교직원수련회 등을 통해 가까이서 뵐 수 있는 기회가 많았기에 이 글을 쓰는 동안 그 때의 기억들은 크게 도움이 되었다.

이 책을 쓰면서 부족함을 채워주며 도와준 많은 선·후배와 동료 목사님들에게 감사를 드린다.

특히 김성헌장로는 영락교회 교인들만이 알고, 갖고 있는 귀한 자료들을 수집해 주었으며 함께 살아오면서 교회와 신앙생활에 있어 많은 것을 공유하는 가운데 처음 이 책을 쓸 때부터 큰 관심을 갖고 기도하면서 원고 정리와 교정을 도와준 오숙자선생(정신여고 교사)과 멀리 떨어져 살다 잠시 함께 한 딸 혜림에게도 감사의 마음을 전한다.

또한 이 책을 위하여 〈두루마리 성경〉과 〈포도송이〉를 그려주신 협성대학교 예술대학 미술학과의 김원기교수님에게도 깊은 감사를 드린다.

끝 인사를 2019년 종교개혁 500주년을 기념하여 독일교회가 선언한 표어로 대신하려고 한다.

"Du sichst mich!"(하나님이 나를 보신다!)

2022년 3월

김성호목사 / harveykim@hanmail.net

목 차

제1장 말씀으로 한걸음씩, 주께 더 가까이! (구약)

제2장 말씀으로 한걸음씩, 주께 더 가까이! (신약)

【성경 읽기표 구약】

창세기	1~50장	전도서	1~12장
출애굽기	1~40장	아가서	1~8장
레위기	1~27장	이사야	1~66장
민수기	1~36장	예레미야	1~52장
신명기	1~34장	예레미야애가	1~5장
여호수아	1~24장	에스겔	1~48장
사사기	1~21장	다니엘	1~12장
룻기	1~4장	호세아	1~14장
사무엘상	1~31장	요엘	1~3장
사무엘하	1~24장	아모스	1~9장
열왕기상	1~22장	오바댜	1장
열왕기하	1~25장	요나	1~4장
역대상	1~29장	미가	1~7장
역대하	1~36장	나훔	1~3장
에스라	1~10장	하박국	1~3장
느헤미야	1~13장	스바냐	1~3장
에스더	1~10장	학개	1~2장
욥기	1~42장	스가랴	1~14장
시편	1~150장	말라기	1~3장
잠언	1~31장		

제1장

말씀으로 한걸음씩, 주께 더 가까이!(구약)

39 Stepping forward to God!(Old Testament)

창세기

시작이 다르면 결과도 다르다!(If the beginnings are different, the result are different!).

창세기를 자세히 보면 세상의 시작 곧 모든 것의 처음을 알게 되고 지금의 세상이 달리 보이며 지금의 나도 달리 보인다.

시작(Beginning)이 있으니 끝(Ending)이 있고 출발(Starting)하였으니 결승선(Finishing)이 있으며 먼저 말씀(Utterance)하셨으니 응답(Response)이 뒤따라야 한다.

온 세상과 우리를 창조하신 전능의 하나님(Almighty God)을 믿고 인정하며 의지하는 자의 첫걸음과 끝은 큰 차이를 보이게 된다.

성경은 39권의 구약과 27권의 신약으로 이뤄져 있어 천국의 전화번호는 66-3927이라고도 한다. 전화를 걸어야 음성을 듣고 대화를 나누게 되듯 성경을 읽고 보아야 하나님을 만나고 그분의 음성을 듣는다.

'태양이 떠오르는 것을 믿듯 하나님을 믿으며 산다'고 한다. 이는 태양을 보는 것만이 아니라 그것에 의해 다른 모든 것을 볼 수 있기 때문이다.

우리는 성경을 통해서 세상의 모든 것을 보게 된다.

구약	신약
39권/929장/23,145절/609,247단어,율법서(5권)/역사서(12권)/시가서(5권)/예언서(17권)	27권/260장/7,957절/179,011단어,복음서(4권)/역사서(1권)/바울서신(13권)/공동서신(8권)/예언서(1권)

창세기(創世記)는 세상 모든 것의 첫 시작이라는 뜻이며 모세가 기록(1446~1400 B.C.)한 것으로 알려져 있고 유대인들은 창세기~신명기를 토라, 기독교에서는 모세 5경으로 부른다.

창세기는 천지 창조의 역사와 함께 택(擇)하신 백성, 이스라엘의 여정(旅程)을 통해 하나님을 알게 하려는 성경의 첫 번째 책이다.

이스라엘 백성들은 애굽에서 가나안까지의 40여년의 대장정을 통하여 자신들의 정체성(identity)과 세상 사람들과의 차별성(differentiation)을 깨닫게 되고 성별화(sanctification)를 이루게 된다.

창세기의 중요 인물 가운데 한 사람인 야곱은 "너희는 모이라 너희가 후일에 당할 일을 내가 너희에게 이르리라 너희는 모여 들으라 야곱의 아들들아 너희 아버지 이스라엘에게 들을지어다"(49:1~2)라고 하면서 육신의 아버지인 야곱의 일상적인 말이 아닌 이스라엘(이스라는 '주도하다, 다스리다'의 뜻이고 엘은 하나님을 뜻하여 '하나님이 수도하다, 다스리다'의 뜻)의 하나님의 말, 곧 귀 기울여 들어야 할 "크고 귀한 말(32:28)을 들으라"고 하였다.

21세기의 지금을 사는 우리들은 성경을 통하여 평범하고 일상적인 말이 아닌 '크고 비밀한 생명의 말씀'을 들을 수 있어야 한다(귀 기울여 들을 일, 김운성목사, 영락교회, 2020.5.10).

창세기에는 위대한 협상가(Negotiator)였던 '아브라함의 협상'이 들어 있다(18:20~33).

하나님은 소돔과 고모라의 죄악이 중(重)하여 멸(滅)하려고 하셨음에도 아브라함은 적극적인 협상(M/A)을 시도하였다.

믿음의 조상(창세기 12:1~4)인 아브라함은 강압적 태도 대신에 공통점을 찾는 반응적 협상(M/W)이나 전개되는 상황에 주시하는 후퇴적 협상(M/A)이나 아무런 조치나 간섭도 하지 않는 소극적 협상(N/M) 대신에 충분한 설명과 설득을 통해 자신의 입장을 호소하면서 이해하여 주실 것을 간청하였다.

그는 하나님에게 '의인(義人) 50인이 있음에도 악인과 같이 심판하시겠느냐?'로 질문하여 '아니다'라는 답을 얻은 후에 45인, 다시 40인 또 다시 20인, 끝내는 '10인만 있어도 멸(滅)하지 않겠다'는 답을 얻어내었다.

그는 간절한 호소와 제안으로 심판 받을 자들의 숫자를 줄여가는 BATNA(Best alternative to negotiated agreement), 즉 '최선의 대안'을 이끌어 내었다.

Moving against	Moving with	Moving away	Not moving
설명 · 솔선수범 · 호소 · 제안 · 도전 · 압력등의 적극적 행동	찬성 · 요약 · 동의 · 강압 대신 자연스럽게 협상 유인	정면충돌 · 접촉 · 대립하는 대신 침묵 · 무응답의 수동 자세	관조자의 태도로 소극적 대응

Life is voyage!(인생은 항해다!)라고들 흔히 말하고 있지만 Life is negotiation!(인생은 협상이다!)도 옳은 말이다.

사람은 누구나 태어나면서부터 끊임없이 협상(協商)을 시도하고 성공하여야 한다.

어려서는 협상의 대상이 부모와 형제들이지만 자라가면서는 선생님과 친구들과의 협상이 있어 이들과의 성공적인 협상은 인생을 즐겁고 편하게 하지만 그렇지 못하면 꼬이고 뒤틀리면서 가까운 길을 멀리 돌아가야 하고 때론 포기도 하는 등 힘들어 지게 된다.

바람직한 협상을 위해서는 NBYB 보다는 YBNB의 노하우가 필요하다고 한다. 즉 '아니다, 당신의 생각은 잘못됐다, 그것은 왜냐하면 '~하기 때문이다'(No~because)가 아닌 '당신은 옳다 하지만 ~하기 때문이다'(Yes~but)로 설득(說得)하라는 것이다.

아브라함은 식구들이나 친구 또는 이웃들도 아닌 절대자이신 '하나님과의 협상'에서 성공하였다.

때로는 '조르고 매달리며 기도'하여 끝내는 응답을 받아내는 기도의 거인(巨人), 달인(達人)들이 부럽다.

요셉은 구약은 물론 성경 전체에 등장하는 누구에게나 존경받고 인정받는 인물로 정말 파란만장(波瀾萬丈)한 인생항로를 달려온 인간 승리의 인물이었다.

하지만 그의 라이프 스토리는 우리들의 감동 게이지를 급상승시키는 가슴 짠한 감동 그 자체로 찬사를 보내게 한다.

이는 마치 호수위의 우아한 백조의 자태에만 찬사를 보내면서 쉼이 없이 움직여야만 하는 발가락 움직임에 일별(一瞥)도 하지 않는 방송카메라의 렌즈에서 보듯 그의 내면의 진정한 삶은 '우여(紆餘)와 곡절(曲折)로 점철(點綴)되어온 역경의 인생'이었다.

자색(紫色) 옷을 입으며 노부모의 무한(無限) 사랑을 받았던 11번째 아들이었던 요셉(Joseph · 約瑟)은 10명의 형들로부터 평소에도 시새움을 받던 중에 미디안의 노예상들에게 팔렸으며 끝내는 바로의 시위대장인 보디발(Potiphar · 波提乏)의 집으로 팔려갔다(39:1~9).

그는 열심히 일하여 집주인의 신임을 받아 가정 총무로 까지 승진하게 되었으며 일을 수행하던 중에 시위대장의 아내에게서 유혹을 받기도 했으나 '큰 악(惡)으로 하나님께 죄를 짓는 것'(39:9)이라며 유혹을 뿌리쳤다.

만일 용모가 빼어나고 아름다웠던(well-built and handsome) 청년이었던 그가 이를 받아들였다면 잠시나마 호사(豪奢)와 쾌락(快樂)을 즐길 수도 있었겠지만 (만일 그랬었다면) 나중에 그가 애굽의 총리가 되는 일은 언감생심(焉敢生心)의 일이 되었을 것이다.

결국 이 모든 일들은 그가 늘 가꾸고 보살펴야 할 밭에 나가기 전까지 자신에게 맡겨진 일(job doing), 업무(duty)를 성실하게 믿음으로 수행한 결과였다.

뿌리지 않고는 열매를 걷을 수 없다. 오직 "이른 새벽부터 저녁까지 씨를 뿌린 자들만이 기쁨으로 단을 걷을 수 있는 것이다"(Sowing in the morning, sowing in the moon-tide. bring in the sheaves, 찬송가 496장).

그러나 혹은 만일 밭에 나가기 전까지 크든 작든간에 상관없이 마땅히 하여야 할 일을 무시하거나 경시(輕視)하여 등한히 여기게 된다면 '기쁨의 단, 성공의 열매'는 결코 얻지 못하게 된다.(밭에 나가기까지 : 보디발의 집, 김운성목사, 영락교회, 2021.1.10).

창세기(Genesis)는 세상을 창조하고 시작하신 하나님의 위대함을 알게 하는 성경의 첫 번째의 책이기도 하지만 우리들에게는 '신앙 여정에서의 첫 걸음'(The First stepping)이 된다.

그러므로 창세기는 전능하신 하나님(Almighty God)의 위대한 역사하심과 자비 그리고 은혜에 감동하고 기뻐하며 감사하는 피조물에게 펼쳐지게 되는 시작(Beginning)의 책이다.

출애굽기

창을 열고 밖을 보면 아침이 오고 저녁이 되어 하루가 가는 것을 알려주며, 집으로 돌아올 때 말없이 반기면서 '그래, 오늘도 수고 했어' 라고 반겨주는 가로수나 동네 입구 높게 자란 느티나무도 처음부터 그 곳에 심겨져 있지는 않았을 것이다.

씨가 뿌려지고 새싹이 날 때는 묘포장(苗圃場)이나 농장 등에 심겨졌을 것이고 드디어 싹이 자란 꽃과 나무는 어쩌면 계속 거기에만 있고 싶어 했을지도 모른다.

왜냐하면 이제는 차츰 주변 풍경에도 익숙해져 가끔 날아오는 새는 언제 쯤 올지, 꽃들은 언제 피고 열매는 언제쯤 맺게 되는 지도 알 수 있게 되었기 때문이다.

그러나 농장주인은 다른 생각이 있었다. 나무들은 옮겨질 때와 옮겨지는 이유를 모르지만 이제는 익숙했던 장소, 정들었던 거주지(residence)를 떠나야만 한다.

이스라엘 백성들은 이국(異國) 애굽에서 430년이나 살았던 곳을 떠나 드디어 꿈에 그리던 고향집으로 돌아가게 되었다.

비록 '(내) 갈길 멀고 밤은 깊으나(찬송가 379장)' 오직 그린 라이트(불기둥 · 구름기둥)를 따라서 그저 모세가 인도하는 대로 따라 가기만 하면 되었다.

"스스로 있는 자"(I am who I am · 我是自有永有的, 13:14)이신 하나님은 '온유(溫柔)함이 지면(地面)의 모든 사람보다 승(勝, more humble than anyone, 민수기 12:3)'한 모세의 인도로 고향으로 가는 동안 받고 겪은 훈련과 연단으로 하나님과의 언약 관계를 온몸으로 체험하게 하신 후(40:38) 비로소 새 백성이 되게 하신 후에야 '젖과 꿀이 흐르는 땅'(3:8)에 들어가게 하셨다.

패션용어지만 기업 등에서는 특정의 시간 · 장소 · 상황에 맞는 처신이나 행동을 의미하는 용어로 TPO를 사용하고 있다. 이를 모세가 살아온 삶의 궤적(軌跡)에도 그대로 적용해 볼 수 있다.

Time	Place	Occasion
40년 40년 40년	애굽 미디안 광야 본향(本鄕)의 여정	황제교육/세상학문/고급교육(*No Body*) 양치기/목자/목축업/연단(*Some Body*) 협상자/지도자/설교자/장군(*God Body*)

그러나 애굽을 같은 날, 같은 시간에 함께 떠났어도 40년 광야생활에서의 삶 또는 신앙하는 모습에 따라 말씀에 순종치 않고 명(命)하신 법도를 지키지 않고 불순종했던 자들은 들어가지 못하고(히브리서 3:12~19) 오직 갈렙과 여호수아 그리고 새 백성들만이 가나안에 도착(민수기 14:30)할 수 있었다.

모세는 이스라엘을 패배와 의심 그리고 자포자기의 상황 속에서도 자신감과 확신을 갖게 만든 40년 연단의 시간을 통해 그들의 꿈을 이루게 하였다.

이제 그가 지닌 막대기는 '더 이상 목동(牧童)의 것이 아닌 지도자(指導者)의 것'으로 바뀌었다.

기독교는 당신이 선택하셨던 사람들을 마음에 들지 않는다 하여 '내던져 버리지 않고' 만들어 쓰시는 '변화의 종교'이다(권대선, 안양동은교회, 2020.6.28.).

언듯보면 출애굽기(Exodus)는 낮에는 구름기둥, 밤에는 불기둥의 인도로 총대장 모세(摩西 · Moses)와 젊은 장군 여호수아의 지휘 아래 얻어낸 '격전(激戰)의 전쟁사'(戰爭史)인 것만 같지만 실은 천하를 호령하던 절대 군주였던 바로(pharaoh · 法老)를 향해 '내 백성을 보내라'며 10가지 재앙을 무기삼아 담대하게 협상을 이뤄낸 "분투(奮鬪)와 한(恨)의 통사(痛史)"이다.

하나님의 백성인 그들에게는 세상과는 다른 믿음과 사명, 법도가 있어야 했다.

하나님은 신앙과 생활에서의 기준인 법도, 십계명(The 10 Commandments)을 주셨으나 믿음의 호흡이 짧고 지리멸렬(支離滅裂)한 백성들은 이를 순종하는 대신 오히려 이의를 달아 불만을 표시하거나 거부하여 결국에는 '교육과 연단(鍊鍛)을 통한 성민화(聖民化) 과정'을 거쳐야만 했다.

우리는 믿음생활을 하면서 신앙은 그저 '입으로만, 만사가 술술 잘 풀려 좋을 때만 하는 것'이 아님을 잊지 말아야 한다.

얼마 전 어렵게 들어간 회사를 떠나려고 결심한 입사 5년차의 제자와 얘기(相談)를 나누게 되었다,

그는 본인의 열심과 노력에도 불구하고 이를 인정받지 못하는 일이 반복되면서 업무에 대한 회의와 함께 지금 하고 있는 일에 대한 적성까지도 의구심이 생기며 자신감이 떨어진다고 하였다.

한참 동안 얘기를 나누고 나중에 아래와 같은 글을 보내 주었다.

'**는 그냥 그 자리에 머물면 되는데 더 크고 더 높은 꿈을 갖고 있어서 더 고민하고 걱정이 커진 것입니다. 이직(移職)보다는 휴직(休職)제도도 있다고 하니 좀 쉬는 것은 어때요. 쉬면서 그동안 급히, 열

심히 달려오느라 못 본 것, 못 한 것(일)도 해보세요.

ABC를 아세요? Again 즉 다시 한 번 더, Begin 시작한다는 마음을 가지고, Change 변화를 시도해 보세요. 난 **가 그냥 거기에 '서있는(standing) 나무'가 아니라 '자라는(growing) 나무'가 되기를 바래요.

그렇다 그 자리에 처음 심겨진 대로 그냥 자라나기만 하면 되는 것이 좋기는 하다.

익숙한 것이 좋기는 하다. 사람들은 다 구면(舊面)이고 길과 건물은 눈 감고도 갈 수 있으며 주변의 카페와 식당은 단골이어서 편하고 익숙하다.

그러나 '익숙한 것과의 결별(訣別)'이란 말도 있다. 멀리서 보아야 더 자세히, 제대로 보이고 이른바 타성(惰性)에서도 벗어나고 새 세상이 눈앞에 전개된다.

타성은 '게으를 타(惰)에 성품 성(性)'으로 만들어진 단어로 물리학에서는 '물체가 외부의 힘을 받지 않는 한 정지 또는 등속도 운동의 상태를 지속하려는 성질'이라고 설명하고 있으며 영어에서는 mannerism(습관적, 반복적)이라고 한다.

이스라엘 백성들은 태어난 곳인 고국을 떠나 무려 40년 동안이나 살면서 제법 익숙했던 이국(異國) 땅, 애굽을 떠나 고향집이 있는 고국(故國)으로 돌아가면서 그냥 '서있는 나무가 아닌 계속 자라나는 나무'가 되어 큰 숲을 이루게 되었다.

"주여 주여하는 자마다 천국에 다 들어갈 것이 아니요 다만 하늘에 계신 내 아버지의 뜻대로 행하는 자라야 들어가리라"(主啊, 主啊的人不能都進天國, 惟獨遵行我天父旨意的人才能進去, 마태복음 7:21)는 말씀은 출애굽시대의 이스라엘 백성에게 뿐만이 아니라 2021년의 지금 우리들에게도 적용될 수 있는 무섭고 두려운 외경(畏敬)의 말씀(awesome words)이다.

결국 출애굽기(出埃及記)를 비롯한 성경의 모든 말씀들은 "어머니의 무릎위에 앉아서 재미있게 듣던 옛날의 이야기"로만 기억할 것이 아니라 "어머니가 읽으시며 눈물 많이 흘린 것"까지도 기억하여야만 한다.

우리 믿는 이들은 시시때때로 말씀을 읽고 기억하면서 그 뜻을 이루며 살아가려는 노력을 기울여야만 한다.

"나의 사랑하는 책 비록 해어졌으나 어머니의 무릎 위에 앉아서 재미있게 듣던 말 그 때 일을 지금도 내가 잊지 않고 기억합니다. 귀하고 귀하다 우리 어머니가 들려주시던 재미있게 듣던 말이 책 중에 있으니 이 성경 심히 사랑합니다.

옛날 용맹스럽던 다니엘의 경험과 유대 임금 다윗 왕의 역사와 주의 선지 엘리야 바람 타고 하늘에 올라가던 일을 기억합니다. 귀하고 귀하다 우리 어머니가 들려주시던 재미있게 듣던 말이 책 중에 있으니 이 성경 심히 사랑합니다.

예수 세상 계실때 많은 고난 당하고 십자가에 달려 죽임 당한 일 어머니가 읽으며 눈물 많이 흘린 것 지금까지 내가 기억합니다. 귀하고 귀하다 우리 어머니가 들려주시던 재미있게 듣던 말이 책 중에 있으니 이 성경 심히 사랑합니다.

그 때 일은 지나고 나의 눈에 환하오 어머니의 말씀 기억하면서 나도 시시때때로 성경 말씀 읽으며 주의 뜻을 따라 살려합니다. 귀하고 귀하다 우리 어머니가 들려주시던 재미있게 듣던 말이 책 중에 있으니 이 성경 심히 사랑합니다"(찬송가 199장).

레위기

가나안에 돌아온 그들은 정말 기뻤다. 그리고는 고향의 옛 모습에 감격하면서도 함께 오지 못한 가족과 이웃을 그리워하고 지난 40여년의 여정을 추억하면서 또 다시 '울컥!' 했을 것이다.

그런데 잠시 흥분과 격정의 시간들이 지난 후에 옆을 보고 뒤를 보니 새 얼굴이다. 새로운 사람이다.

'누구지?, 사람들, 친구와 이웃들이 바뀌었구나!, 산천은 그대로(依舊, still a side)인데 사람들이 바뀌었네(change)!'

'아, 낮에는 구름기둥, 밤에는 불기둥을 이정표 삼아 광야를 행군하는 동안 어떤 때는 한숨도 못자고 허겁지겁 달리기도 하고 또한 어떤 때는 자만감(自慢感)에 빠진 채 망령(妄靈)되게도 금송아지를 만들어 춤추고 놀다 흠씬 혼나기도 하고 전력상 열세(劣勢)임에도 피터지게 싸워서 때로는 이기기(勝利)도 하고 지기(敗戰)도 했으며 그리하여 더러는 살기도 하고 더러는 죽기도 하더니 이젠 새 사람, 새 가족, 새 족속들만 남았구나!'

이제 새로운 믿음의 민중들인 공동체에게 필요한 것은 배움이다. 그러니 '가르쳐야 한다, 기억하게 해야 한다.'

언제인가 집사람과 어딘가를 급히 가야하는데 우리 차 앞에 대형 SUV가 있어 어찌할 수가 없었다. 다행히 차 안에 핸드폰번호가 남겨져 있어 전화를 하였는데 한참 지나도 오지를 않는다.

어쩔 수 없이 다시 전화를 하니 '내 차 어디 있어요?' 하는 것이다. 나는 '지금 무슨 말씀을 하시는 겁니까? 지금 저에게 내 차가 어디 있냐고 물으시는 겁니까?', '죄송합니다. 제 아들이 어제 밤늦게 들어와 주차를 했다는데 어디 두었다고 말해 주지를 않았어요!'하며 위치를 묻고는 얼굴이 벌겋게 되어 급히 달려와 차를 이내 빼주었다.

그렇다. '가르치고 알려주고 전(傳)하지 않으면 모른다, 알 수가 없다! 도대체 알 수가 없다, 심한 경우에는 몰라도 당당하다.'

레위기만이 뿐이 아니라 구약성경 전체는 '가르쳐라!, 잊지 말게 하라!'의 책이다. 반드시 애굽에서 인도하여 내신 하나님을 제대로 기억시키고 가르쳐야만 한다.

하나님의 법도(法道)를 어떻게 유지하고 관리하여야 하는지와 그분을 대하는 법과 자세, 다시 말해 요즘 유행하는 표현대로 하자면 '개념'(concept)을 알려 주어야만 한다.

레위기(利未記)는 레위 지파(支派)만이 알아야 할 내용으로만 알고 있으나 자세히 들여다보면 성막(聖幕)을 세우고 관리하는 방법과 절차를 설명하고 있다.

거기에서 행해지는 절차와 집례와 제물(祭物)곧 燔祭 · burnt offering, 素祭 · grain offering, 和睦祭 · fellowship offering, 贖愆祭 · sin-offering, 贖罪祭 · guilt offering 등과 집례와 참예할 때의 의상(衣裳)과 행동(言行) 등이 기록되어 있어 '경배(敬拜)하고 찬양(讚揚)드릴 하나님'에 대하여 반드시 기억하고 준행하여야 할 것과 '아까워도 버려야 할 것'을 전수해 주는 법도(法度)와 자세(姿勢)에 대한 책이다.

축복과 은혜의 공동체에 참예할 수 있는 자들에게 필요한 것, 그 절차와 방법, 태도와 자세에 대하여 결코 '잊지 말라, 기억하라'고 레위기를 통해 주신 말씀의 깊은 뜻을 기억해야 한다.

'사랑은 아무나 하나?'라는 노래가 유행한 적이 있다. 진짜 사랑을 해본 사람들은 안다. 정말 사랑은 아무나 못한다.

이렇게 생각해 보자. '레위인은 아무나 하나?' 아니다. '목사는 아무나 하나?' 정말 그렇지 않다. 또한 '교인은 아무나 되나?' 결단코 그렇지 않다. 다녀 본 사람은 안다. 정말 쉽지 않다.

그렇다면 우리들에게 '누가 믿으라고 했나?, 누가 교회 다니라고 했나?, 무엇이 나로 하여금 하나님을 알게 하고 예수 그리스도를 주님이라고 고백하게 했나?'

또한 누가 "나 같은 죄인 살리신 죄인 살리시고 큰 죄악에서 건지신 주 은혜!"라 했고 "이제껏 내가 산 것과 거기서 영원히 해처럼 밝게 살고 싶다"라 했고 나아가 이런 '은혜에 감사하라!'고 했나?

이제부터는 더 이상의 끌려가는 신앙이나 묻어가는 신앙에서 벗어나야 한다.

하나님의 성막(聖幕) 앞에 홀로 서서 눈을 맞추는 아이 컨택(eye contact)의 신앙, 신앙의 홀로서기가 필요한 때가 되었다.

Leviticus는 '레위인에 속한'의 뜻이고 와이크(ויקרא · wayyiqra)는 '그리고 부르시니'의 뜻이다.

예배는 세상적인 생각과 개인적인 의사와 뜻을 버리고 성막(聖幕)을 세우며 성의복(聖衣服)을 입고 제물(祭物)드리며 언행심사(言行心事)간에 오직 "여호와 하나님에만 전념(專念)하여 선조로부터 전승(傳承)을 이어받는 진심(眞心)의 시간"으로 드려져야 한다.

"내가 거룩하니 너희도 거룩하라"(11:44)고 하신 하나님이 "나의 모든 규례와 법도를 지켜 행하라 나는 여호와니라"고 하신 명령을 이제는 우리들이 지키고 순종하여야 한다(19:27).

레위기는 우리들의 '영혼과 정신 자세에 대한 영적 교육프로그램'이며 그를 따르는 '문도(門徒 · disciple)들의 훈련(spiritual discipline) 도

감(圖鑑)'이다.

그리하여 "그가 부르셨으니 우리 또한 성결(聖潔)한 몸과 마음으로 나아가야 한다!, 잊지 말아야 한다. 그리고 또 배우고 익혀야 한다. 우리의 몸과 마음, 영혼이 움직이는 그대로가 여호와 하나님께 합당(合當)"하여야 한다.

성경에 나타난 리더십을 연구한 논문(황인태, 담임목사의 리더십유형이 차세대 목회리더들의 태도에 미치는 영향에 관한 연구, 나사렛대학교 박사논문, 2014)에서는 리더십을 거래적 리더십(transactional leadership)과 변혁적 리더십(transformational leadership)으로 나누고, 이어서 변혁적 리더십의 구성요인은 이상적 영향력(idealized influence), 영감적 동기부여(inspirational motivation), 지적 자극(intellectual stimulation), 개별적 배려(individualized consideration)로 구분하여 설명하고 있다.

그는 구약의 대표적인 리더로는 모세와 다윗 그리고 느헤미야를, 신약에서는 베드로와 바울을 언급하고 있다.

모세는 강력한 리더십으로 진리의 수호와 정의를 위해 싸우는 담대하고 겸허한 마음의 이상적 영향력(출애굽기 18:13~26)을 소유한 사람이었다고 하였다.

모세는 가나안으로 향하는 역경 속에서도 구원자이신 하나님을 바라보며 그가 주시는 비전으로 백성들에게 영감적 동기를 부여(출애굽기 14:13~14)하면서 비록 힘들고 어렵지만 율법 수행의 필요성 강조하면서 장차 받게 될 축복을 제시하는 지적 자극(신명기 32:7), 성소 짓는데 필요한 예물은 각자의 형편에 따라 바치는 개별적 배려(25:17, 신명기 23:15~16)로 이끈 지도자였다고 밝히고 있다.

민수기

드디어 '새 백성'이 모였다. '물갈이를 한 새로운 공동체'가 모였다. 그들은 '누구인가? 어느 집안인가? 또한 그 집안의 내력은 어떠한가?'

목장에서는 늘 기르는 양과 염소를 이동하는 곳마다에서 세고 또 세고 저녁이 되어 집으로 오면 또 다시 숫자를 세어 확인(numbering)을 한 후 우리(pen)에 들이고 있다.

학교에 다닐 때 선생님들은 소풍을 가거나 외부행사에 참석하게 되면 지겨울 정도로 인원 파악(numbering)을 하셨던 것이 생각난다.

한번 이들의 숫자를 세어(民數)보자. 어쩌면 지금처럼 "여기가 좋사오니!"하며 마음이 편안하고 즐거울 시간도 있을 수 있지만 숫자를 세고 동원할 수 있는 자산(資産)을 파악하고 전략(戰略)이 세워지면 어쩌면 또 다시 허리띠를 매고 전쟁터에 나갈 지도 모른다.

미국의 범죄 영화(Crime film)를 보면 범인을 끈질기게 추적을 하여 이곳저곳의 모든 장소들을 수색한 후 상황이 종료되면 클리어(clear)한다.

그렇다. '클리어!' 할 때까지 백성들을 자세히 들여다보고 또 다시 세어(counting number) 보아야 한다. 이러한 과정이 끝나야만 새로운 작전, 계획을 세울 수 있기 때문이다.

기업 등에서는 특정의 프로젝트를 실시하려고 할 때 PDS를 통하여 바람직한 결과(Output)를 도출(導出)하고 있다.

즉 계획(Planning)을 세우고 나면 준비된 가용(可用)의 자원을 배분하고 활용하여 실시(Doing)를 한 후 이어서는 평가(Seeing)를 하게 되는 것이다.

제대로 계획을 세워야 필요한 인원을 배치할 수 있으며 재고를 파악해야 자원의 배분이 가능해지면서 비로소 사업의 수행에서 소요되는 가용 자원과 예산을 세울 수 있다.

MBO(Management by object), 즉 목표관리는 P. Drucker가 처음 사용하였다. 이는 기업이 특정의 목표를 달성하기 위해 경영자와 종업원들이 사전적으로 업무의 목표와 달성 기준을 설정하고 일정시간이 경과한 후에 그 결과를 평가하는 경영관리기법이다(목회를 위한 경영 경영을 위한 목회, 김성호, 프리칭아카데미, 2008).

성공적인 MBO는 인원이나 예산 등에 사전적인 조사 내지 파악은 모든 일에서의 성공을 가늠하는 첫 단계로서 이제 수행하고자 하는 사업(plan, project, program, mission 등)의 성공 여부는 이를 수행하려는 인원과 자원의 파악, 곧 가진 모든 것에 대한 헤아림, 곧 세는 것(numbering)에 달려 있다.

군대라면 임전무퇴(臨戰無退)의 정신으로 반드시 전쟁에서의 승리를 얻기 위한 작전계획의 수립을 위하여 연병장으로 나가 병사들에게 "번호~!"라는 명령부터 내리게 될 것이다.

숫자 세기(numbering)는 단순한 인구조사(census)를 통한 인원 파악에만 그치지 않고 반드시 승리를 얻어 성공을 하기 위한 기본적인 단계이며 전쟁에서의 승리와 사업에서의 성공을 위한 필수적인 첫 번째의 단계이다.

모세는 이스라엘 백성, 구성원들을 하나님의 백성, 곧 성민(聖民)으로 만들려고 했다.

이를 위해서는 무엇보다도 먼저 민수(民數)가 선행되어야 한다. 하나님과 이스라엘의 관계는 창세기에서 시작하여 신명기와 그 이후까지에도 내려주신 명령과 분부가 제대로 기억되어 실시되는지의 여부에서부터 맺어진다.

민수기에 기록된 첫 번의 거국적인 행사는 이스라엘의 총동원 인원에 대한 파악을 위하여 전 국민을 대상으로 하여 모든 인력(人力)을 계수하려는 것이었다. 더불어 단순히 계수에만 그치지 않고 그들의 분깃(portion)을 나누어 저마다의 할 일을 분담시켜 주셨다.

민수기 1장부터 10장까지는 하나님이 이스라엘을 맨 앞에서 이끄셨으며 대열이 정지할 때에는 장막에 함께 머무시면서 '약속의 땅'을 정복하기 위한 자신감을 갖게 해주셨다.

그러나 이스라엘 민족이 힘들어 하고 말씀에 대한 청종(聽從)을 거부를 하자 이집트에서 살았던 세대들은 광야에서 죽음을 맞을 것이라며 선포하셨고 결국 그들은 '불순종(不順從)과 불신(不信)의 죄'로 약속하신 축복으로부터 멀어졌다.

결국 모세의 훈련, 곧 연단(練鍛)받아 '믿음이 단단해지고 성민화(聖民化)된 새 족속들만이 가나안에 정착'하게 되었다.

민수기의 구성은 첫째로 가나안을 향한 긴 여정을 성공적으로 수행하기 위한 체계적인 편성의 필요성 강조, 둘째로 여호와 하나님에 대한 온전치 못한 믿음과 불순종으로 40여년 만에 도착한 애굽 시대, 즉 구시대(舊時代)의 인물들의 완전한 물갈이 과정, 셋째로 가나안에 도착한 이후에 토지를 분할 · 분양하면서 "보이는 땅을 내가 너와 네 자손에게 주리라(창세기 13:15)"고 하셨던 여호와 하나님 말씀의 재확인 등으로 되어 있다.

본문	내러티브	신학	핵심
1~ 10장	가나안에 들어가 약속의 땅 접수	약속(땅) / 여호와 하나님의 말씀확인	제사장의 축복 / 모세의 기도
11~ 25장	가나안 출발 40년만의 도착	불신앙(광야) / 믿지 않는 이스라엘 / 약속받은 것을 잃다 / 광야에서의 죽음	여호와의 맹세 / 이스라엘의 축복 / 영원한 제사장직 언약
26~ 36장	가나안 땅의 접수와 분할	약속(땅) / 여호와의 말씀 재확인	최종적인 계명

이제 민수기(Numbers)를 내려놓는 순간 마음을 열고 들어오는 질문이 묵직하다.

모세는 고향 가나안에 들어가기 이전부터 늘 어떠한 일을 새롭게 계획하고 진행할 때마다 수시로 계수(計數)를 하였다.

그렇다면? 그런데, 그리고 지금의 나는 과연 모세 아니 주님이 세시는 그 숫자 안에 '계수되어 그 안에 들어갈 수 있을까?'

과연 나는 그러한 "축복의 땅, 생명 시내가 있는 귀한 성(城), 가나안"에 들어 갈 수 있을까?(찬송가 246장).

신명기

모세(摩西 · Moses)의 본명은 '야웨께서 세우신 자'라는 뜻을 가진 '요김'이었다.

당시 이스라엘의 번성을 우려하여 '모든 장자는 죽이라'고 한 바로의 명령으로 그의 가족은 아기 모세를 갈대상자에 넣어 나일 강에 띄웠고 마침 그곳에서 목욕을 하던 바로의 딸인 공주에 발견되어 의하여 '물가에서 건져내었다'는 뜻으로 작명하였다(2:10).

모세는 그의 죽음을 앞둔 120세에 이르러 '이스라엘을 만드셨고 이끄셨으며 구원해 주실 하나님의 법도(法度)', 곧 율법(律法)을 다시 등사(謄寫)하여 '기억하라, 잊지 말라'고 하면서 그들에게 내려주신 언약을 지키고 순종할 것을 강조하였다.

Deuteronomy는 deuteros(제2의, 再)+nomos(율법)는 두 번째 율법(The 2nd Law)을 말하는 것으로 십계명을 중심으로 하는 모세 5경과 구약 성경의 중요성을 강조하고 있다.

신명기(申命記)는 '펼申, 펼치고 아뢰어 알릴 申'에 목숨 命 즉 입 口와 명령 令으로 이뤄져 '꿇어 엎드린 사람에게 소리치는 모양'으로 '꿇어 엎드린 사람에게 입으로 소리친다'가 되어 '목숨을 다해 지켜야 할 율법을 다시 한 번 더 반복(反復)한다'는 뜻을 가지고 있다.

율법은 총 613개조로 "지켜라"의 강제 조목이 248개, "하지 말라"의 금계(禁戒)가 365개로 이들은 모두 '이를 지키고 선을 행하는 자에게는 생명이 주어지지만 불순종하고 악을 행하는 자는 멸망을 당한다'는 하나님의 법률서(法律書)다.

모세는 그의 사랑하는 백성, 이스라엘에게 강력하게 호소하고 있다.

내가 "너희에게 명하는 말을 너희는 가감(加減)하지 말고 내가 너희에게 명하는 너희 하나님 여호와의 명령을 지키라(4:2), 그리하면 이 모든 복이 네게 임하며 미치리니 성읍에서도 복을 받고 들에서도 복을 받을 것이라 네가 들어와도 복을 받고 나가도 복을 받을 것이라."

"You will be blessed when you come in and blessed when you go out"(28:6)라고 강조하기도 하지만 "이 율법의 모든 말씀을 실행치 아니하는 자는 저주(詛呪)를 받을 것이며(27:26), 들어와도 저주를 받고 나가도 저주를 받으리라"(28:19)고 경고하고 있다.

모세는 애굽에서 40년, 미디안 광야에서의 목자로 40년, 자기 백성을 이끌고 가나안을 향하는 긴 여행의 40년 등 파란만장한 삶을 느보산에서 마감하면서 유언으로 "영원하신 하나님이 너의 처소가 되시니 그 영원하신 팔이 네 아래 있도다"(33:27)라고 하였다.

그의 말은 바울이 "누가 우리를 그리스도의 사랑에서 끊으리요 환난(患難)이나 곤고(困苦)나 박해(迫害)나 기근(飢饉)이나 적신(赤身)이나 위험(危險)이나 칼이랴~이 모든 일에 우리를 사랑하시는 이로 말미암아 우리가 넉넉히 이기느니라 내가 확신하노니 사망이나 생명이나 천사들이나 권세자들이나 현재 일이나 장래 일이나 능력이나 높음이나 깊음이나 다른 어떤 피조물이라도 우리를 우리 주 그리스도 예수 안에 있는 하나님의 사랑에서 끊을 수 없으리라"(로마서 8:35~39)는 말씀과 연결된다.

그리하여 그 옛날 이스라엘과 함께 하신 하나님은 '지금도 우리와 함께 하시며 처소가 되신다'고 축복하고 있다(영원을 바라보는 눈, 박신오목사, 1963년 4월 연세대 의대 채플, 고난과 은총, 전게서).

신명기는 이스라엘의 광야생활에 함께 하셨던 '하나님을 기억나게 하고 명(命)하신 율법을 되풀이 해 언급하고 재해석'하려는 것이다.

첫 번째 교훈	두 번째 교훈	세 번째 교훈
역사적 회상과 교훈(1:14~4:43)	율법 및 세칙(4:44~26:19)	경고와 권면(27:1~34:12)

세상을 사는 일(人生)이 전보다 힘이 들고 녹록(碌碌)하지 않아지면서 어떤 사고, 사건이 발생하면 듣게 되는 말은 처음에는 '책임져! 어떻게 할 거야?'이고 그 다음으로는 이런 말이 뒤따르게 된다. '차라리 무슨 규정이라도 있어야지~가이드 라인, 매뉴얼이 어디에 있지? FM(Field Manual)대로만 하면 될 텐데~!'이다.

옳은 말이다. 물론 사회나 회사가 만들어 둔 규정과 법(法)이 있다. 그러나 여기서의 문제는 이렇게 '규정(規程)을 만들고 선포했어도 이를 지키고 따르지 않는다는 것에 있다.

사람들은 누구나 사랑은 아름답게, 인생은 훌륭하게 살고 싶어 한다. 그리고 우리 신앙인들은 축복을 누리며 은혜 가운데 살고 싶어 한다.

그러므로 신명기의 말씀이 그 어느 때 보다 감사하게 여겨진다. 우리는 그분의 법도대로 준수하고 살아가기만 하면 된다.

코로나19로 인해 경제사회적 여건이 어려워진 가운데 세계 최대의 유료동영상 스트리밍업체인 NETFLIX가 화제를 집중시키며 '방콕' 시간이 늘어난 사람들을 끌어 모으고 있다.

이들이 제공하는 드라마에 '슈티셀가(家)사람들'(SHTISEL)이 있다. NY 브룩클린에는 동유럽에서 2차대전시 독일의 핍박을 피해서 모여 살고 있는 유대인들의 하디시즘 공동체가 있다.

이 드라마에 등장하는 남자들은 허리춤에 네 가닥 술을 매달고 다녀 홍미 이상의 눈길을 끌고 있다. 이는 "너희는 너희가 입는 겉옷의 네 귀에 술을 만들지니라"(22:12)에 따른 것이다.

이는 "Make tassels on the four corners of the cloak you wear"의 말씀에 따른 것으로 여호와 하나님의 율법을 항상 상기(想起)시키려고 하는 것이다.

이러한 모습이나 관습에 대하여 '시대를 거꾸로 산다, 고지식하다' 등으로 폄하(貶下)할 수도 있지만 유태인들에게는 그냥 생활일 뿐이다.

때로는 우리들은 자신보다 남들(타인의 종교나 문화 등)에 대한 많은 관심이나 간섭이 서로 간에 조화를 가져오지 못하는 경우를 종종 보게 된다.

2020년 3월부터 시작된 코로나 19로 인하여 집안에 머무르는 시간이 많아지자 트롯이 TV 등의 각종 매체에서 다양한 포맷으로 방송되는 등 인기몰이를 하고 있다.

우리 한국인들은 본래 풍류(風流)를 즐겨해 왔다고도 하지만 특히 최근에 이르러서 트롯은 화제를 집중시키면서 문화적인 대세(大勢)가 되고 있다.

유행가(流行歌)는 특정 시대를 주름잡는 노래이기도 하지만 세월이 흘러도 마음을 붙잡고 몰입시키면서 평범한 사람들을 추억에 잠기게 하고 있다. 이들 가운데 한때 유행하던 '내 마음 갈 곳을 잃어'라는 노래가 있었다.

"가을엔 가을엔 떠나지 말아요 낙엽지면 서러움이 더해요 차라리 하얀 겨울에 떠나요 눈길을 걸으며 눈길을 걸으며 옛 일을 잊으리라 거리엔 어둠이 내리고 안개 속에 가로등 하나 비라도 우울히 내려 버리면 내 마음 갈 곳을 잃어 가을엔 가을엔 떠나지 말아요. 차라리 하얀 겨울에 떠나요."

지금 '내 마음 갈 곳을 잃고 방황하고 있으니 가을에는 떠나지 말고 차라리 겨울에 그것도 눈이 온 날, 하얀 겨울에 떠나라'고 한다.

회자정리(會者定離)라고 했으니 둘은 만났었고 또한 어떤 이유로든지 간에 헤어진다는 것이 그들에게도 아픈 일이지만 누구에게나 이별은 슬픈 일인 것이다.

이 노래에서는 가을에 처음 만났고 겨울이 오기도 전에 헤어진 것 같다. 그래서 지금은 말고 겨울에 떠나라는 것이다. 내 마음이 너무 쓸쓸하여 '갈 곳을 잃고 방황하고 있으니 지금인 가을에는 떠나지 말라'는 것이다.

연인(戀人)들 간에도 그럴 수 있겠지만 세상에서도 많은 사람들은 서로 간에 다양한 마음들을 주고받으며 살아가고 있다.

그리하여 마음 쓰는 것이나 생각, 행동 등이 정도에 맞지 않거나 때로는 기막혀서(stupid) '설마 그럴 수 있을까?'하는 한심(寒心)한 경우가 있다.

어떤 경우에는 '어진 마음'인 양심(良心)도 있으나 "두 마음을 품어 모든 일에 정함이 없는 자로다"(야고보서 1:8)의 양심(兩心 · double-minded)이 있으며 한편으로는 꼼꼼하고 사려가 깊은(very careful) 마음인 세심(細心)한 마음도 있고 제 욕심만을 채우려는 사사로운 마음의 사심(私心)도 있다.

하지만 모세는 "너는 마음을 다하고 뜻을 다하고 힘을 다하여 네 하나님 여호와를 사랑하라"(6:5)고 분명하고도 확신있게 강조하고 있다.

대중가요처럼 내 마음 갈 곳을 잃고 방황을 하거나 헤매는 것도 안

되지만 한심한 마음이나 양심 없는 마음도 안 된다.

또한 어찌 생각하면 세심한 마음이나 사심이 없는 마음은 괜찮을 것도 같지만 여호와 하나님에 대한 마음은 그럴 수 없다. 절대 그래서는 안 된다.

영어 성경에는 이렇게 표현되어 있다.

"And thou shalt love the Lord thy God with all thine heart, and with all thy soul, and with all thy might."

한문 성경에서는 "称要 眞心, 眞性, 盡力愛耶和華"로 되어 있어 '진심으로 온갖 정성 그리고 있는 힘을 다해 하나님을 사랑하라'고 한다.

흔히들 '하나님의 말씀을 읽는다거나 듣는다'고 한다.

그러나 그러한 말씀들은 양피지나 종이에 '지키라'고 손으로 써(手記) 있거나 글자로 인쇄되어 있는 것일 뿐이기에 우리들은 오직 '그 말씀들을 지키며 순종하기 위해서' 온 맘으로 읽고 경청(Shema · שְׁמַע · 쉐마)을 하여야 한다.

여호수아

여호수아서는 눈의 아들인 여호수아(ןונ ן עשוהי, Yehoshua Ben-Nun)가 백성들과 함께 약속의 땅, 가나안을 얻기 위하여 목숨을 걸고 싸웠던 전사(戰史)로 패전(敗戰) 장군들의 명단을 기록하는 등(24장) 성경에서 가장 호전적(好戰的) 내지 전투적(戰鬪的)인 내용으로 기록되어 있다.

여호수아는 "늘 강하고 담대하라"(1:9)를 외치는 가운데 침공(侵攻) → 전쟁(戰爭) → 승리(勝利)라는 전술(戰術)을 통하여 '지는 군대는 적(敵)이다'고 할 정도의 야전(夜戰), 공성전(攻城戰), 스파이전(戰), 기습침투전(奇襲浸透戰)과 매복전(埋伏戰), 심리전(心理戰) 등의 다양한 전략으로 승승장구(乘勝長驅)하며 가나안에 입성하게 되었다.

이 책은 전쟁사(戰爭史)로 과장과 허구(虛構)의 역사물로 생각할 수도 있으나 최근 들어 '라기스, 하솔, 베델, 에글론 등의 팔레스티나 성읍들은 이 시기에 파괴되어 군사적으로 점령되었을 가능성이 높다'는 고고학적 탐사와 기록이 뒷받침되고 있다.

여호수아의 지휘로 이뤄진 가나안 정복사는 당시 산악지대에서의 '군사적 충돌과 협정으로 고원지대를 지나 가나안 땅에 정착했을 것'이라는 정설(定說)로 인정되고 있다.

여호수아서(約書亞記)에는 여리고 등의 성읍(城邑 · Fortress)들과 요단 강(4:18) 그리고 저주를 받은 에발산, 축복의 그리심산(8:33), 여호수아가 110세에 죽었을 때 장사한 가아스산 등 크고 작은 산들이 등장하여 현장감 있게 이스라엘의 민족 이동사(民族移動史)를 그려내고 있다(산에서 말씀하시는 하나님, 김성호, 비즈프레스, 2013).

1:1~18	여호수아에게 명령하시는 여호와 / 백성에게 명령하는 여호수아 / 여호수아에 대한 백성들의 반응
2:1~5:15	정탐꾼들의 보고 / 요단강의 도강(渡江) / 의식을 행하며 전투 준비
6:1~12:24	여리고 전투 / 아이성(城) 전투 / 에발산에서의 언약 갱신 / 남부 · 북부지방 정복 / 패배한 왕들의 명단
13:1~21:45	미정복(未征服)지역들 / 요단 동편 · 서편지역 분배 /도피성(逃避城) / 레위인 성읍 / 신실하신 하나님
22:1~24:33	동쪽 지파들의 증거의 단 / 여호수아의 고별인사 / 세겜에서 언약 갱신 / 여호수아의 장례

모세는 신관(神官), 정치가(政治家), 예언자(豫言者), 군인(軍人) 등 하나님과 직통(直通)하는 지도자로 기록되고 있지만 여호수아는 "여호와의 종 모세가 죽은 후 여호와께서 모세의 시종 눈의 아들 여호수아에게 말씀하여 이르시되"로 시작해 "여호와의 종 여호수아"로 묘사되는 등 유대민족을 가나안으로 이끈 지도자로 기록되어 있다(24:29).

여호수아는 이른바 3T의 인물로 모세로부터의 각별한 신뢰(Trust)로 지도자가 되었으며 갈렙과 같은 뛰어난 용사들의 협력(Together)으로 모세와 그를 힘들게 하고 실망시킨 무지몽매(無知蒙昧)한 이스라엘 백성들을 "젖과 꿀이 흐르는 가나안"으로 이끌어 미래지향의 꿈(Tomorrow)을 실천했던 지도자였다.

"같이 살래요"(KBS 2, 2018.3~9월 방송)라는 제목으로 높은 시청률(36.9%)을 기록했던 인기 드라마가 있었다.

이 드라마를 여호수아가 자기 사람들(가족, 백성)을 선택하는 기준으로 삼았던 항목들을 통해 우리들의 신앙을 가늠해 보자.

의심이 가득한 채 '같이 살래요?'가 아니라 확신속에 '같이 살아요!' 할 수 있어야 한다.

같이 살래요?	같이 살아요!
나이 / 외모 / 직업 / 외모 / 연봉(수입) / 학력 / 취미 / 경제적 환경	겸손 / 배려 / 양심 / 열정 / 헌신 / 희생 / 사랑 / 감사 / 정직 / 신앙(종교)

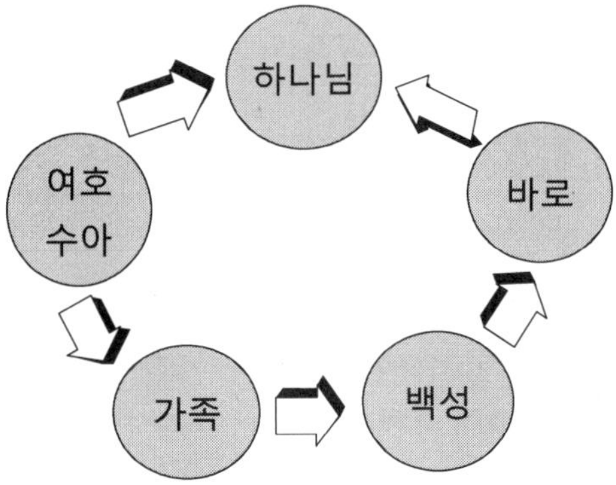

여호수아는 "만일 여호와를 섬기는 것이 너희에게 좋지 않게 보이거든 너희 조상들이 강 저쪽에서 섬기던 신들이든지 또는 너희가 거주하는 땅에 있는 아모리 족속의 신들이든지 너희가 섬길 자를 오늘 택(擇)하라 오직 나와 내 집은 여호와를 섬기겠노라"

"If serving the Lord seems undesirable to you, then choose for yourselves this day whom you will serve, whether the Gods which your fathers served beyond the Euphrates, or the Gods of the Amorites, in whose land you are living. But as for me and my house-hold, we will serve the LORD."(24:15)

"今日就可以選擇小搖事奉的 是称們前大祖在大河那邊所事奉的神呢? 至於我和我家我們必定事奉耶和華"라고 하면서 '먹음직도 하고 보암직도

하여'(창세기 3:6), '이것도 좋고 저것도 좋다'고 하면서 양손에 떡을 든 채 '그냥 서있지만 말라'고 외치고 있다.

우리들은 세상을 살면서 다양한 직업을 가지고 일을 하여 돈을 벌고 필요한 물건들을 사고 팔면서 살아간다.

이러한 활동의 결과는 금전 출납부에 그대로 나타나 잔고 또는 예금 결과에 따라 흑자 인생 또는 적자 인생이라고 부르기도 한다.

여기서 우리들의 영적 생활, 즉 영적 은행(靈的 銀行) 장부의 잔고를 살펴보기로 하자.

영적 은행 장부(B/S)	
자산/Credit	부채/Debit
정직 / 결단력 / 끈기 / 목표 / 믿음 / 긍정적 사고 / 충성 / 인내 / 희생 / 양보 / 봉사 /정직 / 후히 베품 / 범사 / 감사/ 은혜 / 꾸준한 기도 / 늘 기쁨	게으름 / 시기 / 욕심 / 시기 / 이기주의 / 무절제 / 탐욕 /부정적 사고 / 질투 / 욕심 /편애 / 패배 / 무사 안일주의 / 비난 / 원망

믿음은 기도에서 시작되고 그 결과는 축복이다. 그러한 축복은 당대(當代)에만 누려서는 안 될 것이다.

대(代)를 이어가며 복(福)있는 가문, "축복(祝福)의 가문(家門)"을 세워야 한다.

요즘 많은 집에서 개와 고양이를 반려견(伴侶犬), 반려묘(伴侶猫)라 부르는 가운데 가족의 일원이 되기도 한다.

얼마 전 미국의 백만장자는 반려견에게 500만달러(약55억원)의 유산을 남기고 세상을 떠나 화제가 된 적이 있다.

이제부터는 집집마다 애완동물(Pet)에 대한 사랑 못지않은 신앙생활에서의 PET를 키웠으면 한다.

즉 늘 깨어서 호흡처럼 드리는 기도(prayer)의 P, 자신은 물론 이웃에게조차 긍정 마인드로 대하면서 즐겁고 기쁘게(enjoy) 살아가는 E, 남들이 보기에도 무엇인가 부족한 것 같은데도 늘 감사(thank)하며 살아가는 T가 필요하다.

축복된 가문을 힘들게 하고 축복으로부터 멀어지게 하는 '가문의 쓴 뿌리'인 게으름, 시기, 욕심, 이기주의, 무절제, 탐욕, 부정적 사고, 질투, 편애, 패배, 무사 안일주의, 비난, 원망 대신에 정직, 결단력, 끈기, 고상한 목표, 신실한 믿음, 긍정적 사고, 충성, 인내, 희생, 양보, 봉사, 정직, 후히 베풂, 범사에 감사, 은혜, 꾸준한 기도, 늘 기뻐함, 선한 능력 등을 통하여 아름다운 '축복의 가문(家門)'을 세워야 한다.

신명기에서는 '가문의 쓴 뿌리'에 대하여 다음과 같이 자세하게 기록하고 있다.

"그의 부모를 경홀히 여기는 자는 저주를 받을 것이라 할 것이요 그의 이웃의 경계표를 옮기는 자는 저주를 받을 것이라 할 것이요 맹인에게 길을 잃게 하는 자는 저주를 받을 것이라 할 것이요 객(客)이나 고아나 과부의 송사를 억울하게 하는 자는 저주를 받을 것이라 할 것이요 그의 아버지의 아내와 동침하는 자는 그의 아버지의 하체를 드러냈으니 저주를 받을 것이라 할 것이요 짐승과 교합하는 모든 자는 저주를 받을 것이라 할 것이요 그의 자매 곧 그의 아버지의 딸이나 어머니의 딸과 동침하는 자는 저주를 받을 것이라 할 것이요 장모와 동침하는 자는 저주를 받을 것이라 할 것이요 그의 이웃을 암살하는 자는 저주를 받을 것이라 할 것이요 무죄한 자를 죽이려고 뇌물 받는 자는 저주를 받을 것이라 할 것이요."(신명기 27:16~26)라고 하면서 이를 듣는 모든이들에게 '아멘!'으로 받아드리라는 명령을 내리고 있다.

한편 '축복의 가문'을 이끌어 가기 위해서는

"너희는 이 세대를 본받지 말고 오직 마음을 새롭게 함으로 변화를 받아 하나님의 선하시고 기뻐하시고 온전하신 뜻이 무엇인지 분별하도록 하라 내게 주신 은혜로 말미암아 너희 각 사람에게 말하노니 마땅히 생각할 그 이상의 생각을 품지 말고 오직 하나님께서 각 사람에게 나누어 주신 믿음의 분량대로 지혜롭게 생각하라"(로마서 12:2~3)고 하시면서

"내가 이것을 말함은 너희의 유익을 위함이요 너희에게 올무를 놓으려 함이 아니니 오직 너희로 하여금 이치에 합당하게 하여 흐트러짐이 없이 주를 섬기게 하려 함이라."(고린도전서 7:35)고 권면하고 있다.

여호수아는 죽음을 앞두고 가족과 친족을 떠나면서 절체절명(絶體絶命)의 결연(決然)한 음성으로 호소하고 있다.

"너희가 섬길 자를 오늘 택하라 오직 나와 내 집은 여호와를 섬기겠노라" 고 외치고 있다. 정말 귀 있는 자는 들어야만 한다. 그리고 즉각 실시(實施)하여야만 한다.

위대한 장군 여호수아는 우리들이 믿음생활에서는 물론 삶의 현장에서도 더 이상 우유부단(優柔不斷)한 채 망설이지 말고 확실하고 분명하게 결단하며 살아갈 것을 촉구하고 있다.

사사기

이스라엘이 비교적 안정된 시기였을 때에 정치 · 사회 · 종교계를 이끌어 왔던 사사(士師)들은 여호수아가 세상을 떠난 이후에는 지도자(Leader)와 재판장(Judges)의 역할을 잘 수행하기도 했으나 전쟁 등으로 혼란스러운 시기에는 군사 지도자가 되어 나라를 이끌었다.

한문 성경은 '사사(Judges)들의 이야기'라는 뜻인 사사기(士師記) 보다는 백성들의 옳고 그름을 판단하는 역할의 수행에 방점을 찍어 '판관기'(判官記)로 표기하고 있다.

이 책의 히브리어 표제는 쇼페팀(히브리어: םיטפוש רפס)으로 '재판관들, 통치자들'의 뜻이며 저자는 미상(未詳)이고 기록 시기는 이스라엘이 역사적으로 안정을 이루지 못한 때였다.

사사기는 여호수아, 사무엘상 · 하, 열왕기상 · 하 등처럼 여호와에 대한 신앙의 관점에서 이스라엘 역사를 기록하고 있다.

이스라엘 백성들의 하나님에 대한 불순종 → 심판 → 회개 → 축복과 같은 7차례의 순환(循環) 과정과 2차례의 예증(例證)을 반복적으로 기록하고 있다.

그들에게는 여호와 하나님에 대하여 망령(妄靈)되고 이웃들에게 잘못된 일을 저질렀음에도 불구하고 회개하고 돌아와 하나님께 충성을 하느냐, 안하느냐에 따라 축복 또는 재앙이 뒤따르고 있다.

하지만 하나님께 돌아오기는 하지만 정말로 더 중요한 것은 '그들 스스로의 마음으로 다시 하나님께 돌아오느냐'에 달려있다.

그럼에도 불구하고 이스라엘은 '하나님이 그의 백성들을 구원하실 준비가 되어 있다는 사실을 너무도 자주 그리고 쉽게 망각(妄覺)한 채

저들 마음대로 신앙생활을 하며 살아왔다.

사사들은 아래의 표에서 보는 것처럼 정치와 경제 그리고 문화적으로도 쇠퇴할 뿐 아니라 종교적, 신앙적으로도 혼미하고 타락한 시대를 이끌어온 사회와 종교계의 치안 담당관이었고 지도자들이었다.

1:1~2:5	여호수아 사후 이스라엘의 군사적 쇠퇴 / 북쪽·남쪽지파들의 성공과 실패 / 불복종하는 이스라엘
2:6~3:6	영적 쇠퇴 / 배교에 빠짐 / 사사 시대의 시작 / 여호와의 궁극적 대응방안
3:7~16:31	옷니엘, 에훗, 삼갈, 바락, 드보라, 야엘, 기드온, 아비멜렉의 왕권행사 / 돌라와 야일, 입다, 입산, 엘론, 압돈, 삼손
17:1~18:31	종교적 혼돈(미가의 신상 유래와 모습들)
19:1~21:25	윤리적 혼돈(기브아 싸움) / 폭행에 대한 반응

첫 번의 사사였던 옷니엘(Othniel)은 메소포타미아 왕을 물리치는 등 이스라엘을 40년간이나 평화롭게 지켰고, 여(女) 예언자인 드보라(Deborah)는 아비노암의 아들 바락(Barak)과 함께 가나안을 물리쳤다(4장).

기드온은 바알의 우상 제단과 아세라 목상(木像)에 대하여 '여호와 만세! 기드온 만세!(For the Lord and for Gideon)'라고 외치는 가운데 미디안을 물리쳤다(6~8장).

삼손의 이름은 히브리어로 '거룩하게 되는, 분리된'의 뜻을 가지고 있으며 자발적으로 서원(誓願)한 사람을 뜻하는 단어인 '나실인'(Nazarite)이었다.

그는 이스라엘을 호시탐탐(虎視耽耽) 노리던 블레셋과의 싸움에서 나귀 턱뼈만을 가지고 물리치면서 마치 슈퍼맨·아이언맨·어벤져스와 같은 막강한 힘(Power)을 가진 용사가 되어 20여 년을 사사로 활동(13~16장)하였다.

그러나 삼손(參孫)은 넘어지고 무너졌다. 이방 여인의 미모와 예쁨, 애교에 머리털이 뽑히고 급기야는 눈까지도 뽑히게 되었다.

그가 좋아했던 들릴라(Delilah·大利拉, 연약하다의 뜻)는 사랑보다 돈(은 1천1백)을 더 사랑한 여인이었다.

그가 머리털 7가닥을 뽑힌 것은 유혹이나 못된 짓은 '사소한 것에서 시작된다'는 것을 의미하며, 눈이 뽑혔다는 것은 '더 이상 밝은 세상을 볼 수 없는 암흑 세상에 속한다'는 것으로 그러한 모습들은 곧 '영혼을 잃어버린 죄인이 되었다'는 뜻이다.

"만일 너희 속에 하나님의 영(靈)이 거하시면 너희가 육신에 있지 아니하고 영에 있나니 누구든지 그리스도의 영이 없으면 그리스도의 사람이 아니니라"(롬 8:9)는 말씀대로 더 이상 하나님의 용사(warrior)가 아니며 주의 백성(people)이 아니다.

이 세상에는 우리들을 넘어뜨리고 자빠뜨리게 하려는 것들이 너무나 많다.

영혼을 팔아먹게 할 정도의 뛰어난 미모와 화술을 지닌 여자(남자), 성(sex), 재물, 인기, 명예 등은 삼손을 유혹한 여인과 같이 늘, 항상 우리를 삼키려 하는 가운데 우리로 하여금 '번뇌(煩惱)하게 하면서 이 모든 것들은 찰나(刹那)의 기쁨일 뿐 정말로 세상적인 세상의 불의로 죽을 지경'(16:16)에 이르게 하고 있다.

우리 믿음의 용사들(믿는 사람들은 주의 군사니~, 찬송가 351장)은 교회 안에서만이 아니라 세상에서 하나님의 영광을 드러낼 수 있어야 하며 나아가 '세상에서도 잘 나가고 성공'해야만 한다.

교회 안에서만 명랑하고 친절하며 기쁘게 사는 것이 아니라 세상의 불의와 악에 대해 담대하게 승리하면서 열매를 맺는 삶, 곧 힘과 용기, 희망을 선물할 수 있는 삶이 되어야 한다.

우리들은 늘 깨어 있어서 성령의 사람으로 세상 속에서 하나님의 권능을 드러내어야 한다(세속 속의 크리스천, 왕대일목사, 1999).

삼손 이후에도 여호와의 말씀을 청종(聽從)하고 있지 않던 이스라엘 백성들은 옷니엘 · 에훗 · 삼갈 · 드보라 · 바락 · 기드온 · 돌라 · 야일 · 입다 · 입산 · 엘론 · 압돈 · 삼손 · 엘리 · 사무엘 등과 같은 사사(士師)들을 거치는 동안 결국에는 "자기의 소견에 옳은 대로 행하면서서"(21:25) 각자도생(各自圖生) 하면서 살아가게 되었다.

룻기

다윗 왕 시대에 기록된 책으로 저자를 분명히 알 수 없으며 역사서(歷史書)로 분류되고 있다.

모두 39권인 구약성경은 율법서(모세 5경), 역사서(12권), 시가서(문학서 5권), 예언서(17권)로 구성되어 있다.

역사서에는 여호수아, 사사기, 룻기, 사무엘상·하, 열왕기상·하, 역대상·하, 에스라, 느헤미야, 에스더가 들어 있으며 특히 룻기가 기록된 사사기 시대는 "그때에 왕이 없었으므로 사람이 각각 그 소견에 옳은 대로 행하였더라"(사사기 21:25)와 같이 정치적으로 매우 혼란스럽고 사회적으로도 불안하여 우상숭배 등 미신이 절정을 이루던 시기이기도 했다.

룻기는 이방(異邦) 족속인 모압 족이었으나 그럼에도 불구하고 선민(選民) 이스라엘 민족의 위대한 왕인 다윗의 조상이 되었고 예수의 어머니가 되는 여인 마리아에 이르기까지 다양한 사람들의 삶 속에 관통(貫通)하시는 '하나님의 은혜와 모든 백성들에 대한 구속사의 섭리(攝理)'를 기록한 책이다.

사사(士師)시대에 모압 동네에 엘리멜렉과 나오미(희락·즐거움의 뜻) 부부가 살고 있었으며 이들은 말론과 기룐이라는 두 아들을 결혼시켜 며느리인 룻('아름다운'의 뜻)과 오르바('뒷목'의 뜻)와 함께 살고 있었다.

그러나 남편에 이어 두 아들까지도 죽게 되자 고향인 유다 땅으로 다시 돌아가게 되면서 시어머니인 나오미는 두 며느리를 본가(本家)로 보내려 하였다.

둘째 며느리는 자기 고향으로 갔으나 첫째 며느리인 룻은 "어머니의 하나님이 나의 하나님이라!"하며 함께 유다로 동행하였다.

고향에 정착한 후 룻은 나오미의 남편이었던 엘리멜렉의 친척이 되는 부자인 보아스의 밭에서 일을 하다가 서로 알게 되었으며 둘은 시어머니의 적극적인 권면으로 부부가 되었다.

둘 사이에 오벳이 태어나면서 그는 이새의 이비가 되었고 이후 그에게서 다윗이 태어나 이스라엘의 왕가(王家)를 이루게 되었다.

구약에는 가장 긴 시편(150편)도 있으나 비교적 짧은 편인 에스더 · Esther(10장), 에스라 · Ezra(10장), 아모스 · Amos(9장), 아가(雅歌) · Song of Songs(8장)가 들어 있다.

미가 · Micah(7장), 예레미야애가서(哀歌書) · Lamentation(5장), 말라기 · Malachi(3장), 나훔 · Nahum(3장), 하박국 · Habakkuk(3장), 학개 · Haggai(2장), 오바댜 · Obadiah(1장)등도 있지만 룻기 · Ruth는 4장으로 단숨에 읽는 파란만장(波瀾萬丈)한 여인의 가정사(家庭史) 내지 인간사(人間事)를 보여주는 흥미진진(興味津津)한 이야기이기도 하다.

그리하여 네덜란드의 신학자 아브마(Abma)는 룻기에 대하여 '장중한 사사기와 사무엘서 사이에서 마치 딱딱한 조개껍데기 속에 끼여 있는 작은 진주'와도 같은 히브리문학의 진수라고 언급한 바 있다.

하지만 여기에는 먼저 남편을 떠나보낸 여인, 그것도 이방 여인의 고통스런 삶을 통해서 계획하신 바를 지키시고 이루시며 역사하시는 헤세드(Hesed), 곧 '인애와 자비'이신 하나님의 사랑과 은혜와 섭리에 대한 메시지가 들어 있음을 알아야 한다.

엘리멜렉의 아내이자 룻의 시어머니인 나오미(拿俄米 · Naomi)는 룻기를 이끌고 있는 인물이지만 아름답고 사랑스러운 여인인 룻(路得 · Ruth)은 그녀의 삶과 신앙의 여정(旅程)으로 이 책의 중심이 된다.

룻기는 3단계(거주지역, 등장 식구, 핵심어)로 나눠 본다면 다음과 같이 요약할 수 있다.

제1대 패밀리	제2대 패밀리	제3대 패밀리
모압 지방 엘리멜렉+나오미 말론+룻+기룐+오르바 '선대(善待)하기를 원하노라'(1:8)	유다 지방 나오미+룻 '어머니의 백성이 나의 백성이 되고 어머니의 하나님이 나의 하나님이 되시리니'1:16)	유다 지방 룻+보아스+오벳 '찬송할지라 여호와께서 네게 기업을 무를 자가 없게 하지 아니하셨도다'(4:14)

한때 KBS 2의 인기를 끌었던 주말 드라마의 제목은 '사랑은 뷰티풀, 인생은 원더풀'이었다.

무엇인가를 이루려 애를 쓰고 있는 보통 사람들의 인생재활극(人生再活劇)으로 소소하지만 확실한 행복을 찾아가는 전형적인 '소확행(小確幸)'의 콘텐츠로 저녁 식사가 끝나면 가족들을 한자리에 모이게 한 드라마였다.

살아가는 동안 당연히 '사랑은 뷰티플(Beautiful)'이어야 하고 인생은 원더플(Wonderful)이어야 한다.

하지만 믿음의 눈으로 룻기를 읽다 보면 '이 세상에 살면서도 이 세상과 달리 살아야만 하는' 우리들에게 있어서 '신앙은 그레이스플(Graceful)' 하여야 한다.

사무엘상

이 책의 대부분은 사무엘(Samuel)의 행적을 기록하고 있기는 하지만 나단과 갓의 글도 있는데다 사무엘의 죽음에 대한 언급(25:1)도 들어 있어 저자가 누구인지는 정확하지는 않다.

사무엘은 하나님이 '인간의 삶은 물론 민족의 삶까지도 통치하시고 심판과 축복을 통하여 예정하신 바대로 역사하고 계신다'는 사실을 아래의 표에서와 같이 기록하고 있다.

1:1~7:17	사무엘과 엘리 / 블레셋과의 전쟁
8:1~15:35	왕이 된 사울 / 전투와 전쟁
16:1~31:13	다윗의 입성 / 다윗과 요나단 / 도망자 다윗 /블레셋 영토의 다윗 / 길보아 전투

사무엘상(撒母耳記上)에는 많은 인물들이 등장하지만 주인공은 사울(掃羅)과 다윗(大衛)이다.

사울은 베냐민지파인 기스의 아들로 키가 큰 준수한 청년(9:1~3)이었고 하나님이 함께 하는 사람(10:6)으로 40세에 왕이 되었다.

그는 이스라엘이 그동안 12지파(支派) 중심 및 사사(士師)들의 지도에 의하여 이끌어 왔던 시대를 끝내고 통일된 왕정(王政) 중심의 통치를 시작하여 새로운 통치 내지 행정 시스템으로 나라를 안정시켰다.

사무엘은 "백성에게 이르되 오라 우리가 길갈로 가서 나라를 새롭게 하자. 모든 백성이 길갈로 가서 거기서 여호와 앞에 사울로 왕을 삼고 거기서 여호와 앞에 화목제를 드리고 사울과 이스라엘 모든 사람이 거기서 크게 기뻐하니라"(11:14~15)고 기록된 바와 같이 사울을 왕으로 추대하였다.

1984년 10월 29일 서울 안동교회에서 개최된 대한예수교 장로회(통합)는 함흥 신창리교회에서 열린 제13회 총회(1924년 9월 13일) 이후 때부터 합(合)해 있던 경기·충청 노회를 분립, 결정하였다.

이후 45회 총회에서 한남노회로 불리다가 한강 이북이 서울노회로 개명을 하자 한강 이남은 제2의 경기노회가 되었다가 1969년에 총회의 결정으로 수원·평택시찰회는 제3의 경기노회로 출발하게 되었다.

당시 노회장인 김홍준목사는 '이로써 한국 행정도(行政道)의 하나인 경기도에 이름 그대로의 본격적인 경기노회가 출발하게 되었다'고 언급하였다.

그는 창립 예배에서 사무엘이 하나님의 제단이 있는 길갈에서 사울을 왕으로 세우며 나라를 새롭게 하자고 한 것처럼 '새로운 마음으로 시작하자, 사사시대에서 왕정시대의 새로운 제도를 도입한 것처럼 새로운 제도로 시작하자'고 하였다.

그리하여 "모든 백성이 여호와 앞에 화목제를 드리며 크게 기뻐한 것처럼 맡은 바 임무와 사명을 다하면서 일심협력(一心協力)하는 기쁨으로 시작하자"고 강조하였다(김홍준목사, 새롭게 하자, 경기노회 목회자 설교집 목동의 노래, 위곡출판사, 1991).

세상에서도 교회에서도 어떤 일을 새롭게 시작할 때는 늘 기쁨으로 시작하여야 한다. 그것도 큰 기쁨으로 새로운 마음으로 시작하여야 한다.

이스라엘의 첫 번째 왕인 사울 왕은 다윗이 골리앗과의 싸움에서 크게 승리를 하자(17:41~49) 백성들의 관심이 집중되는 것을 알게 되면서부터 그를 죽이려고 하였다(19장).

여기서 우리들이 신앙생활을 하면서 잊지 말아야 할 것이 있다.

늘, 무슨 일에서든지 '자신의 뜻보다는 하나님을 먼저' 생각해야 한다는 것이다.

혼자만의 생각에 따라서 '열심히 하는 것과 잘하는 것은 분명히 다르다.' 중심을 보시는 하나님(16:7)이시니 하나님이 보시기에 어떠한지를 묵상하여야 한다.

또한 주님의 일, 곧 교회에서의 헌신과 봉사에 있어서도 나 먼저 또는 나만의 편리를 앞세워 쉽게 행해서는 안 된다.

사울 왕은 '하나님이 함께 하시는 다윗'인 것을 알고 있으면서도 시기(猜忌)하고 미워할 뿐만 아니라 이방신에 대한 망령된 제사(13:8~14)를 드리고 심지어는 변장(變裝)까지 하면서 신접(神接)한 여인을 만나는(28:3~14) 등 하나님이 보시기에 만홀(漫忽)된 일을 저질렀다.

하나님에 대한 신실함은 성공을 가져 오지만 불순종의 끝은 불행과 재난이다.

세상을 살아가면서 시선(視線)을 과감하게 하나님께로 돌려야 할 때가 반드시 있다. 비록 많은 세상 사람들이 부정적으로 볼지라도 우리들은 긍정(肯定)의 눈으로 볼 수 있어야 한다.

우리들이 흔들리게 되는 것은 지금의 '안 되고, 못하고, 아직은 때가 아니고'가 아니라 부정적인 시각 내지 관점인 줄을 알면서도 과감하게 거부하거나 돌아서지 못하는 것은 남들, 즉 대세(main stream)나 유행'(trend)을 따르기 때문이다.

소년 다윗(大衛)의 승리는 적군의 거인 장수 골리앗(歌利亞)을 하나님의 시각 또는 하나님은 내 편(便)이라는 시각에서 볼 수 있었기 때문이다.

"다윗이 블레셋 사람에게 이르되 너는 칼과 창과 단창으로 내게 나아오거니와 나는 만군의 여호와의 이름 곧 네가 모욕하는 이스라엘 군대의 하나님의 이름으로 네게 나아가노라 오늘 여호와께서 너를 내 손에 넘기시리니 내가 너를 쳐서 네 목을 베고 블레셋 군대의 시체를 오늘 공중의 새와 땅의 들짐승에게 주어 온 땅으로 이스라엘에 하나님이 계신 줄 알게 하겠고 또 여호와의 구원하심이 칼과 창에 있지 아니함을 이 무리에게 알게 하리라 전쟁은 여호와께 속한 것인즉 그가 너희를 우리 손에 넘기시리라"(사무엘상 17:45~47).

하나님의 편에서 바라보면 세상의 것들은 작게 보이게 되고 끝내는 상대방의 틈(gap)과 약점(weakness)들이 드러나게 된다.

한숨을 쉬고 낙담을 하기 전에 먼저 믿음의 눈으로 볼 수 있어야 한다.

하나님의 편에서 보면 해결하지 못할 문제가 없다. 우리 신앙인들은 하나님의 눈으로 세상을 보는 담대한 믿음의 시선을 가지고 살아갈 수 있어야 한다(하나님의 편에서 문제를 보라, 박영원목사, 남가좌교회, 2014.11.30).

엘리에게 하나님은 분명히 말씀하셨다. "나를 존중히 여기는 자를 내가 존중히 여기고 나를 멸시하는 자를 내가 경멸하리라"(2:30).

어린 시절의 사무엘은 하나님의 뜻을 알고 싶어 하고 순종하려는 자세를 갖고 있었다.

그의 말과 태도가 곧 우리들의 마음, 자세가 되어야 한다.

"여호와여 말씀 하옵소서 주의 종이 듣겠나이다"(3:9~10).

"Speak, your servant is listening."

"請說，僕人敬聽!"

사무엘하

사무엘하(撒母耳記下)는 이스라엘을 건국한 첫 번째 왕인 사울의 죽음에 이어서 왕좌에 오른 다윗(大衛) 왕의 일대기이다.

전반부는 그가 통치한 시대(1100~1000 B.C.)의 치적(治積)과 전쟁에서의 승리(1~10장)와 고난(11~20장)을 연대기적(年代記的)으로 기록하고 있으며 후반부(21~24장)는 그의 통치에 관련한 내용을 기록한 비연대기적인 내용이다.

1:1~8:18	다윗과 이스보셋 / 다윗의 장악 / 언약궤와 하나님의 집 / 허다한 승리
9:1~20:26	다윗과 므비보셋 / 암몬 전쟁 / 다윗의 장성한 아들들 / 다윗 귀환과 세바의 반역
21:1~24:25	기근과 전쟁 / 다윗의 시 / 다윗의 용사들 / 인구 조사와 온역(瘟疫) / 새 제단

이 책에서의 중심이 되는 인물은 영광스럽게 '기름 부음을 받은 사울 왕'과 '전쟁의 승리와 나라의 안정을 이끌어 온 다윗'이다.

특히 이 책은 그의 빛나는 업적에도 불구하고 개인적인 자만(自慢)과 욕심으로 본인은 물론 후손들에게 까지도 벌(罰)을 받게 만든 이스라엘의 두 번째 왕인 다윗의 서사적(敍事的)인 내용을 기록하고 있다.

그리하여 사무엘서는 우리들에게 하나님이 주신 축복을 당대(當代)는 물론 대(代)를 이어가면서 성심(誠心)을 갖고 살아가는 것(호세아 7:14)이 결코 쉬운 일은 아니라는 것과 함께 우리들의 삶은 왕이든 아니든가에 상관없이 '그분의 장중(掌中) 안에 있음'을 알려준다.

'새 왕, 새 일꾼, 새 지도자' 인 다윗(사랑받는 자, 아름답다의 뜻)은 아브라함의 14대 손으로 유다지파 이새의 막내(여덟째)로 베들레헴에서 출생하여 “이새의 줄기에서 한 싹이 나며 그 뿌리에서 한 가지가 나서 결실할 것이요”(사11:1)의 예언을 이루었을 뿐만 아니라 이스라엘을 굳건히 세우고 번영으로 이끌어 내었기에 하나님의 사랑을 받은 자가 되어 그 이름이 성경(구약 800번, 신약 60번)에 빈번하게 등장되고 있다.

그는 용감하고 담대할 뿐 아니라 예술적 재능이 있어 악기(竪琴)를 잘 다뤘고, 블레셋의 거인 장수인 골리앗과 싸워 승리하였으며 온갖 수단과 방법을 통하여 자신을 죽이려고 시도했던 사울 왕을 ‘하나님의 기름부음 받은 자’를 죽일 수 없다 하여 두 번이나 살려 주기도 했다(24:1~22, 26:1~25).

한편 그는 자신을 반역한 아들 압살롬의 시체를 안고 슬퍼한 아버지(19:1~8)이었을 뿐만 아니라 사울 왕의 아들인 요나단과의 우정을 끝까지 잊지 않고 그의 아들 므비보셋을 죽을 때까지 보살펴 주었던 정(情)이 많은 사람(4:1~12)이기도 했다.

처음 이스라엘의 두 번째 왕이 되었을 때 그는 “내가 이새의 아들 다윗을 만나니 내 마음에 합(合)한 사람이라 내 뜻을 다 이루게 하리라”(사도행전 13:22)는 말씀을 듣기도 했다.

그리하여 ‘하나님의 마음에 든 사람’(他是合我心意的人 · a man after my own heart)이 되어 “네가 어디를 가든지 내가 너와 함께 있어 네 모든 대적을 네 앞에서 멸(滅) 하였은즉 세상에서 존귀한 자의 이름 같이 네 이름을 존귀케 만들어 주리라”(祢無論往那裹去, 我常與祢同在 剪除祢的一切仇敵, 7:9)는 놀라운 축복을 받기도 했었다.

그러나 그는 자신과 나라의 평안이 깃들게 되면서부터는 자고(自高)하고 자만(自慢)에 빠져서 자신에게 충성스러운 측근의 장군이었던 우리아의 아내를 빼앗는 악행(11장)도 서슴지 않았다.

또한 자신의 통치력(統治力)과 국력(國力)을 세상에 과시하려는 욕심에서 인구조사(人口調査)를 시행하는 등 하나님 보시기에 악(惡)을 행하는 등 백성들의 본(本)이 되지 못하였다.

더불어 다윗은 평생의 숙원 사업으로 예루살렘궁전을 자신의 임기내에 건축하고 싶어 했으나 하나님은 "너는 피를 심히 많이 흘렸고 크게 진쟁하였느니라"(역대상 22:8)고 하시며 거부하셨다.

그의 성정(性情)을 강점(Strength)과 약점(Weakness)으로, 그가 태어난 시대적 환경이나 집안을 기회(Opportunity)와 위협(Threat)으로 나누는 이른바 SWOT으로 살펴보면 다음과 같다.

S 골리앗과의 대결승리 / 기름 부음 받은 자 예우	W 여색(女色) / 오만 / 제사장 역할 / 치부(致富)
O 민심의 호감과 장악 / 요나난의 돈독 우정	T 왕가(Royal family) 아님 / 목축업 후손

우리들이 흥미진진(興味津津)한 쾌남아(快男兒)이었던 다윗 왕의 역사를 통하여 얻는 교훈은 '누구나 다락(墮落)할 수 있다'는 것이다.

보석과 같은 사랑을 받으며 풍성한 복을 받았던 다윗왕도 유혹(誘惑)에 빠졌던 사실을 잊지 말아야 한다.

우리들 자신의 마음, 결심, 각오로 하늘의 것, 영적(靈的)인 것, 하나님의 일을 구별하여 이기고 승리할 수 있다는 생각은 교만한 것이며 추락의 첫 걸음이 되는 것이다.

나중에 후회하면서 회개하고 용서를 구하는 것보다는 아예 처음부터 죄를 피하는 것이 훨씬 낫다.

우리의 중심을 보시는 하나님은 우리 나름대로의 지적(知的) 수준이나 양심 또는 신앙 등으로 구분하여 판단하는 것들에 대하여 '올바른 것과 옳지 못한 것, 선한 것과 악한 것, 아름다운 것과 추(醜)한 것'을 구분하여 내시고 경고하신다.

그럼에도 불구하고 우리들은 이를 '애써 무시하면서 별것이 아니다'라고 자위(自慰)하며 살아가고 있다.

우리들은 이들의 삶에 대하여 그저 한 시대를 앞장서서 이끌어 오면서 국가의 기초를 쌓고 번영을 이루고 한때나마 잘 나갔던 왕들의 이야기로 생각하여 볼 수도 있다.

그러나 사울(9:1~2/16)과 다윗(16:11~12)의 영광과 축복은 저절로 얻어진 것이 아니라 '탄탄한 믿음의 연륜 가운데 성숙된 믿음의 집안'에서 자랐고 선택을 받은 자들이었기 때문이다.

사울과 다윗은 30살에 왕위에 올랐으며 군인이었기에 적국인 블레셋 등 '이방 민족들과의 싸움에서 나라를 지켜 냈다'는 빛나는 공적을 갖고 있다. 그러나 사울 왕과 다윗 왕의 업적에 대한 평가는 각기 주어진 상황에 따라 '잘했다와 심하다든가 또는 더 나아가 잘못했다든가 정말 못됐다'라고 할 수도 있다.

그러나 이러한 시각이나 평가는 우리들이 만든 잣대와 기준에서 비롯된 것이다. 가장 중요한 또는 반드시 유념하여야 할 것은 '하나님이 보시기에 어떠한가?'이다.

즉 세상에서는 '인정을 받고 심지어 존경을 받는다'고 할지라도 신앙인은 "여호와 보시기에~(11:27)"에 "좋았더라(耶和華眼中看~신명기 6:18)"와 "악(惡)하였더라"(耶和華甚不喜悅~신명기 11:27)가 기준이 되어야 한다.

열왕기상

열왕기(列王記)는 사울의 즉위로 시작된 이스라엘이 다윗과 솔로몬의 시대까지는 번영을 누렸으나 3대(代)를 넘기지 못하고 남과 북으로 분열된 시대(10~9 B.C.)를 기록하고 있다.

남(南)왕국 유다와 열 개 지파로 구성된 북(北)왕국 이스라엘은 선정(善政)을 베푼 왕들의 시대와는 달리 하나님의 경고(warning)를 무시하고 우상숭배와 망령(妄靈)된 생활로 인하여 심판을 받아 앗수르에 멸망(722 B.C.)하고 남 왕국 유다는 바벨론에 의해 함락(586 B.C.)을 당하였다.

열왕기상(1 Kings)의 전반부는 '택(擇)한 민족인 이스라엘이 절정기를 이룬 시기에 해당하며 예루살렘성전 건축과 같은 번영'을 다루고 있으며 후반부는 부패하고 세속적인 왕정(王政)의 타락으로 전쟁에 패하는 등의 국력 쇠퇴기를 기록하고 있다.

이는 전적으로 하나님에 대한 예배와 언약에 대한 불성실과 우상숭배에서 비롯되었으며 백성들로부터는 신앙의 부패와 함께 과도한 세금부과에서 촉발된 백성들의 불만(不滿)과 원성(怨聲)이 서서히 예열(豫熱)되어 가다 급기야 르호보암 왕의 시대에 이르러서는 본격적인 분열로 나타나기 시작하였다(12장).

하나님은 그가 택(擇)하신 왕과 백성들의 죄와 악행을 물으시며 심판(審判)하고, 징벌(懲罰)을 하시지만 다른 한편으로는 신실(信實)한 믿음과 순종(順從)은 끝내 축복하여 주신다는 구속사적(救贖史的)인 교훈을 그들로 하여금 온 몸으로 겪게 하면서 확신시켜 주고 있다.

1:1~12:43	통일(統一)왕국	솔로몬 시대	흥(興)하고 축복(祝福) 받은 백성	인간 승리, 지혜, 성전 예배, 기도 부탁
12:1~22:53	분열(分裂)왕국	솔로몬 이후	망(亡)하는 (불행)不幸한 백성	실패한 인생, 야욕, 우상 숭배, 여성 편력

이 책에는 시대와 역사는 달라도 21세기, 특히 최근 코로나로 한국만이 아니라 세계가 어디로 가야 좋을지, 어찌해야 좋을지, 어떻게 할지를 모른 채 고통으로 헤매고 있는 이 시기에 찬 물속에 비추는 한 줄기 햇빛처럼 우리의 영혼을 신선하게 해주는 말씀이 들어 있다(Jesus Savior, pilot me, 찬송 375장).

"여호와께서 내 일에 대하여 말씀하시기를 만일 네 자손들이 그들의 길을 삼가 마음을 다하고 성품을 다하여 진실히 내 앞에서 행하면 이스라엘 왕위에 오를 사람이 네게서 끊어지지 아니하리라 하신 말씀을 확실히 이루게 하시리라"(2:4)는 것처럼 우리들의 '믿음이 나만의 기쁨과 축복만으로 끝나는 것'이 아니라 거룩한 신앙의 유산으로 이어지기를 바라며 기도해야 한다.

그러므로 지혜가 뛰어난 솔로몬(所羅門)의 명성을 듣고 찾아온 시바(示巴) 여왕이 낸 어려운 문제를 "알지 못하여 대답하지 못한 것이 하나도 없었더라"(nothing was too hard for the king to explain to her · 10:1~3)처럼 그의 명성은 사람의 눈에 보이는 세상의 것으로 치장한 허명(虛名)이 아니라 '여호와의 이름으로(his relationship to the Lord) 말미암은 실명(實名)이었다'는 것을 잊지 말아야 한다(허명과 실명, 김운성, 2020. 5.3).

또한 솔로몬이 "누가 주의 이 많은 백성을 재판할 수 있사오리이까

지혜로운 마음을 종에게 주사 주의 백성을 재판하여 선악을 분별하게 하옵소서"라고 기도할 때에

"그 말씀이 주의 마음에 맞아 이에 하나님이 그에게 이르시되 네가 이것을 구(求)하도다 자기를 위하여 부(富)도 구하지 아니하며 자기 원수의 생명을 멸(滅)하기도 구하지 아니하고 오직 송사를 듣고 분별하는 지혜를 구하였으니 내가 네 말대로 하여 네게 지혜(智慧)롭고 총명(聰明)한 마음을 주노니~내가 또 네가 구하지 아니한 부귀와 영광도 네게 주노니 네 평생에 왕들 중에 너와 같은 자가 없을 것이라"(3:9~13)하심을 기억해야 한다.

하지만 "돌아서서 나를 따르지 아니하고 계명과 법도를 지키지 않으면~"(9:6~9)의 말씀도 잊지 말아야 한다. 칭찬과 축복만을 바라는 기복신앙(祈福信仰)에서 이를 뛰어 넘는 신실하고 겸손한 믿음생활이 요구된다.

응답받는 기도의 비밀인 ABC가 있다. 성공한 사람들의 기도는 뭔가 다르다. 그들의 성공 비결만을 알아보는 대신 성공한 기도의 비결을 배워야 한다.

먼저 간절히 구하고(Ask), 다음에는 구한 바를 이뤄주실 줄로 믿으며(Believe), 이어서 구하고 기도한 그대로 행할 것을 약속(Commit)해야 한다.

주께서는 솔로몬의 기도가 '장수(長壽)나 부(富)를 구하지 않았고 원수의 생명을 앗아가기를 원하는 것'이 아니었기에 "주의 마음에 들었다"("就蒙主喜悅", "The Lord was pleased that Solomon had asked for this", 3:10)고 하셨으니 그는 '하나님을 움직이는 지혜로운 기도'를 한 것이다.

열왕기하

열왕기하(列王記下)는 기원전 9세기 중엽에 두 왕국으로 나눠져 북 왕국이 앗수르에게 멸망(722 B.C.)해 사마리아가 함락되기까지의 이야기를 다루고 있다.

이 책(2 Kings)은 유다왕 아하스의 아들인 요시아('여호와는 나의 힘'이라는 뜻)가 25세에 등극해 유다의 13대 왕으로 25년간을 통치하면서 우상 숭배에 빠졌던 부친과는 달리 하나님께 인정받을 만큼 여호와만을 전적으로 의지하고 정직히 행한 사실을 기록하고 있다(18:3~6).

11:1~7:41	분열된 왕국	아하시야~호세아에게 이르기까지 북 왕국의 역사는 치욕의 역사
18:1~25:30	유다 왕국	히스기야 왕으로부터 바벨론에게 멸망이 되기까지의 역사

그는 예루살렘성전을 수리하면서 '우상 숭배의 단(壇)을 제거하고 유월절(passover)을 다시 제정하는 등 과감한 개혁을 시도'한 결단력이 있는 왕(18:43)으로 앗수르 침공으로 위험에 처했을 때는 물론 자신이 병들었을 때에도 간절한 기도로 응답을 받았다.

그리하여 이 책에는 그가 '전적으로 하나님에게 순종한 시기에는 나라가 번영'을 하였으나 므낫세 왕과 그의 아들 아몬이 '우상을 섬기고 불순종(不順從)하며 악행을 저질렀을 때는 나라가 쇠락(衰落)하고 끝내는 멸망한 사실'(21:20~22)이 기록되어 있다.

당시의 예언자들은 왕과 백성들이 하나님과 맺은 언약에 불충실(unfaithful)을 보이게 되면 '반드시 심판이 뒤따르고 결국에는 패망할 것'을 선포하고 이전의 신실(信實)한 마음으로 돌아설 것을 강하게 권면하였다.

대제사장 여호야다(여호와는 아신다의 뜻)는 "왕과 백성으로 여호와와 언약을 세워 여호와의 백성이 되게 하고 왕과 백성 사이에도 언약을 세우게 하매"(11:17)와 같이 왕과 백성들이 "제대로, 바르게 여호와만을 섬기고 예배할 것"을 요청하였다.

그럼에도 불구하고 요시아(Josiah) 왕의 시대에만 이를 지켰을 뿐 여호야다(Jehoiada)가 죽은 후에는 다시 우상숭배를 시작했다.

"들을 귀 있는 자는 들으라"("If any man have ears to hear, let him hear!"(마가복음 4:23)처럼 열왕기하에는 귀에 담아둘 만한 아름다운 얘기들, 요즘 유행하는 표현대로 하자면 레전드(legend)급 얘기가 들어 있다.

너무나 좋아하고 진심으로 존경하던 스승과 헤어져야만 할 때에 "내가 네게 어떻게 할 것을 구하라 엘리사가 가로되 당신의 영감(靈感)이 갑절이나 내게 있기를 구하나이다"(2:9),

"Let me inherit a double portion of your spirit"라고 고백한 한 엘리사는 대단한 제자이다.

부럽다, 많이 부럽다. 그는 진심으로 스승 엘리야(Elijah)의 영성(靈性)을 선물로 받고자 했다.

평소 존경하는 스승이 선물을 준다고 하시면 '나는 무엇을 바랄 것인가?' 아니 그보다 그런 스승이 내게도 있을까에 나아가 믿음의 길을 걸어간다고 하는 '나는 그런 스승인가'를 반문해 본다.

한편 스승이 있는 것 같기도 한데 그 분이 내게도 귀(貴)한 것을 선물로 주겠다, '주고 싶다고는 하실까?'가 은근히 걱정이 된다.

2장에는 남편과 평범하게 살아가는 여인이 등장한다. 보통 아줌마인 줄로만 알았는데 그녀에게는 제대로 볼 줄 아는 보는 눈(眼目)이 있었다.

그녀가 축복을 받는 행적은 이렇게 기록되어 있다.

"하루는 엘리사(Elisha)가 수넴에 이르렀더니 거기 한 귀한 여인이 저를 간권(懇勸)하여 음식을 먹게 한 고로(urged him to stay for a meal) 엘리사가 그곳을 지날 때마다 음식을 먹으러 그리로 들어갔더라. 여인이 그 남편에게 이르되 항상 우리에게로 지나는 이 사람은 하나님의 거룩한 사람인 줄을 내가 아노니 우리가 저를 위하여 작은 방을 담 위에 짓고 침상과 책상과 의자와 촛대를 진설(陳設)하사이다 저가 우리에게 이르면 거기 유(留)하리이다 하였더라"(4:8~10).

'동네 한바퀴'를 지나는 길손이 웬지 능력자(能力者), 대예언자(大豫言者), 선지자(先知者) 등 평범치 않은 분일 것만 같은 느낌이 들어(성경에는 아내의 말을 경청한 남편들의 축복받은 사례들이 많다) 그녀는 남편을 설득하여 대접하게 되었고 끝내 놀라운 축복을 이끌어 내었다.

내게도 그런 '눈, 귀, 촉(觸), 감(感)'이 있을까? 나의 오랜 소원, 간절한 꿈, 흐르는 강물처럼 한없이 많은 내 마음속 깊은 이야기를 들어주고 위로하며 정답을 주실 분이 과연 있을까?

믿음의 눈이 있어 그 분이 우리 집 앞을 지나간다면 '차(茶) 한잔 대접할 분, 바로 그분을 찾아 낼 수 있을까?'가 참으로 궁금하다. '이것이 꼭 알고 싶다!'

역대상

역대(歷代)의 히브리어 mymiY:h' yreb는 그 시대의 사건들이나 기록들을 뜻하며 저자는 에스라 또는 다윗 왕가와 성전, 제사장의 직분 또는 역할(役割)에 익숙한 제사장일 것으로 추정된다.

한편 기록된 시기는 사울 왕에서 시드기야 왕까지의 시대(1050~600 B.C.)로 보고 있다.

이 책의 핵심은 "네 생명의 연한(年限)이 차서 네가 열조(烈祖)에게로 돌아가면 내가 네 뒤에 네 씨 곧 네 아들 중 하나를 세우고 그 나라를 견고하게 하리니 저는 나를 위하여 집을 건축할 것이요 나는 그 위를 영원히 견고하게 하리라 내가 영영히 그를 내 집과 내 나라에 세우리니 그 위가 영원히 견고하리라 하셨다 하라"(17:11~17:14)는 것으로 다윗 왕과 그의 뒤를 이어 왕이 된 솔로몬(所羅門)을 포함한 다윗 왕가(王家)의 연대기(年代記)이다.

역대상(歷代上/歷代志上)에는 다윗(大衛)이 예루살렘 성전의 건축을 위해 미리 필요한 물자들을 준비하였음에도 이를 하나님이 거절하신 것(17:8)은 그가 '전쟁에서 너무 많은 피를 보았기 때문'(28:3)으로 '비록 승리를 위한 것이기는 했으나 이는 적(敵)이 흘린 피(血)의 댓가'였기 때문이다.

성전 건축이라는 귀(貴)하고 아름다운 큰 일(大業)은 반드시 주께서 정하신 시기와 예비하신 인물에 의해서 이뤄져야만 한다.

우리들의 생각에 '이 꿈을 꼭 이루고 싶다!, 정말 소원이다!'라고 한다고 해서 하나님은 이를 다, 꼭 그대로를 들어주시지 않는다.

사람들은 누구나 부자가 되어 경제적인 어려움이 없이 여유롭고 풍요로운 생활을 즐기고 싶어 한다.

세상의 부자들에게 '부자가 되면 좋은 이유' 를 물었다.

그들은 ① 똑똑한 사람을 쓸 수 있다 ② 사람들이 모인다 ③ 사회 여론형성의 지도층(Opinion leader)이 된다 ④ 멘토가 되어 많은 사람에게 조언을 할 수 있다 ⑤ 남들보다 돈 버는 방법을 알고 있어 더 많은 돈을 벌 수 있다 ⑥ 노후를 즐길 수 있다 ⑦ 가족들에게 안정과 행복을 줄 수 있다 ⑧ 자신의 꿈을 실현할 수 있다 ⑨ 당당해지고 자신감을 가질 수 있다 ⑩ 경제적 자유를 누릴 수 있다'고 하였다.

다시 그들에게 '부자가 되는 비결' 을 물어 보았다.

그들은 ① 일찍 일어나라 ② 부지런 하라 ③ 인맥관리 철저히 하라 ④ 자기 자랑하지 마라 ⑤ 메모를 하라 ⑥ 책을 읽어라 ⑦ 자신의 일에 흥미를 느껴라 ⑧ 인사를 잘하라 ⑨ 항상 웃어라 ⑩ 긍정적인 생각을 하라고 했다.

다시 그렇다면 '부자가 되지 않는(못하는) 이유는 무엇인가?' 를 물었다. 그들의 답은 ① 책임을 타인에게 넘긴다 ② 말만 한다 ③ 정확한 목표가 없다 ④ 쉬운 길, 편한 길만 찾는다 ⑤ 협력자가 없다 ⑥ 작은 돈을 소홀히 한다 ⑦ 너무 빨리 단념한다.

에스라서의 저자는 "부(富)와 귀(貴)가 주께로 말미암고 또 주는 만물의 주재가 되사 손에 권세와 능력이 있사오니 모든 사람을 크게 하심과 강하게 하심이 주의 손에 있나이다"(29:12)라고 했다.

세상의 부자들은 자신의 열심(熱心)과 노력으로 얻은 것이라고 말하고 있지만 주의 백성들은 "나와 내 백성이 무엇이기에 이처럼 즐거운 마음으로 드릴 힘이 있었나이까 모든 것이 주께로 말미암았사오니 우리가 주의 손에서 받은 것으로 주께 드렸을 뿐이니이다"(29:14)라고 한다.

'시작이 다르니 끝도 다르다'.

여기에 평범한 집안이었지만 축복을 받은 사람인 야베스가 등장한다. 그가 "주께서 내게 복을 주시려거든 나의 지경을 넓히시고 주의 손으로 나를 도우사 나로 환난을 벗어나 내게 근심이 없게 하옵소서 하였더니 하나님이 그가 구하는 것을 허락하셨더라"(4:10)고 기록되어 있다.

(우리들이 보기에는) '사회적으로도 교회에서도 큰일을 한 게 없는 것 같은데 축복을 받는구나!'라는 얘기를 들으며 부러움을 받는 사람들이 있다.

신앙생활을 하다보면 교인들 중 건강하고 물질적인 걱정도 별로 하지 않으며 부부 사이도 좋고 자녀들도 잘 자라고 있는 경우를 많이 보고 칭찬하며 부러워한다.

하지만 사실 우리들은 겉만 본 것이다. 그들의 내면을 모르고 있다. 즉 '축복의 기준, 보는 관점'이 다르기에 달리 짐작하고 판단한 것이다.

믿음생활을 하면서 간과해서는 안 될 중요한 것이 있다. 바로 기도하는 방법이다. 축복을 가져오는 아니 하나님이 축복을 할 수 밖에 없는 비결, 방법이 있다.

첫째는 주실 줄로 확실하게 믿는 것이다. '될까? 안될까? 너무 크고 많이 구하는 게 아닐까? 하나님이 보시기에도 너무 무리하고 심(甚)한 것이 아닐까?' 아니다, 전혀 그렇지 않다.

오히려 의심과 회의보다는 주님이 방법을 가르쳐주신 그대로 "그러므로 내가 너희에게 말하노니 무엇이든지 기도하고 구하는 것은 받은 줄로 믿으라 그리하면 너희에게 그대로 되리라"(마가복음 11:24)를 믿으며 기도하는 것이다.

다음은 '주의 손으로 나를 도우사'라고 기도하는 것이다. 그 분의 손, 도움, 방법, 수단, 비밀을 그대로 믿는 것이다.

내가 알고 짐작하고 계산이 나오는 도움, 방법, 수단이 아닌 그 분의 손길(your hand)대로 해달라고 기도하는 것이다.

마지막은 구체적으로 기도하는 것이다. 지경(地境)은 '교회를 신축할 지역이고, 농사지을 땅이며, 살아가야 할 집이고, 물건을 팔고 만드는 장소이며, 나의 영향력이 먹혀들 지역(なわばり)'이다.

근심은 어제 밤에 나를 잠들지 못하게 한 것이다. 내게 꼭 필요한 '지경(地境)을 넓혀 달라고 하면서 그 근심을 없애 달라'고 기도할 수 있어야 한다.

역대하

역대하(歷代下)는 450~425 B.C. 사이에 기록된 것으로 추정되고 있으며 저자는 구체적인 언급은 없으나 에스라로 추정되고 있다.

이 책은 솔로몬 왕이 통치하던 시기에 이뤄졌던 행정의 역사와 예루살렘 성전의 건축, 이른바 BTS(Building the Temple By Solomon)를 그의 커다란 치적(治積)으로 기록하고 있다.

저자는 신앙을 회복시키고 국가 발전을 위해 헌신한 업적을 언급하고 있지만 한편으로는 선지자들의 반복되는 경고(30:8)에도 불구하고 우상 숭배와 악행을 일삼는 왕들의 잘못으로 바벨론의 포로가 되는 멸망의 역사까지도 자세히 기록하고 있다(36:17~20).

하나님은 사무엘을 통하여 사사시대(1400~1050 B.C.)를 종결하게 하신 후 사울(1050~1010 B.C.)과 다윗(1010~970 B.C.) 그리고 솔로몬(970~931 B.C.)을 왕으로 삼아 각기 40년씩 120년을 통치하게 하셨다.

사울(掃羅)에 이어서 2내 왕이 된 나윗은 헤브론에서 예루살렘으로 수도를 이전하면서 예루살렘 시대(사무엘상 · 하)를 열었으며 이어서 왕이 된 솔로몬(열왕기상)은 초기에는 선정(善政)을 베풀었다.

그러나 그는 개인적인 치부(致富)에 열중을 하였으며(9:22) 또한 여자를 탐(貪)하는 등의 편력(遍歷)으로(1000여명의 여인들) 결코 '롤 모델'이 되지 못하였고 특히 우상 숭배에 빠지는 잘못을 범(犯)하는 등 분열 왕국시대의 단초를 제공하였다.

왕국의 분열은 초기에는 서로 간에 적대적인 관계를 보였으며 중반기에는 때로 연합을 이루기도 했지만 후반기에는 다시 적대적인 관계를 형성하였다.

결국 북 이스라엘은 앗수르에 멸망(722 B.C.)하여 역사에서 사라졌으며 남 유다는 바벨론에 의해 멸망(586 B.C.)을 당하였고 70년 후에 이르러서야 예루살렘으로 다시 돌아오고 나서야(36:22) 나라를 재건하고 성전을 재건하게 되었다.

솔로몬의 사후(死後)에 르호보암은 이스라엘의 왕이 되지만 '짐을 가볍게 해 달라'(lighten the harsh labor and the heavy yoke, 10:4)는 장로들의 요청까지도 거절을 하는 등 폭정(暴政)을 거듭하면서 다시 분열이 이뤄지고 북 이스라엘은 독립을 하게 되었다.

결국 북쪽은 북 이스라엘이 되고, 남쪽은 남 유다로 남게 되었으며 이후 이스라엘이 예루살렘으로 제사를 위해 지나가는 것을 막으려고 벧엘과 단에 황금 송아지 상(像)을 세워 우상 숭배의 길, 이른바 '여로보암의 길'(열왕기상 16:9)로 빠지게 하는 계기를 만들어 결국 두 나라는 서로 앙숙(怏宿)이 되어 여러 차례에 걸친 전쟁을 벌이게 되었다.

두 나라는 때로 정치적인 필요에 따라서 연합을 하기도 하고 전쟁을 할 때도 있었는바, 이는 여호사밧이 아합 왕과 친분을 쌓고 싶어 한데다 아합의 경우 아내인 이세벨의 영향 때문이었다.

남유다(르호보암 · 아비야 · 아사 · 여호사밧 · 여호람 · 아하시야 · 아달랴)는 적극적인 바알 숭배로 멸망의 길로 접어들게 되었으며 북이스라엘(아합 · 아하시야 · 요람 · 예후 · 여호아하스 · 요아스 · 여로보암2세 · 스가랴 · 살룸 · 므나헴 · 베가 · 브가히야 · 호세아)도 앗수르에 의해 멸망을 당하게 된다.

이후에 남유다는 136년간을 홀로 남겨지다가 바벨론에 의하여 멸망을 당하면서 포로 생활을 하던 중에 바사왕 고레스(Cyrus, Persia)의 명(命)에 따라 3차에 걸친 귀환이 있게 되었다.

역대하(Chronicles 2)의 키 워드는 성전과 개혁이다. 백성들이 그들의 있는 힘, 열(熱)과 성(誠)을 다하여 성전을 건축하고 예배하려고 할 때에 진심이 상달(上達)되어야 한다.

"주의 종과 주의 백성 이스라엘이 이 곳을 향하여 기도할 때에 그들의 간구함을 들어 주셨다"함과 같이 우리들의 간구와 소원들도 역시 응답받게 해달라고 기도할 수 있어야 한다.

또한 그들은 다만 성전 안에서만 '입으로 부르짖고 외치는 것으로 끝나는 것'이 아니라 "여호와 보시기에 정직하게 행하여 그의 조상 다윗의 길로 걸으며 좌우로 치우치지 아니하고"(34:2)처럼 살았다.

우리들의 믿음생활도 이 세상을 사는 동안 행하는 일거수일투족(一擧手一投足) 그리고 언행심사(言行心事)까지도 조심하여 사람 눈에만 보이고 인정받고 자족(自足)하는 것이 아니라 무소부재(無所不在)의 하나님이 보시고 아시며 또한 인정하시고 축복하실 수 있어야 한다(찬송 53장 2절).

에스라

에스라(Ezra, עזרא)에서 사용하는 언어의 대부분은 아람어(4:8~6:18, 7:12~26)이며, 나머지는 히브리어로 되어 있다.

기록자는 대제사장 스라야(7:1)의 후손으로 특히 '모세 5경의 준수'를 강조한 것은 그가 모세의 율법에 능(能)한 학자(He was a teacher well versed in the laws of Moses, 7:6)였기 때문이다.

에스라서(以斯拉記)와 느헤미야서(尼希米記)는 원래 두루마리로 엮어진 하나의 문서(느헤미야 3:32)였으나 유대인들은 이 두루마리를 각기 첫 번째 에스라와 두 번째 에스라로 구분하고 있다.

1:1~6:20	1차 바벨론 귀환	바사왕 고레스 칙령 / 유다인들의 고향 앞으로! / 성전 재건
7:1~10:44	2차 바벨론 귀환	에스라 족보 / 예루살렘 귀향 / 에스라의 기도, 백성들의 회개

에스라는 백성들의 죄를 위하여 "나의 하나님이여 내가 부끄럽고 낯이 뜨거워서 감히 나의 하나님을 향하여 얼굴을 들지 못하오니 이는 우리 죄악이 많아 정수리에 넘치고 우리 허물이 커서 하늘에 미침이니이다~이제 우리 하나님 여호와께서 우리에게 잠시 동안 은혜를 베푸사 얼마를 남겨 두어 피하게 하신 우리를 그 거룩한 처소에 박힌 못과 같게 하시고 우리 하나님이 우리 눈을 밝히사 우리가 종노릇 하는 중에서 조금 소생하게 하셨나이다"(9:6~8)라고 하면서 이스라엘 백성들이 당한 그동안의 고생과 어려움을 회상(回想)시켜 주고 있다.

동시에 그는 그동안 겪은 고통에도 불구하고 고향 땅으로 돌아오게 하신 하나님을 찬양하고 있다.

"우리가 불쌍히 여김을 입고 소생하여 우리 하나님의 성전을 세우게 하시며 그 무너진 것을 수리하게 하시며 유다와 예루살렘에서 우리에게 울타리를 주셨나이다"(9:9)라고 고백한다.

이어서 그는 백성들과 함께 회개하고 자복하면서 "우리 하나님이여 이렇게 하신 후에도 우리가 주의 계명을 저버렸사오니 이제 무슨 말씀을 하오리이까~우리의 악한 행실과 큰 죄로 말미암아 이 모든 일을 당하였사오나 우리 하나님이 우리 죄악보다 형벌을 가볍게 하시고 이만큼 백성을 남겨 주셨사오니 우리가 어찌 다시 주의 계명을 거역하고 이 가증한 백성들과 통혼(通婚)하오리이까 그리하면 주께서 어찌 우리를 멸(滅)하시고 남아 피(避)할 자가 없도록 진노하시지 아니 하시리이까 이스라엘의 하나님 여호와여 주는 의로우시니 우리가 남아 피한 것이 오늘날과 같사옵거늘 도리어 주께 범죄(犯罪)하였사오니 이로 말미암아 주 앞에 한 사람도 감히 서지 못 하겠나이다"(9:10~15)라고 눈물로 회개의 기도를 하였다.

에스라가 이처럼 백성들에게 그들의 지은 죄를 알게 하고 회개를 하도록 이끌면서 베푸신 은혜에 감사를 드리게 되자 그들에게는 크고 아름다운 일들이 일어나게 된다.

그가 "하나님의 성전 앞에 엎드려 울며 기도하여 죄를 자복할 때에 많은 백성이 크게 통곡하매 이스라엘 중에서 백성의 남녀와 어린 아이의 큰 무리가 그 앞에 모인지라"(10:1)와 같이 온 이스라엘이 모두 모여 회개(悔改)를 한 것이다.

우리들이 교회에 출석(신앙생활)을 하면서 '한 가지 제목을 놓고 통성(通聲)으로 기도할 때 몇 명이나 합심(合心)하여 기도를 드렸던가?' 그것도 '어린 아이들까지 큰 무리를 지어서 기도한 적이 언제였던가?'

지금 우리들 모두는 코로나19, COVID(Corona virus disease)라는

미증유(未曾有 · unexampled · unheard-of)의 질병(Pandemic)으로 인하여 '만민의 기도하는 집, 하나님의 집, 거룩한 성전'에서 하나님께 영광(Gloria Dei)을 올리는 가운데 외쳐지는 말씀에 진리를 깨달으며 은혜를 받고 거룩한 성도의 교제를 나누었던 전통적이고 정상적인 예배를 드리지 못하고 있다.

비대면(非對面) 예배와 모임을 이른바 3밀(密集 · 密接 · 密閉)로 성도들과의 모임과 만남을 분리시키는 것은 하나님과의 만남을 멀어지게 하고 성도들의 공회와 사귐의 시 · 공간을 분리시키는 신앙생활에서의 근본을 뒤흔드는 것이다.

세상은 물론 교회에서도 이 전례가 없는 놀랍고 어처구니없는 상황이나 사안(situation)을 놓고 한국 교회들이 합심하여 통성(通聲)으로 기도한 적이 있는가?

그것도 '어린 아이들까지 큰 무리를 이루어 기도한 적이 언제였던가?' 많이 아쉽고 죄송하다, 이제야 말로 온 성도들과 가족들이 한 마음으로 눈물로 회개하며 기도해야 할 때이다.

세상에서는 '눈물 젖은 빵을 먹어보지 않은 사람은 인생(人生)을 논(論)하지 말라'고 했다지만 고통과 환란을 거두어 달라고 애통하며 회개하는 기도는 하지 않으면서 그저 '영(靈)의 빵', '영의 양식(糧食)'만을 사모한다면 이는 신앙의 전통을 지켜온 선조들의 믿음이나 신앙과는 거리가 먼 모습이다.

지금이야말로 어떻게 지켜온 신앙이며 교회였던가를 되돌아보아야 할 때다.

Luciano Pavarotti와 Andrea Bocelli의 노래로 널리 알려진 〈생명의 양식〉의 원래 제목은 〈천사의 양식〉(Panis angelicus)로 Cesar

Frank(1822~1890)가 밀레의 만종(晩鐘)에서 영감을 얻어 작곡하였다고 한다.

가사에 등장하는 '빵, 하늘의 양식'에 대한 애절한 사모의 마음이 그 어느 때 보다 더해지는 요즈음이다.

"Panis angelicus fit panis hominum Dat panis coelicus figuris terminum, O res mirabilis manducat Dominum Pauper pauper servus et humilis Pauper pauper servus et humilis"

"생명의 양식을 하늘의 만나를 맘이 빈 자에게 내리어 주소서
낮고 천한 우리 긍휼히 보시사 주여 주여 먹이어 주소서 주여 주여 먹이어 주소서 주님이 해변서 떡을 떼심과 같이 하늘의 양식을 내리어주소서 낮고 천한 우리 긍휼히 보시사 주여 주여 먹이어 주소서 주여 주여 먹이어 주소서"

그동안의 신앙생활을 돌아보니 "여호와께 감사하여 이르되 주는 지극히 선하시므로 그의 인자하심이 이스라엘에게 영원하시도다 하니 모든 백성이 여호와의 성전 기초가 놓임을 보고 여호와를 찬송하며 큰 소리로 즐거이 부르며"("他們彼此唱和讚美倆謝耶和華說,他本爲善 他向以色列人永發慈愛"(3:10)한 기억이 없다.

온 성도들이 함께 모여 목소리를 높이어 찬송하자! 그것도 즐거이 부르자!

"여기에 모인 우리는 모두 주의 은총을 받은 자들이 아닌가?"(Gathered here within this place, We can share in God's redeeming grace!, 찬송 620장).

느헤미야

저자 느헤미야(Nehemiah · 尼希米)는 아케메네스 왕조인 페르시아 왕 아르타크세르크세스 1세의 술 관원이었으며 하갈랴(하가랴 · 하칼야)의 아들이었다.

느헤미야(נחמיה)는 '주님께 위로 받는다'의 뜻으로 당시 바벨론의 포로생활에서 돌아온 유대인들은 에스라의 지도로 종교개혁의 단행과 함께 성벽도 재건하려고 하였다.

그러나 사마리아인 총독인 산발랏과 아랍인 부족장인 게셈과 암몬인 도비야는 "스스로 성을 쌓아 견고하게 하려는 것"(4:1)이라며 방해하였다.

심지어는 "성을 쌓는 건 왕이 되려는 속셈 아니냐?"(6:6)라고 하면서 느헤미야의 명예를 훼손시켰으며 관리들은 성벽 공사에서 일하는 인부들에게 잘 봐주겠다고 하면서 뇌물을 받는 등(5:3~5)의 착취행위, 이른바 갑질 만행을 저지르기도 했다

그럼에도 불구하고 공사를 제대로 끝마칠 수는 있었다.

1:1~ 7:73	느헤미야의 소명 / 성벽 재건 / 성벽재건 반대 / 사회 · 경제적 문제 / 성벽 완성
8:1~ 10:39	율법 낭독 / 고백 / 영적 부흥
11:1~ 13:31	예루살렘의 새로운 거주자들 / 성벽 봉헌 / 마지막 개혁들

그는 "주여 구하오니 귀를 기울이사 종의 기도와 주의 이름을 경외하기를 기뻐하는 종들의 기도를 들으시고 오늘 종이 형통하여 이 사람들 앞에서 은혜를 입게 하옵소서 하였나니 그 때에 내가 왕의 술 관원이 되었느니라"(1:1)고 하면서 자신은 처음부터 선지자나 제사장이 아

니었음을 밝히면서 백성들에게 자신의 상황과 의도 그리고 자신의 기도 방법 내지 비결을 알려주었다.

즉 자신은 오직 주의 이름을 경외(敬畏)하기를 좋아하는 '친(親) 주님 성향의 주님 파(派), 주님 바라기, 오직 주님의 사람'이라는 것을 알리고 있다.

주님이 제자들에게 "너희는 나를 누구라 하느냐?"·Who do you say I am?(마태복음 16:15)라고 물으실 때 '어떻게, 누구'라고 대답할 것인가?

씩씩하고 용감한 의리의 사나이 베드로는 "주는 그리스도시요 살아 계신 하나님의 아들"(마태복음 16:16)이라고 대답하여 칭찬과 축복을 받았다.

느헤미야는 "종은 주의 이름을 경외하기를 기뻐하나이다"라고 하며 자신의 기도 제목, 소원인 '사람들 앞에서 은혜를 입게 하옵소서!'라고 기도하였다.

우리들은, 아니 나는 '기도할 때 어떻게 시작하는가? 어떻게 주님이 내 곁에서 내 기도를 듣고 싶어 하시며 더 나아가 거절할 수 없게 할 수 있을까?'를 지금 느헤미야에게서 배우자!

그는 "또한 정한 기한에 나무와 처음 익은 것을 드리게 하였사오니 내 하나님이여 나를 기억하사 복을 주옵소서."

"I arranged for the supply of wood at appointed times and for the first fruits. Remember me, O my God, for good."(13:31)라고 하면서 느헤미야서를 끝내고 있다.

그는 정말 기도를 잘하는 사람이었다. 그는 기도의 능력자였다. 응답받는 기도자인 느헤미야는 기도의 핵심(核心), 정수(精髓)를 꿰뚫고 있는 ‘기도의 슈퍼 맨’이었다.

주님께 귀(貴)한 것을 바칠 때는 그것이 물건이든 시간이든 아니 마음과 정성이든 아무 때나 드리는 것이 아니다. 정한 시간과 기한이 있다. 이 또한 귀(貴)한 것이다.

그런데 처음 익은 것이라 했다. 처음? 그것은 시작이며 첫출발이다.

‘첫 열매, 첫 수확, 첫 아이, 첫 직장, 첫 만남, 첫 사랑, 처음의 성공’ 바로 그 처음이 중간을 지나 마지막을 결정한다.

‘내 하나님이여, 나를 잊지 마세요. 나의 기도를 기억해 주세요! 그리고 축복하여 주소서!’

느헤미야는 이런 기도를 그 옛날 유대사람들에게 가르쳐 주었다.

이제 느헤미야는 구약 성경의 16번째 책에서 지금 우리들에게 그의 기도를 통하여 축복을 하고 있다.

“내 하나님이여, 나를 기억하사 복을 주옵소서!”

“Remember me with favor, my God”(13:31)

에스더

에스더(Esther)는 역사서(歷史書)로 성경 66권 중에 지명은 1,551곳이 등장하고 인물은 2,930명이나 나오지만 여성의 이름이 제목이 되고 책으로 남겨진 것은 룻기(記)와 에스더서(書) 뿐이다.

더구나 에스더서는 10장에 이르지만 룻기는 불과 4장에 지나지 않는다.

성경에는 많은 여성들이 등장하고 있다. 이들의 이름과 일생 내지 활동을 요약하면 다음과 같다.(아내가 선 자리는 가문의 운명을 좌우한다, 이명훈목사, 예안교회, 2018.3.2.)

사래	아브라함 아내	자기 합리화로 죄를 덮으려 함	창세기 16장
리브가	이삭의 아내	편애(偏愛)	창세기 26장
나오미	엘리멜렉 아내	지도자의 모습 버린 남편을 동조	룻기 1장
이세벨	아합의 아내	하나님을 두려워 않는 부도덕한 우상숭배자	열왕기 21장
삽비라	아나니아 아내	거짓말로 성령 시험	사도행전 5장
한나	엘가나의 아내	기도하는 여인	사무엘상 1
아비가일	나발의 아내	지혜로운 아내	사무엘상 25

에스더의 각장은 다음과 같이 요약할 수 있다.

1장	아하수에로 왕비 와스디 폐위(더 나은 사람에게 주소서)	6장	높힘을 받는 모르드개 (왕이 존귀케 하려는 이)
2장	간택된 에스더 (모든 이의 사랑을 얻더라)	7장	나무에 매달리는 하만 (내 생명, 민족을 내게 주소서)
3장	유다인 멸하려는 하만의 음모 (죽이고 탈취하라)	8장	유다인 위한 왕의 칙령 (영광 / 즐거움 / 기쁨 / 존귀함이 있는지라)
4장	에스더의 각오 (죽으면 죽으리라)	9장	유다인의 승리 (부림절의 제정)
5장	왕에게 요청하는 에스더 (나라 절반이라도 주겠노라)	10장	모르드개의 광영 (모든 민족을 안위하더라)

대개의 이야기나 소설은 기(起)*승(承)*전(轉)*결(結)로 구성되어진다.

한 때 널리 읽혔던 무협소설(武俠小說)은 처음 기(起)에서 어이없는 부모의 죽음이 있은 후 정든 집을 떠나 깊은 산속에서 복수를 위한 고된 훈련의 기간인 승(承)으로 이어진다.

오랜 동안의 세월이 흐르게 되면 사부님의 말씀에 따라 하산(下山)을 하고 원수와 대결하는 전(轉)이 있은 후에 드디어 복수에 성공하는 결'結)에 이르게 되면 비로소 안도(安堵)를 하면서 편안한 마음으로 책장을 덮었던 기억이 있다.

대개의 이야기(story)나 소설novel)들은 어떤 일(accident)이나 사건(episode)이 시작(introducing)되고 이어서는 새로운 상황으로 전개(developing)되어 새로운 국면으로 전환(shifting)되는 반전(反轉)이 있은 후에 마무리(ending)가 되면서 끝나게 된다.

아하수에로 왕 시절에 높은 지위를 누리던 하만은 유대민족을 말살(抹殺)하려는 음모를 꾸미고 있었으나 이를 우연히 알게 된 모르드개가 왕후 신분을 갖고 있던 조카 에스더에게 이 사실을 알렸고 그녀는 목숨을 걸고 왕께 이를 전하게 되면서 그녀의 삼촌과 가족, 민족을 구할 수 있게 되었다(1~9장).

기(起)	승(承)	전(轉)	결(結)
아하수에로(Xerxes)왕 태평(泰平)시대/새왕비간택(揀擇) *시작	왕의 총애로 기고만장(氣高萬丈) 하만의 유다 민족 말살계획모의 *갈등	에스더의 절체절명(絶體絶命)의 결단과 하만 상황역전 *위기와 역전	개인·가족의 목숨과 민족 보전(保全)과 영광 *성공과 교훈

에스더서(書)를 단순히 에스더(以斯帖 · Esther, '별'이라는 뜻)라는 미모(美貌)와 자색(姿色)을 겸비한 지혜로운 여인이 가화만사성(家和萬事成)을 이루고 집안 어른인 모르드개(末底改 · Mordecai, '신의 종, 투사'라는 뜻)가 수신제가치국평천하(修身齊家治國平天下)를 이룬 이야기 또는 기록이었다고만 생각하여 스릴과 서스펜스가 적당히 어울려진 흥미진진한 어느 가족의 해피엔딩으로 끝나는 이야기로 볼 수도 있다.

성 아우구스티누스(Sanctus Augustinus)가 '인간은 그가 알고 있는 것에 따라서가 아니라 그가 사랑하는 것에 따라서 평가되어야 한다. 선(善)한 사랑은 그를 선(善)하게 만들고 악(惡)한 사랑은 그를 악(惡)하게 만든다'고 말한 것처럼 하만(哈曼)과 모르드개(末底改)의 관심과 사랑, 그것의 처음과 끝(始終)이 어떻게 서로 엮이고 풀리는가를 드라마틱하게 보여주고 있다.

한편 에스더서(書)에는 '야웨 하나님의 거룩한 이름에 대한 언급이 없어 과연 하나님의 계시와 영감으로 기록된 것일까?' 하는 정경성(正經性 · cannon)에 대한 의구심도 생길 수도 있다.

그러나 그보다는 이에 앞서 '믿음의 눈'으로 보고 역사(歷史)의 앞과 뒤, 위에 계시는 '하나님의 역사(役事)와 섭리(攝理)'를 찾아내며 감동할 수 있어야 한다.

성경은 읽고 보는 것에서 그치지 않고 마음에 새기고 지키며 행동(實踐)하라는 책이다(디모데후서 3:16).

그렇게 살았던 여인이 에스더였고 삼촌 모르드개였다. 그는 에스더에게 "너만 이 일에서 홀로 면하리라 생각지 말라, 왕후가 되고 잘나가게 된 것이 이 때를 위함이라"(4:14)고 말했다.

이 말을 들은 에스더는 "나를 위하여 금식하며 기도해 달라. 왕께 나아가리니 죽으면 죽으리이다"(我若死就死吧, 4:16)고 대답을 하였다.

욥기

시가서 · 문학서(시편 · 잠언 · 전도서 · 아가서)인 욥기(約伯記)는 하나님에게 사탄이 "만사(萬事)가 형통(亨通)하여 의인(義人)으로 온전(穩全)하고 정직(正直)하여 경외(敬畏)하는 것(1:8)이니 내게 한번 맡겨 두시면 그의 신앙의 진정성(眞正性)을 알아 보겠다"(1:9~12)고 하면서 시작된다.

사탄(撒但)은 욥이 하나님을 배반하고 떠나게 할 획책(劃策)을 시도하였고 그의 신실함을 잘 아시는 전능(Almighty God)의 하나님은 "그의 소유물은 네게 붙이노라(everything he has in your power) 오직 그의 몸은 손대지 말라(on the man himself do not lay a finger · 只是不可伸手加害於他)"(1:12)고 하시며 허락하였다.

이에 사탄은 즉시 욥에게 재산의 피해, 자녀들의 죽음, 몸의 악창 등의 고난을 주었고 아내는 '그래도 하나님을 믿겠느냐? 차라리 욕하고 죽으라'(1:13~2:10)고 저주한다.

이어서 욥의 소문을 듣고 위로하러 왔던 친구들은 세상의 지식과 도덕, 신앙을 앞세우며 그의 마음, 믿음의 기초까지도 흔들리게 한다.

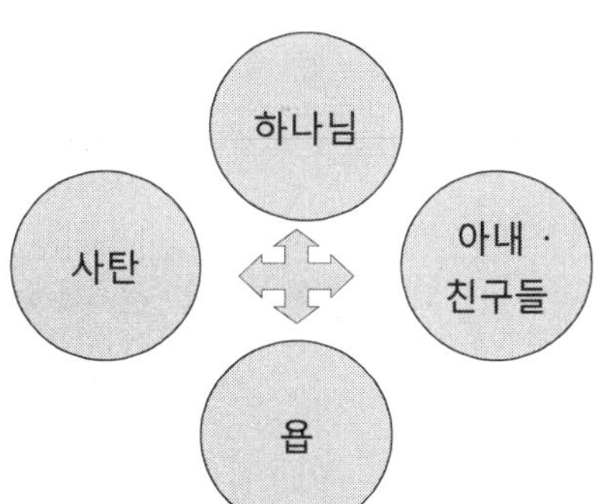

절친 중에서 가장 연장자(年長者)인 엘리바스(以利法)는 욥의 고난은 "큰 죄 때문으로 회개하면 하나님이 회복시켜 주실 것"이라 하면서 신학적 논리로 "하나님이 너를 책망하시며 너를 심판하심이 너의 경건함 때문이냐 네 죄악이 끝이 없느니라"(22:4-5)고 강변하였다.

빌닷(比勒達)은 욥이 "지은 죄를 인정하지 않아 고난을 당한다"며 책망했다(8:1~22).

그는 욥이 "주께 죄지었기에 벌을 받는 것이나 회개(悔改)하며 청결(清潔)하고 정직(正直)하면 반드시 돌보실 것"(8:4~5)이라고 하면서 엘리바스 보다도 더욱 강한 말로 세상에서 더 좋아하는 "네 시작은 미약(微弱)하였으나 네 나중은 심히 창대(昌大)하리라." · "Your beginning will seem humble, so prosperous will your future be." · "称起初雖然微小、終久必甚發達", 8:7)는 말로 위로를 한다.

소발(瑣法)은 더욱 과격(過激)하면서도 완고(頑固)한 교조적 근본주의자의 논리로 "네 죄는 가난한 자를 돌보지 않은 것에서 비롯되었으며 지금의 벌(罰)은 당연한 것이다"(20:19)라고 한다.

또한 엘리후(以利戶)는 "하나님은 사람의 길을 주목하시며 감찰하신다"(34:21)며 "(더 이상) 죄 없다고 하지 말고 회개하라"고 한다.

이처럼 욥을 찾아온 친구들은 자신들의 논리와 신앙관으로 그를 정죄(定罪)하였다.

그들이 해준 '달변(達辯)의 위로'는 그들의 하나님에 대한 생각, 인생관, 종교관들이 잘 나타나 있다.

한편 곰곰이 생각해 보면 욥기에는 우리들의 인생관과 신앙관도 들어있다.

우리들은 평소에 남들, 우리의 이웃들을 정죄(定罪)하면서 '그렇게 살지 말라 또는 그렇게 유별나게 믿지 말라'고도 한다.

그러나 욥은 그동안 "주께 대하여 귀로만 듣기만 하였더니 이제는 눈으로 보나이다"(42:5)하면서 자신이 하나님을 선택하여 신앙하는 것이 아니라 하나님이 자신을 택(擇)하시고 축복(祝福)을 하셨음에도 이를 확신하지 못했던 이전의 삶을 회개하면서 "적신(赤身)으로 왔으니 적신으로 돌아갈 뿐"이며(1:21) "이 모든 것들, 축복과 재앙, 나 자신도 다 하나님의 것"이라고 고백을 하고 있다.

욥의 믿음을 보면서 이 세상에 사는 동안 '교회에 나간다, 믿음생활을 한다'는 것을 나도 시인하고 남들도 알지만 내가 '하나님을 선택한 것이 아니라 하나님이 나를 택(擇)하신 것'을 잊거나 확신하지 못하고 살아온 것을 생각하면 정말 죄송하다.

그저 욥이 사탄의 못된 의도로 견디기 힘든 곤경을 당하다(42:10) 나중에 축복받은 것을 보면서 고진감래(苦盡甘來)라며 머리를 끄떡이고, 나중에 이전보다 갑절이나 큰 축복받은 사실(42:10~12)에만 감동하며 '그러면 그렇지'하며 안도했던 우리 자신을 생각하면 그저 부끄러울 뿐이다.

이러한 욥의 고백은 이제 우리들의 요절(要節)이 되어야만 한다. "주를 경외함이 지혜요 악을 떠남이 명철이니라"(28:28).

드디어 욥에게는 힘들고 어려운 시절이 끝나게 되면서 말년(末年)에는 처음의 축복(1:3)보다 더 큰 복을 주시는 '풍요(豊饒)로운 목가적(牧歌的)인 축복의 상황(42:12)으로 원위치'하게 된 것이다(악에서 떠난 자 욥, 권철순목사, 진중교회, 2020. 2.9).

"네 시작은 미약하였으나 네 나중은 심히 창대하리라" · "Your beginning will seem humble, so prosperous will your future be."(8:7) 말씀은 세상에서도 좋아하는 격려의 말씀이다.

사람들이 아니 때로는 나 스스로가 보아도 하찮게 보이는 이 작은 일(가게, 공장, 사업)이지만 축복해주셔서 심히 '크게 잘되고 번영하고 흥(興)하는 대성공'을 예언하여 주신 것이다.

그런데 바로 위의 말씀(6절)에서 "청결(淸潔)하고 정직(正直)하여야 할 것"을 요구 조건으로 하셨으며 아래 말씀에서는 "옛사람에게서 듣고 조상들에게서 터득하라"고 하셨다.

이는 독불장군은 없으니 '정도(正道)를 가며 지혜의 말씀에 경청하라'는 것이다.

요즘 기업들의 회식에서 결심(resolution)과 각오(mission)를 다짐하면서 외치는 선언문(statement)이 있다고 한다.

즉 '비행기!'라 하여 비전(vision)을 갖고 행(行)하면 기적(奇蹟)을 이룬다는 것이다.

세상의 모든 일, 세상만사(世上萬事)는 저절로 그냥 이뤄지는 것이 아니다.

최소한 자신만의 생각과 꿈(vision)을 가져야 하고 또한 움직여야만(doing) 성공(miracle)이 온다는 것이니 기적은 '공짜가 아니라 수고와 땀이 가져오는 선물'인 것이다.

"모든 것이 주께로부터 왔으니 이 축복을 주께 드리나이다, 아멘!"(찬송가 634장)

"All things come of Thee, O Lord, And of Thine own have we given Thee. Amen!"

시편

시편(詩篇)은 노래로 찬양받기에 합당하신 하나님께 영광 돌리며 의지하는 성도들의 간증이다.

또한 시로 신앙 고백을 하면서 하나님을 '구원의 하나님', '응답하시는 하나님', '언약의 하나님', '신실하신 하나님', '여호와 이레'(여호와의 산에서 준비되리라, 창세기 22:14), '여호와 라파'(너희를 치료하는 하나님이라. 출애굽기 15:26), '여호와 닛시'(승리의 깃발, 출애굽기 17:15~16), '여호와 삼마'(하나님이 거기 계시다, 에스겔 48:35)로 부르면서 찬양하고 있다.

시편은 기쁨의 찬양, 엄숙한 찬송, 비통한 항의로 구성되어 있으며 내용에 따라 찬송시, 탄식시, 신뢰시, 감사시로 분류하기도 한다.

한국의 개신교 교인들은 평균 2권 이상(2.2권)의 (종이)성경책을 가지고 있으며 10명 중 2명(19.5%)이 매일 조금씩 이라도 성경을 읽는다고 한다(G&M글로벌문화재단이 개신교 출석하는 19세 이상 7000명에게 조사, 조선일보, 2017.6.16).

그들은 성경을 하나님의 말씀으로 생각하고 있으며 성경에서 답을 찾았다고 응답하였으며 SNS 시대에 걸맞게 성경 앱을 다운 받고 있음(50.9%)에도 '종이 성경책은 필요하다'고 응답했고 '주일 예배 시에는 반드시 성경을 지참한다'(91.6%)고 했다.

또한 성경을 찾는 이유에 대해서는 하나님과 가까워지기 위해(41.6%), 삶에 말씀을 적용하기 위해(19.4%), 힘들 때 위로받기 위해(14.2%) 순으로 응답했다.

성경이 잘 읽히지 않는 이유에 대해선 구약은 지명 인명이 반복되고 지루해서'(31.1%)라고 답을 하였고 신약은 내용이 추상적이고 어렵다(28.1%)고 답했으며 성경 읽기 시간을 갖지 못하는 이유로는 게을러서'(39.4%)라고 자책하는 경우가 많았다.

한편 교인들이 성경 66권 중 좋아하는 부분은 시편(41.4%), 잠언(35.5%), 마태복음(31.5%), 요한복음(25.9%)의 순서였다.

또한 개신교인들이 평소에 좋아하여 자주 애송하는 시편은 23편이었다.

시편 가운데 가장 짧은 것은 1~2절 뿐인 117편, 성경 중 가장 긴(176절) 119편과 마지막 시편인 150편에서는 '하나님을 왜, 어떻게 찬양해야 하는가?'를 설명하고 있다.

시편 가운데 23편은 교회에서는 물론 세상에서도 널리 애송되는 시(詩)로 내용 뿐 아니라 여기에 곡조가 붙여지면서 널리 애창되는 찬송이기도 하다.

다음은 시 23편을 〈시 23편: 나의 기도〉라는 제목으로 SNS에 올린 것을 인용한 것이다(정태기, blog.daum.net/psalm).

"여호와는 나의 목자시니 내가 걱정하고, 근심하고, 불안하고, 긴장하고, 시기하고, 질투하고, 미워할 필요가 없나이다.

나로 하여금 푸른 초장에 편안히 누워서 쉬게 하시다가 잔잔한 물가로 인도하셔서 영적으로, 정신적으로, 육체적으로 일어나는 모든 갈증을 해소시켜 주시나이다.

내가 피곤에 지쳐 있을 때 주님께서는 나를 품에 안으시고 햇빛보다 칠 배나 더 밝은 치유의 빛으로 내 마음 내 육신을 비춰 주시며 치유해 주시고 나에게 주님의 생기를 불어 넣어 주시니 내가 벌떡 일어나나이다. 내가 껑충껑충 뛰나이다. 소리 높여 찬양을 부르나이다.

내가 잘못된 길로 들어서면 주님은 목숨을 걸고 나를 올바른 길로 인도하여 주셨고 지금도 인도하시며 앞으로도 인도하여 주시나이다.

험악한 세상을 살면서도 내가 날마다 감사하며 사는 것은 주의 막대기와 지팡이가 나의 앞을 가로막는 모든 장애물을 다 제거하여 주시고 나를 에워싸고 있는 모든 위험을 다 막아 주시고 물리쳐 주시기 때문이다.

수많은 사람들이 나를 대적하려 달려드는데 주님은 나를 위해서 치유와 기적과 축복과 은총의 잔치를 베풀어 주시고 치유와 기적과 축복의 기름으로 내 머리위에 부어 주시니 내 앞의 잔에 치유와 기적과 축복과 은총이 차고 넘치나이다.

나의 평생에 선함과 인자하심이 언제나 나와 함께 있으리니 내가 여호와의 집에서 영원히 평안을 누리며 살아가리로다. 이 말씀이 오늘 내 삶 속에서 주 예수 이름으로 이루어질 것을 믿나이다. 아멘!"

또한 한국의 개신교인들은 앞에서 언급한 바와 같이 시편 가운데 23편을 좋아하기도 하지만 총 150편인 시편(시篇) 중에서 모세가 쓴 단 한편의 시, '모세의 기도'라는 제목이 붙은 90편도 좋아한다.

이는 아마도 10절에 기록된 70세를 넘어 80세를 산다는 시구(詩句) 때문일 것이다.

인생을 살아가는 동안 필요한 5계(計)가 있다고 한다. 즉 '인생 5계'라 하여 은퇴 후의 여유로운 생활을 위한 생계(生計), 그저 오래살기만 하는 것이 아니라 육신이 건강하게 사는 신계(身計), 비록 나이 많이 들었어도 자녀 등 주변에 폐를 끼치지 않으면서 편안히 사는 노계(老計), 노부부 둘만이 아닌 가족과의 원만한 관계를 위한 가계(家計), 생의 마지막을 앞두고 가족들에게 남길 유산 등의 정리에 관련한 사계(死計)를 말하는 것으로 이들은 죽음에 대비하여 미리 준비하고 계획을 마련하여야 한다는 것이다(인생 5계, 朱新仲, 조선일보, 2015.9.25).

시편 90편에서는 “우리의 연수(年數) 우리의 모든 날이 주의 분노 중에 지나가며 우리의 평생이 순식간에 다 하였나이다 우리의 연수가 칠십이요 강건(康健)하면 팔십이라도 그 연수의 자랑은 수고와 슬픔뿐이요 신속히 가니 우리가 날아가나이다”,

“for all our days pass away under your wrath ; our years come to an end like a sigh. The days of our life are seventy years, or perhaps eighty, if we are strong; even then their san is only toil and trouble; they are soon gone, and we fly away” (90:9~10)라고 기록하면서 모세는 “120세를 살면서 그 눈이 흐리지 아니하였고 기력이 쇠(衰)하지 아니 하였더라”(신명기 34:7)처럼 장수하였다.

누구든지 이 구절을 읽게 되면 나도 ‘70은 살 것이고 건강을 잘 지키면 80은 살 수 있을 것’이라는 장수(長壽)를 위한 팁(tip)이라고 여기면서 위안을 받는 듯하다.

그러나 바로 그 아래에 “누가 주의 노여움의 능력을 알며 누가 주의 진노의 두려움을 알리이까?”라고 하면서 “우리에게 우리 날 계수함을 가르치사 지혜로운 마음을 얻게 하소서 여호와여 돌아오소서 언제까지니이까 주의 종들을 불쌍히 여기소서 아침에 주의 인자하심이 우리를 만족하게 하사 우리를 일생 동안 즐겁고 기쁘게 하소서 우리를 괴롭게 하신 날수(日數)대로와 우리가 화를 당한 연수(年數)대로 우리를 기쁘게 하소서 주께서 행하신 일을 주의 종들에게 나타내시며 주의 영광을 그들의 자손에게 나타내소서”를 읽으면서 곰곰이 생각해보면 장수(長壽)의 축복은 거저 주어지는 것이 아님을 알게 될 것이다(90:11~16).

그러므로 “주 우리 하나님의 은총을 우리에게 내리게 하사 우리의 손이 행한 일을 우리에게 견고하게 하소서 우리의 손이 행한 일을 견고하게 하소서”(90:17)라고 기도하면서(여기 시편의 경우에는 노래하면서) “모든 것, 아니 목숨 또는 연수(壽命)까지도 주께로부터 왔고 주의 것이오니”(찬송가 634장)라고 고백할 수 있어야 한다.

사람들은 기쁜 일이 있을 때도 하늘을 바라보게 되지만 자신에게 힘든 일이나 슬픈 일, 특히 괴로운 일이 있을 때에도 하늘을 보게 된다.

지난 2005년부터 거의 1여 년을 인기 속에 방송되었던 SBS 드라마 ‘하늘이시여’(2005.9.10.~2006.7.2.)에서는 주인공은 무언가(사랑, 원하는 일)가 제대로 풀리지 않을 때마다 원망스럽게 하늘을 쳐다보곤 했다.

시 121편에서는 “산을 향하여 눈을 들리라”(I lift up my eyes to the mountains)고 한 후 이어서 곧 “나의 도움이 어디서 올까?”(where does my help come from?)를 자문(自問)하고 있다.

이런 글을 읽은 적이 있다. ‘하늘은 무신론자(無神論者)의 천국(天國)이다’.

또한 이런 말도 있다. '땅을 바라보면 비관주의자가 되고 하늘을 바라보면 낙관주의자가 된다'.

시편에서는 먼저 높은 하늘을 보고 다음에는 그 하늘 아래에 있는 산을 보고 나서 이렇게 고백하고 있다.

“나의 도움은 천지를 지으신 여호와에게서로다”(My help comes from the Lord, the Maker of heaven and earth!)라고 시작하면서 “여호와는 너를 지키시는 이시라~너를 지켜 모든 환난을 면하게 하시며 또 네 영혼을 지키시리로다 여호와께서 너의 출입을 지금부터 영원까지 지키시리로다"고 단숨에 그것도 아주 자랑스럽게 말하고 있다.

마치 학교에 가면 선생님이 교문 앞에서 기다리시고 집에 가면 엄마와 아빠가 기다리는 것처럼 자신 있게 소리를 내어 외치고 있다.

이제부터는 우리들도 기쁘고 즐거울 때는 물론 괴롭고 힘들어 눈물이 앞을 가리며 아무것도 보이지 않을 때에라도 높은 산을 쳐다보고 하늘을 바라보자!

시편의 마지막 시(詩)인 150편에서는 "할렐루야, 성소에서 하나님을 찬양하며 그 권능의 궁창에서 찬양할찌어다~호흡이 있는 자마다 여호와를 찬양할찌어다 할렐루야"는 노래로 시편의 맨 부분에 있으면서 "호흡이 있는 자마다" 정도가 아니라 "살아 있을 때 여호와를 찬양하라"는 시편의 정수(精髓)로 피날레를 장식하고 있다.

다윗이 "내게 줄로 재어 준 구역은 아름다운 곳에 있음이여 나의 기업이 실로 아름답도다"(16:6)의 구역은 남들이 보기에는 척박한 곳일지 모르나 '하나님이 주신 곳이며, 하나님의 백성들이 사는 곳'이다.

그리고 그는 자신이 머무는 곳에서 하는 일, 곧 자기의 직무(job doing)에 만족감을 가졌기 때문에 '실로 아름답도다' 라고 하였다.

맡은 일에 부질없이 불평하는 대신 다윗처럼 '나의 기업이 실로 아름답다'는 신념을 가져야 한다(나의 기업이 아름답도다, 박신오목사, 전게서).

주의 집에 거하는 자의 축복을 노래하며 "주의 집에 사는 자들은 복이 있나니 그들이 항상 주를 찬송하리이다"(84:4)는 주의 전(殿)을 사모하여 몸은 세상에 있을지라도 기도와 전도로 맡겨주신 사명을 다하려는 것이다.

그리하여 "내 영혼이 여호와의 궁정을 사모하여 쇠약함이여 내 마음과 육체가 생존하시는 하나님께 부르짖나이다"(84:2)의 고백에 울컥하게 된다.

결국 그의 고백은 이렇게 이어진다. "주의 궁정에서 한 날이 다른 곳에서 천 날보다 나은즉 악인의 장막에 거함보다 내 하나님의 성전 문지기로 있는 것이 좋사오니"(84:10)가 사무치게 공감하며 그렇게 되기를 소원하게 된다. 그 진심을 아는 주님은 힘을 주시고 그들의 간구에 축복하신다(민수기 6:24~26).

어거스틴은 눈을 들어 하늘을 보니 그곳에 계신 '하나님은 나를 생각하시고 있다. 고로 나는 존재한다'(Deus cogitat me, ergo sum)라고 말했다. 그는 어느 누구보다도 산을 향(向)해 눈을 든 사람이었다.

주변에서 하나님께 찬양을 할 때 '두 손을 꼭 들어야 하는가?'에 대한 질문을 들었다.

그러나 이는 핵심이 아니다. 마음을 보시는 하나님은 손들고 열정적으로 찬양하는 것만 기뻐하지 않는다. 손을 들어 올리는 것은 자신을 낮추고 하나님을 경배한다는 뜻이다.

또한 "신령과 진정으로 예배할지니라"를 기억하자!(요한복음 4:24). "여호와여 언제까지니이까?"(89:46), "나의 영혼을 버리시며 어찌하여 주의 얼굴을 내게 숨기시나이까?"(88:14)를 읽으면 '언제까지, 더 기도해야 하는가?'의 생각도 든다.

기도는 마술(magic)이 아니다. 응답이 없어도 그분이 나의 하나님 아버지이시기에 기도하는 것이다.

Martin Luther는 '나는 할 일이 너무 많기 때문에 하루 3시간씩 기도하지 않고는 견디어 낼 수가 없다'고 고백하면서 '기도 잘하는 자는 학문도 잘 한다'라고 하였다.

이는 '기도를 잘하는 자는 일도 잘한다'와 '기도 잘하는 자는 학문도 잘한다'. 또한 '기도 잘하는 자는 사업도 잘한다.' 그리고 '기도를 잘 하는 자는 공부도 잘한다'로 바꿀 수 있다.

주 하나님 지으신 이 세상에 사는 우리들은 당신의 말씀을 읽은 후에 다음과 같이 고백할 수 있어야 한다.

"주의 말씀은 내 발에 등이요 내 길에 빛이니이다 주의 의로운 규례들을 지키기로 맹세하고 굳게 정하였나이다 나의 고난이 매우 심하오니 여호와여 주의 말씀대로 나를 살아나게 하소서 여호와여 구하오니 내 입이 드리는 자원 제물을 받으시고 주의 공의를 내게 가르치소서~악인들이 나를 해하려고 올무를 놓았사오나 나는 주의 법도들에서 떠나지 아니하였나이다 주의 증거들로 내가 영원히 나의 기업을 삼았사오니~내가 주의 율례들을 영원히 행하려고 내 마음을 기울였나이다~너희 행악자들이여 나를 떠날지어다 나는 내 하나님의 계명들을 지키리로다~주의 종을 보증 하사 복을 얻게 하시고 교만한 자들이 나를 박해하지 못하게 하소서~환난과 우환이 내게 미쳤으나 주의 계명은 나의 즐거움이니이다~여호와여 내가 전심으로 부르짖었사오니 내게 응답하소서 내가 주의 교훈들을 지키리이다 내가 주께 부르짖었사오니 나를 구원하소서 내가 주의 증거들을 지키리이다~주의 법을 사랑하는 자에게는 큰 평안이 있으니 그들에게 장애물이 없으리로다~주의 모든 계명들이 의로우므로 내 혀가 주의 말씀을 노래 하리이다~내 영혼을 살게 하소서 그리하시면 주를 찬송 하리이다 주의 규례들이 나를 돕게 하소서"(119:105~175)

누구든지 축복(Blessing)을 받고 싶어 한다. 여기 믿는자들을 위한 축복의 비밀이 있다. 축복하기 좋아하여 (남을) 축복하는 사람은 드디어, 결국에는 (자신이) 축복을 받게 된다는 것이다.

교인들에게서 자신이나 가족에 대한 사랑과 관심은 지대하지만 '공동체나 이웃에 관심에는 별로인 경우'를 종종 보게 된다.

천사도 흠모(欽慕)하는 주 내게 부탁하신 일, 사명(Mission)을 잘 감당해야 한다. '화려한 천국에 머잖아 가기 전에 교회와 이웃과 나라를 위해 주신 사명'을 다해야 한다(찬송 508장).

그리고 지금 우리들이 살아 있으면서 숨을 쉬고 있을 때에 목소리를 높여서 찬양(Worship)할 수 있어야 한다.

세상에서도 단단하고 안전하여 좋은 차로 알려진 BMW를 선호하듯 우리 믿는이들은 주변의 이웃들을 늘 축복(Blessing)하며 맡겨진 본분(Mission)도 잘 감당해 내는 가운데 귀하고 담대한 신앙으로 주께 영광 돌리는(Worship) 삶을 살아가야 한다.

B	M	W
창세기(18:2~7) / 마태복음(7:12)	요한복음(15:2) / 고전(9:17)/엡(4:12)	시편(150)

우리의 기도 제목에 곡조를 붙이면 시편이 되는 그런 '생활 속의 시편'이 늘 불러도 지겹지 않은 유행가(트롯)처럼 심금을 울리고 힐링(healing)이 되는 애창곡으로 불려져야 한다.

잠언

잠언(箴言)은 '가르쳐 훈계가 되는 말'로 영어의 Proverbs는 속담 내지 경구(警句)를 뜻한다.

지혜문학에 속하는 이 책은 이스라엘 왕 솔로몬의 금언집(金言集)으로 되어 있으나 실은 고대 이스라엘인들에 전해진 격언·교훈·도덕훈(道德訓)을 편집한 것이다.

잠언의 애독자들 가운데는 '맞다! 참 좋은 말이네!'라며 사자소학(四字小學)이나 명심보감(明心寶鑑)처럼 '좋은 말이 있네'라며 수준 높은 교양서(教養書)로 여길지도 모른다.

또는 두 손 높이 들고 '주 하나님 지으신 모든 세계'(O Lord my God, when I in awesome wonder.)를 찬송하고 '아멘, 주 예수여, 오시옵소서!'라고 간절하게 기도하는 성도 중에는 '심령골수(心靈骨髓)를 쪼개고 바위에서 샘물이 나오게 하시는 전능하신 하나님의 책(聖經)에 왜 세상의 윤리·도덕책을 넣었을까?'를 생각할 수도 있다.

하지만 늘 '무식(無識)보다는 유식(有識)'이 낫고, '지식인(知識人)보다 현자(賢者)에게서 배울게 많은 것'이 범인(凡人)들의 생각이며, 자아도취에 빠진 호모 나르키소스가 아닌 지혜로운 인간, 곧 호모 사피엔스이어야 한다는 것 역시 불문가지(不問可知)이다.

늘 지혜로운 말씀을 들어 연륜이 깊어질수록 겸손(謙遜)하여 만물의 질서(秩序)에 순응, 조화를 이루면서 살아갈 수 있어야 한다(IVP 성경주석, 2008).

이제 잠언서의 실려 있는 '지혜의 어록들'을 열거해 보자.

"여호와를 경외하는 것이 지식의 근본이거늘 미련한 자는 지혜와 훈계를 멸시하느니라”(1:7).

“지혜가 네 마음에 들어가며 지식이 네 영혼을 즐겁게 할 것이요”(2:10).

“지혜를 얻은 자와 명철을 얻은 자는 복이 있나니”(3:13).

“지혜가 제일이니 지혜를 얻으라 너의 얻은 것을 가져 명철을 얻을지니라 그를 높이라 그리하면 그가 너를 높이 들리라 만일 그를 품으면 그가 너를 영화롭게 하리라”(4:7~8).

“악인은 자기의 악에 걸리며 그 죄의 줄에 매이나니”(5:22)라는 교훈도 들려주고 있다,

또한 “게으른 자여 네가 어느 때까지 누워 있겠느냐 네가 어느 때에 잠이 깨어 일어나겠느냐 좀 더 자자, 좀 더 졸자, 손을 모으고 좀 더 누워 있자 하면 네 빈궁이 강도 같이 오며 네 곤핍(困乏)이 군사같이 이르리라”(6:9~11).

“내 계명을 지켜 살며 내 법을 네 눈동자처럼 지키라”(7:2),

“훈계를 들어서 지혜를 얻으라 그것을 버리지 말라”(8:33).

“여호와를 경외하는 것이 지혜의 근본이요 거룩하신 자를 아는 것이 명철이니라”(9:10).

시내에서 교보문고나 영풍문고 등의 대형서점에 가면 처세(處世)라는 코너가 있다.

잠언은 그곳에 진열해 놓아도 손색이 없을 정도의 직장인을 위한 도움말, 요새 흔히 쓰는 말로 팁(tip)이 가득하다.

“지혜로운 아들은 아비를 기쁘게 하거니와 미련한 아들은 어미의 근심이니라”(10:1).

“구제를 좋아하는 자는 풍족하여질 것이요 남을 윤택하게 하

는 자는 자기도 윤택하여지리라"(11:25).

"부지런한 자의 손은 사람을 다스리게 되어도 게으른 자는 부림을 받느니라"(12:24).

"게으른 자는 마음으로 원하여도 얻지 못하나 부지런한 자의 마음은 풍족함을 얻느니라"(13:4).

"노하기를 더디하는 자는 크게 명철하여도 마음이 조급한 자는 어리석음을 나타내느리라"(14:29).

"마음의 즐거움은 얼굴을 빛나게 하여도 마음의 근심은 심령을 상하게 하느니라"(15:13).

나아가 기업 내지 사업을 경영함에 있어 성공요인을 제시하는 가운데 경영학과 행정학의 개론에 언급할 정도의 다양한 이론과 지침이 들어있다.

"마음의 경영은 사람에게 있어도 말의 응답은 여호와께로부터 나오느니라"

"To human belong the plans of the heart, but from the Lord comes proper answer of the tongue ; We can make our plans but the Lord determines our steps."

"사람의 행위가 자기 보기에는 모두 깨끗하여도 여호와는 심령을 감찰(監察)하시느니라 너의 행사를 여호와께 맡기라 그리하면 네가 경영하는 것이 이루어지리라"(16:1~3).

"도가니는 은을, 풀무는 금을 연단하거니와 여호와는 마음을 연단(鍊鍛)하시느니라. 손자는 노인의 면류관요 아비는 자식의 영화니라"(17:3/6).

"사람의 마음의 교만은 멸망의 선봉이요 겸손은 존귀의 길잡이니라"(18:12).

"게으름이 사람으로 깊이 잠들게 하나니 태만한 사람은 주릴 것이니라"(19:15).

"다툼을 멀리 하는 것이 사람에게 영광이거늘 미련한 자마다 다툼을 일으키느니라"(20:3).

누구나 세상에 살면서 부귀영화를 누리는 가운데 부모님께는 효도하여 남들에게서 칭찬받기를 원하고 있다.

잠언에서도 이에 관련하여 덕담(德談)의 말씀을 들려주고 있다.

"사람의 행위가 자기 보기에는 모두 정직하여도 여호와는 심령을 감찰하시느니라"(21:2).

"마땅히 행할 길을 아이에게 가르치라 그리하면 늙어도 그것을 떠나지 아니하리라"(22:6).

"네 마음으로 죄인의 형통을 부러워하지 말고 항상 여호와를 경외하라 정녕히 네 장래가 있겠고 네 소망이 끊어지지 아니하리라"(23:17~18).

"지혜가 네 영혼에게 이와 같은 줄을 알라 이것을 얻으면 정녕히 네 장래가 있겠고 네 소망이 끊어지지 아니하리라"(24:14).

"자기의 마음을 제어하지 아니하는 자는 성읍이 무너지고 성벽이 없는 것 같으니라"(25:28).

"거짓말 하는 자는 자기가 해한 자를 미워하고 아첨하는 입은 패망을 일으키느니라"(26:28).

"율법을 지키는 자는 지혜로운 아들이요 음식을 탐하는 자와 사귀는 자는 아비를 욕되게 하는 자니라"(28:7).

"자주 책망을 받으면서도 목이 곧은 사람은 갑자기 패망을 당하고

피하지 못하리라”(29:1)

“허탄과 거짓말을 내게서 멀리 하옵시며 나로 가난하게도 마옵시고 부하게도 마옵시고 오직 필요한 양식으로 내게 먹이시옵소서”(30:8).

“고운 것도 거짓되고 아름다운 것도 헛되나 오직 여호와를 경외하는 여자는 칭찬을 받을 것이라”(31:30).

누구나 성공하기를 바라고 있다. 잠언에서는 그 성공의 비결을 이렇게 말하고 있다.

“모든 지킬 만한 것 중에 더욱 네 마음을 지키라 생명의 근원이 이에서 남이니라”(4:23).

“Above all else, guard your heart, for it is the wellspring of life.”

“称要保守称心 勝果保守一切, 因爲一生的 果效是由心發出.”

이 말씀을 '아프리카의 성자'로 알려진 Albert Schweitzer 박사는 이렇게 풀어 설명하고 있다.

‘성공은 행복의 열쇠가 아니다. 그러나 행복은 성공의 열쇠이다.’

우리는 종종 성공에 대하여 나의 성공이 아니라 남에게 보이는 성공, 남들이 생각하고 인정해주는 성공만을 제대로의 성공으로 착각하고 있다.

그러다보니 높은 지위에 오르거나 돈을 많이 벌어서 그 이름이 세상에 널리 알려져야 성공이라고 생각하고 있다.

성공을 행복의 대가로 얻은 것이라면 이는 진정한 성공이라고 할 수 없을 것이다(부모공부, 고영성, 스마트북스, 2016).

“행복은 성적순이 아니잖아요”(1989년에 개봉된 영화제목)라는 말은 행복은 성적에 상관이 없다!라는 반어적인 표현이지만 실은 맞는 말이기도 하다.

문제는 행복의 기준이다. '남이 재는 기준에 따라 행복이 달라지기에 안 행복'한 것이다.

그래서 Schweitzer 박사는 '진정으로 행복해야 성공한 것'이라 말한 것이며 잠언에서의 "네 마음을 지키라"는 말은 결국 남에게, 세상에 흔들리지 말고 '자신만의 행복관(幸福觀)을 정립(定立)하라'는 것이다.

인생을 살아가는 이유 또는 '존재의 이유'가 여기에 있음을 강조해 주고 있다.

그러므로 사람들이나 세상에서 인정하는 존재가 아니라 '하나님이 인정해 주시는 성공'을 위해 단단히 결심을 한 채 흔들리지 말고 '마음의 중심을 붙잡고 살아가는 존재'가 되어야 한다.

소학(小學)은 중국 송나라 유학자였던 주희가 짓고 제자인 유자징이 편찬한 초학(初學)을 위한 교재로 내편(內篇)과 외편(外篇)의 6편으로 되어 있다.

내편은 입교(立教), 명륜(明倫), 경신(敬身), 계고(稽古)로 나뉘며, 외편은 가언(嘉言), 선행(善行)으로 나뉘어 효(孝), 제(弟), 충(忠), 신(信) 등 사람의 도리(道理)와 수신(修身)의 절차(節次)를 기록하고 있어서 중국과 한국 등의 동양권에서는 교훈과 교양을 위한 책으로 널리 알려져 있다.

특히 한국에서는 〈사자소학(四字小學)〉으로 출판되어 초·중·고교에서 일반인까지 꼭 필요한 인성교육(人性教育) 지침서 또는 고전(古典) 필독서(必讀書)로 널리 알려져 있다.

잠언 1장의 "내 아들아 네 아비의 훈계를 들으며 네 어미의 법을 떠나지 말라 이는 네 머리의 아름다운 관이요 네 목의 금사슬이니라”(1:8~9)의 말씀을 소학(小學)에서는 ‘부생아신(父生我身) 모국오신(母鞠吾身)하고 이의온아(以衣溫我) 이식포아(以食飽我)하시고 은고여천(恩高如天) 덕후사지(德厚似地)하니 위인자자(爲人子者) 갈불위효(曷不爲孝)하겠느냐고 하면서 부모호아(父母呼我) 유이추진(唯而趨進) 부모사아(父母使我) 물역물태(勿逆勿怠)하며 부모유명(父母有命) 부수경청(俯首敬聽)할 뿐 아니라 부모출입(父母出入) 매필기립(每必起立)하고 부모의복(父母衣服) 물유물천(勿踰勿踐)하니 부모유질(父母有疾) 우이모추(憂而謀瘳)하고 대안불식(對案不食) 사득량찬(思得良饌)하라’고 설명하고 있다.

이는 ‘아버지는 내 몸을 낳으시고 어머니는 내 몸을 기르셨다. 옷으로서 나를 따뜻하게 하시고 밥으로서 나를 배부르게 하셨으니 은혜는 높기가 하늘과 같으시고 덕은 두텁기가 땅과 같으시니 사람의 자식된 자가 어찌 효도를 하지 않겠는가? 하면서 좋은 음식을 장만할 것을 생각하라. 부모님께서 나를 부르시거든 빨리 대답하여 달려 나가고 부모님께서 나를 부르시거든 거스리지 말고 게을리 하지 말라. 부모님께서 명하는 것이 있으시거든 머리를 조아리고 공경히 들을 뿐 아니라 부모님께서 출입하시거든 매번 반드시 일어나 서며 부모님의 의복을 넘어 다니지 말고 밟지 말고 부모님께서 병을 앓으시거든 근심하고 낫게 하기를 꾀하라. 밥상을 대하시고 잡수시지 않으시거든 좋은 음식을 장만할 생각하라’는 것이다.

또한 “내 아들아 그들과 함께 길에 다니지 말라 네 발을 금하여 그 길을 밟지 말라 대저 그 발은 악으로 달려가며 피를 흘리는 데 빠름이니라 새가 보는 데서 그물을 치면 헛일이겠거늘 그들이 가만히 엎드림은 자기의 피를 흘릴 뿐이요 숨어 기다림은 자기의 생명을 해할 뿐이니 이익을 탐하는 모든 자의 길은 다 이러하여 자기의 생명을 잃게 하느니라"(1:15~19)의 말씀에 관련하여 소학은 '봉생마중(蓬生麻中) 불부자직(不扶自直)하며 백사재이(白沙在泥) 불염자오(不染自汚)하고 근묵자흑(近墨者黑) 근주자적(近朱者赤)하니 거필택린(居必擇隣) 취필유덕(就必有德)하라고 하면서 백족지충(百足之蟲) 지사불강(至死不僵)이니 다우지인(多禹之人) 당사무오(當事無誤)'라고 말하고 있다.

이는 '쑥이 삼 가운데서 자라나면 붙들어주지 않아도 저절로 곧아지고 흰모래가 진흙에 있으면 물들이지 않아도 저절로 더러워지느니라고 하면서 먹을 가까이 하는 사람은 검어지고 주사(朱砂)를 가까이하는 사람은 붉게 되니 거처할 때엔 반드시 이웃을 가리고 나아갈 때엔 반드시 덕있는 사람에게 가라'고 하고 '백 개의 다리를 가진 벌레는 죽음에 이르러도 쓰러지지 아니하며 벗이 많은 사람은 일을 당해도 그르침이 없다'고 말하고 있다.

3장의 "네 손이 선(善)을 베풀 힘이 있거든 마땅히 받을 자에게 베풀기를 아끼지 말며 네게 있거든 이웃에게 이르기를 갔다가 다시 오라 내일 주겠노라 하지 말며 네 이웃이 네 곁에서 평안히 살거든 그를 해(害)하려고 꾀하지 말며 사람이 네게 악을 행하지 아니 하였거든 까닭 없이 더불어 다투지 말며 포학한 자를 부러워하지 말며 그의 어떤 행위도 따르지 말라 대저 패역한 자는 여호와께서 미워하시나 정직한 자에게는 그의 교통하심이 있으며 악인의 집에는 여호와의 저주가 있거니와 의인의 집에는 복이 있느니라 진실로 그는 거만한 자를 비웃으시며 겸손한자에게 은혜를 베푸시나니 지혜로운 자는 영광을 기업으로 받거니와 미련한 자의 영달함은 수치가 되느니라"(3:27~35)라고 기록하고 있으나 소학에서는 '적선지가(積善之家) 필유여경(必有餘慶)'이며 '불선지가(不善之家) 필유여앙(必有餘殃)'이라고 한다.

이를 '선행을 쌓은 집안은 반드시 뒤에 경사가 있고 악을 쌓은 집안은 반드시 뒤에 재앙이 뒤따른다'라고 설명하고 있다.

또한 11장에서 "구제를 좋아하는 자는 풍족하여질 것이요 남을 윤택하게 하는 자는 자기도 윤택하여지리라 곡식을 내놓지 아니하는 자는 백성에게 저주를 받을 것이나 파는 자는 그의 머리에 복이 임하리라 선을 간절히 구하는 자는 은총을 얻으려니와 악을 더듬어 찾는 자에게는 악이 임하리라"(11:25~27)고 하신 말씀에 관련하여 소학에서는 '손인이기(損人利己) 종시자해(終是自害)하는 것이고 '화복무문(禍福無門) 유인소소(惟人所召)'하는 것이라 하고 있다.

즉 '남을 손해 보게 하고 자신을 이롭게 하면 마침내 자신을 해치는 것이니 재앙과 복은 특정한 문이 없어 오직 사람이 불러들인 것이다'라고 한다.

세상의 윤리 · 도덕 교과서나 교양서에 들어갈 내용의 글이라면 천지를 창조하시고 다스리시는 전지전능(全知全能)하신 하나님의 책, '성경에 이런 글을 포함시킬 필요가 있을까?'

나아가 이러한 수준의 책 또는 내용이라면 꼭 교회에 나가서 교인이 되어 말씀을 듣는 신앙생활을 하지 않아도 다만 법(法) 없이도 살 수 있는 착한 사람이 되어 이웃들과 '선하게 잘 살면 되지 않을까?'하는 생각이 들 수 있을 것이다.

잠언에서는 20여 차례에 걸쳐 "여호와를 경외함이 지식의 근본"(1:7)이라고 기록된 것에서 보듯이 세상을 사는 인생이 추구해야 할 삶의 지혜들을 모은 책이기는 하지만 궁극적인 목적은 여호와를 경외하는데 있어 요구되는 필요한 자세, 태도, 습관 등에 대한 지침서(guide book) 내지 준비서(requirements)라고 할 수 있다.

우리들이 잠언을 읽을 때에 그저 단순하게 참 좋은, 훌륭한 말씀과 세상에서 성공을 하는 방법을 가르쳐주는 교양과 처세를 위한 책이 아니라는 것을 기억해야 한다.

이 책은 '여호와 앞에서 세상을 바르게 살아가는 지혜를 가르치고 훈계하는 것'(for gaining wisdom and instruction ; for understanding words of insight ; for receiving instruction in prudent behavior, doing what is right and just and fair)에 목적을 두고 있다(1:2~4).

그러므로 육체의 정욕을 피하고, 악한 친구를 멀리할 것(1:10~19/13:20), 물질에 대한 탐욕을 버릴 것(28:20), 시기와 사치, 방탕을 금할 것(23장) 등 세상에서 그러지 말라고 금(禁)한 이유는 이러한 행위들을 하나님이 미워하시기 때문(16:5)이며 이는 결국 하나님의 백성으로서 지켜야 할 법도이기 때문인 것이다.

따라서 "가난한 자를 돕고 형제를 정직하게 대하고(19:17), 연약한 형제의 허물을 가려 주라"(10:12)고 한 것도 결국은 하나님께 꾸어드리는 선한 행위라고 하면서 하나님과의 관계로 연결시켜 설명하고 있다(19:17).

"지혜로운 아들은 아비를 기쁘게 하거니와 미련한 아들은 어미의 근심이니라"(10:1)의 말씀은 "네 부모를 공경하라"는 것으로 그렇게 하지 않는다는 것은 하나님을 멸시하는 악행으로 "여호와를 경외하면 장수하느니라 그러나 악인의 수명은 짧아지느니라"(10:27)고 까지 하시며 "의인의 소망은 즐거움을 이루어도 악인의 소망은 끊어지느니라"(10:28) 하시며 "여호와의 도가 정직한 자에게는 산성이요 행악하는 자에게는 멸망이니라"(10:29)고 강조하고 있다.

나아가 "듣는 귀와 보는 눈은 다 여호와께서 지으신 것이니라"(20:12)하시며 올바른 언행의 중요성을 강조하지만 바로 그러한 눈과 귀를 하나님께서 지으셨음을 상기시킨다(20:12).

"다윗의 아들 이스라엘 왕 솔로몬의 잠언이라 이는 지혜와 훈계를 알게 하며 명철의 말씀을 깨닫게 하며 지혜롭게, 공의롭게, 의롭게, 정의롭게, 정직하게 행할 일에 대하여 훈계를 받게 하며 어리석은 자로 슬기롭게 하며 젊은 자에게 지식과 근신함을 주기 위한 것이니 지혜 있는 자는 듣고 학식이 더할 것이요 명철한 자는 모략을 얻을 것이라 잠언과 비유와 지혜 있는 자의 말과 그 오묘한 말을 깨달으리라 여호와를 경외하는 것이 지식의 근본이어늘 미련한 자는 지혜와 훈계를 멸시하느니라 내 아들아 네 아비의 훈계를 들으며 네 어미의 법을 떠나지 말라 이는 네 머리의 아름다운 관이요 네 목의 금사슬이니라 내 아들아 악한 자가 너를 꾈지라도 좇지 말라 그들이 네게 말하기를 우리와 함께 가자 우리가 가만히 엎드렸다가 사람의 피를 흘리자 죄 없는 자를 까닭없이 숨어 기다리다가 음부같이 그들을 산 채로 삼키며 무덤에 내려가는 자 같게 통으로 삼키자 우리가 온갖 보화를 얻으며 빼앗은 것으로 우리 집에 채우리니 너는 우리와 함께 제비를 뽑고 우리가 함께 전대 하나만 두자 할지라도 내 아들아 그들과 함께 길에 다니지 말라 네 발을 금하여 그 길을 밟지 말라 대저 그 발은 악으로 달려가며 피를 흘리는 데 빠름이니라 무릇 새가 그물 치는 것을 보면 헛일이겠거늘 그들의 가만히 엎드림은 자기의 피를 흘릴 뿐이요 숨어 기다림은 자기의 생명을 해할 뿐이니 무릇 이를 탐하는 자의 길은 다 이러하며 자기의 생명을 잃게 하느니라"(1:1~19).

위의 잠언 1장의 모든 글들은 결국 핵심문장(key phrase)인 7절에 연결되어 '하나님 앞에서'(Coram Deo) 우리들의 어리석음을 경계하고 지혜를 더욱 사모하는 가운데 배우고 익히며 살아가야 할 것을 강조하고 있다.

이러한 이유로 잠언은 성경에 들어있으며 이에 따라 우리들은 이를 읽으며 도덕적으로 신실하여질 뿐 아니라 예의 바르고 교양 있는 모범

되는 사람됨을 뛰어 넘어 하나님 앞에서 하나님을 경외하는 법을 알게 되는 것이다.

다산(茶山) 정약용을 비롯한 조선의 많은 지식인들로 하여금 천주교를 알게 하고 끝내는 교인이 되게 한 책이 있다.

〈칠극(七克)〉은 1614년에 북경의 예수회 신부였던 판토하(Didace De Pantoja, 1571~1618)가 한문으로 천주교 교리를 쉽게 풀어 쓴 책으로 서문에서 '대저 마음의 병이 일곱 가지요, 마음을 치료하는 약이 일곱 가지다. 핵심은 모두 묵은 것을 없애고 새것을 쌓는 것(消舊積新)에 불과하다'고 하였다.

이어서 그는 '교만함(傲)은 겸손으로 이기고, 질투(妬)는 어짊과 사랑으로 극복하며, 탐욕(貪)은 베풂으로 풀고, 분노(忿)는 인내로 가라앉힌다. 욕심(饕)은 절제로 막으며, 음란함(淫)은 정결로 차단하고, 게으름(怠)은 부지런함으로 넘어서야 한다'고 강조하면서 이의 구체적인 방법을 설명하고 있다.

그는 서양 현인들의 일화를 적고, 논어의 문장도 인용하면서 성경의 말씀 단락을 슬쩍 끼워 넣는다. "쇠를 시험하려면 붉게 달궈진 화로에 넣고, 사람을 시험하려면 칭찬하는 말 속에 넣는다".

가짜 쇠는 불에 들어가면 연기를 따라 흩어지지만, 진짜 쇠는 불에 들어가면 단련할수록 정금(精金)이 된다(經曰: 試金, 納之紅爐. 試人, 納諸譽口. 僞金入火, 隨烟而散. 眞金入火, 彌煉彌精)"며 "도가니에서 금이나 은을 제련하듯, 칭찬해 보아야 사람됨을 안다"(27:21)는 잠언을 한문 투로 풀면서 인용하고 있다.

정민교수는 책에서 인용한 예화들은 신선하고 설명이 알기 쉬워 심신(心身) 수양서(修養書)로 알고 읽다 보면 '어느새 신앙이 싹터 있곤 했다'고 썼다(世說新語, 조선일보, 2019.8.22).

주변에서 성경을 하나님의 말씀으로 알기 보다는 세상 살아가는데 있어 유익하고 훌륭한 도덕·윤리의 교과서(敎科書) 또는 인생의 자양분(滋養分)이 되는 교양서(敎養書)나 지혜서(智慧書)로 이해하는 사람들을 종종 본다.

물론 전혀 읽지 않는 것보다는 낫다고도 할 수 있겠지만 성경은 세상에 있지만 '하나님의, 하나님에 의한, 하나님을 위한 책 중의 책'인 경전(經典)이다.

잠언서는 지혜로 배움과 종교, 도덕을 하나로 묶는 동시에 우리로 하여금 가정과 사회에서의 조화로운 삶을 통해 '하나님의 창조 질서 속에서 살아가야 한다'는 것을 깨닫게 하고 있다(IVP 성경주석, 2008).

전도서

전도서(傳道書, Ecclesiastes, 히브리어 · קהלת · 코헤렛)의 어근 קהל 은 모으다의 뜻으로 '회중을 모으는 사람, 설교자'를 말한다.

솔로몬이 저자로 알려져 있으나 당시 중동지역에서는 왕과 귀족의 자녀들을 가르치는 '책의 권위를 위해 왕의 이름을 사용하였을 것'이라는 주장으로 이견(異見)을 제시하기도 한다(1:1).

1:1~11	모든 것이 헛되다는 명제 1 / 헛된 것의 실례
1:12~6:12	모든 것이 헛되다는 명제 2 / 관찰에서의 증거
7:11~12:14	허무한 인생들에 대한 권고 / 하나님 경외에 대한 권면

전도서가 "헛되고 헛되며 헛되고 헛되니 모든 것이 헛되도다"

"Vanity of vanities, says the Preacher, All is vanity."

"Meaningless! Meaningless! Utterly meaningless! Everything is meaningless!"

"傳道者說 虛空的虛空 虛空的 虛空 凡事都是虛空"(1:2)라고 기록한 것과 "사람이 해 아래서 수고하는 모든 수고가 자기에게 무엇이 유익한고 한 세대는 가고 한 세대는 오되 땅은 영원히 있도다"(1:3~4)라고 시작하여 성경 가운데 가장 대표적인 '염세주의(Pessimism)의 책'으로 알려졌지만 이는 당시 유행을 했던 쾌락주의(快樂主義)의 영향 때문이다.

쾌락주의(hedonism)는 영어에서 delight(기쁨, 쾌락)를 뜻하는 그리스어 hedonismos에서 유래하고 있으며 '행복은 본질적인 선(善)이고 고통은 악(惡)이므로 인생의 목표는 행복이고 행복은 쾌락을 추구함으로써 달성되는 것'이라고 보았다.

우리들은 결코 혼자서는 살아갈 수 없는 존재로 홀로 있으면 패(敗)하고 넘어질 수밖에 없고 세상은 늘 험하여 특히 믿는 이들을 대적하려는 악한 세력들로 인해 서로 함께하며 늘 깨어있어야 한다.

"근신하라 깨어라 너희 대적 마귀가 우는 사자 같이 두루 다니며 삼킬 자를 찾나니 너희는 믿음을 굳건하게 하여 그를 대적하라 이는 세상에 있는 너희 형제들도 동일한 고난을 당하는 줄을 앎이라 모든 은혜의 하나님 곧 그리스도 안에서 너희를 부르사 자기의 영원한 영광에 들어가게 하신 이가 잠깐 고난을 당한 너희를 친히 온전하게 하시며 굳건하게 하시며 강하게 하시며 터를 견고하게 하시리라"(베드로전서 5:8~10)고 하신 것처럼 세상에서의 삶은 결코 녹록치 않다.

그렇기에 우리는 전도서의 마지막 장을 보면서 "일의 결국을 다 들었으니 하나님을 경외하고 그의 명령들을 지킬지어다 이것이 모든 사람의 본분이니라"(12:13)를 잊지 말아야 한다.

그러한 우리는 다음과 같이 더욱 새롭고도 의연한 마음과 몸을 가지고 세상으로 나아가 승리할 수 있어야 한다.

"어느 민족 누구에게나 결단할 때 있나니 참과 거짓 싸울 때에 어느 편에 설건가 주가 주신 새 목표가 우리 앞에 보이니 빛과 어둠 사이에서 선택하며 살아야 한다."(찬송가 586장) 고상하고 아름답다 진리편에서는 일 진리 위해 억압 받고 명예 이익 잃어도 비겁한 자 물러서나 용감한 자 굳세게 낙심한 자 돌아오는 그날까지 서리라

순교자의 빛을 따라 주의 뒤를 좇아서 십자가를 등에 지고 앞만 향해 가리라 새 시대는 새 의무를 우리에게 주나니 진리따라 사는 자는 전진하리 언제나 악이 비록 성하여도 진리 더욱 강하다 진리 따라 살

아갈 때 어려움도 당하리 우리 가는 그 앞길에 어둔 장막 덮쳐도 하나님이 함께 계셔 항상 지켜 주시리(찬송가 586장).

이러한 찬송을 부르며 다시 한번 새롭게 결단을 하게 되는 것은 "하나님은 모든 행위와 모든 은밀한 일을 선악 간에 심판하시리라"(12:14)고 하셨기 때문이다.

그러므로 우리들은 "한 사람이면 패하겠거니와 두 사람이면 맞설 수 있나니 세 겹줄은 쉽게 끊어지지 아니 하느니라"(4:12)고 하신 것처럼 믿음의 동역자(同役者)들은 늘 함께 하여야 한다.

그들과 함께 한다면 우리들은 아무리 힘들고 험(險)한 세상일지라도 이겨 낼 수 있기 때문이다. 늘 가까운 동역자(同役者)들과 협력하고 기도하며 신앙의 길을 나아가야 한다.

그들은 가까이는 식구들이고 구역(속회)원들이며 나아가서는 '주를 따르며 그의 뜻대로 살아가려는 모든 믿는이들이다'(119 대작전 워크북, 영락교회, 2020).

전도서는 "인생 만사(人生 萬事), 모든 일이 헛된 것"임을 강조하고 있다.

사람은 새 생명으로 세상에 태어나지만 "범사에 기한이 있고 천하 만사가 다 때가 있나니 날 때가 있고 죽을 때가 있으며 심을 때가 있고 심은 것을 뽑을 때가 있으며 울 때가 있고 웃을 때가 있으며 슬퍼할 때가 있고 잠잠할 때가 있고 말할 때가 있으며 사랑할 때가 있고 미워할 때가 있으며 전쟁할 때가 있고 평화할 때가 있느니라"(3:1~8)와 같이 세상을 떠날 때, 곧 죽을 때가 있다.

시인 조지훈은 '꽃이 지기로서니 바람을 탓하랴 주렴 밖에 성긴 별이 하나 둘 스러지고 귀촉도 울음 뒤에 머언 산이 다가서다 촛불을 꺼

야하리 꽃이 지는데 꽃 지는 그림자 뜰에 어리어 하얀 미닫이가 우련 붉어라 묻혀서 사는 이의 고운 마음을 아는 이 있을까 저어하노니 꽃이 지는 아침은 울고 싶어라'고 고백하고 있다.

작가는 꽃과 바람 그리고 별을 등장시켜 깊고 아름다운 사랑을 그려내면서 연인(戀人)인 꽃이 비록 '바람과 별이 그들의 사랑을 방해하거나 이루지 못하도록 한다고 해도 이를 탓하거나 원망하지 않는 것처럼 사랑하겠다'고 한다.

이러한 사랑에 관한 조용한 관조(觀照)의 시각 내지 생각은 우리들의 삶, 인생과 연결시켜 볼 수 있다.

그리고 우리들이 살아가는 인생은 결국에는 '죽음에 대한 기다림의 시간'으로 귀착(歸着)된다.

죽음이란 자연스럽고 점진적인 생명 제거 과정이다. 인간의 마지막 모습, 죽음은 생물학적 과정이기도 하지만 그것이 전부는 아니다(인간의 마지막 권리, 박충구, 동녘, 2019).

전도서의 기록자(記錄者)는 '범사(凡事), 세상 만사(萬事)가 헛되다'고 하면서 삶에 대한 냉소와 비관에서 비롯된 염세주의 그 자체에만 함몰되지 않고 자신에게 주어진 삶만이 아니라 죽음까지도 관리하는 가운데 인간으로서의 자신에 대한 한계를 겸손하게 받아들이고 생명을 주신 '하나님을 경외하며 그의 계명을 지키며 살아가야 할 것'을 권고하고 있다.

J. 라이트가 전도서를 '하나님은 모든 미지의 것들에 대한 열쇠를 갖고 계시지만 그것을 당신에게 주시지는 않을 것이다. 열쇠가 당신에게 있는 것이 아니기 때문에 당신은 하나님이 그 문들을 열어 주시도록 그분을 신뢰해야 한다'(Ecclesiastes, The Expositor's Bible Commentary, J.S. Wright, Zondervan, 1992)라고 요약한 것은 죽음에

대한 냉철한 판단을 넘어 신앙인의 믿음, 곧 하나님과의 관계 회복을 요청하고 있는 권면이다.

전도서에는 우상숭배(偶像崇拜)를 반대하는 표현은 없지만 핵심어는 '헛되다'와 '야망'이다.

그리하여 모든 것이 헛되고 또 헛되기에 하나님과 하나님에 대한 순종을 거부하면서 구하고 바라고 있는 모든 것들 그리고 테어남과 이후 살아있는 동안의 모든 일들과 죽음까지도 그리고 우리들에게 일어나는 무슨 일이나 무엇이든지 간에(All, Everything) '하나님은 늘 그 위에 계시며 이 모든 것들이 다만 헛된 것'(vanity, meaningless)임을 성찰(省察)과 지혜(智慧)의 언어로 알게 하고 있다.

아가

아가(雅歌, 히브리어: שיר השירים 쉬르 핫시림, 그리스어: Ἆσ μ α Ἀσ μάτ ω ν 아즈마 아즈마톤, 영어: Song of Songs)는 시가서(詩歌書)로도 불려진다.

아가서는 이스라엘 민족이 메길로트, 즉 유대력의 종교 축일에 낭독하는 5 두루마리(룻기 · 애가 · 전도서 · 에스겔) 중의 하나로 책은 B.C. 5세기 이후에 만들어졌으나 실려진 시(詩)들은 이미 다윗 왕 시절(10 B.C.)에 쓰이고 들려졌던 것들이다.

어쩌면 아가서를 읽는 이들 가운데는 아가서에 은밀(隱密)을 넘는 노골적(露骨的)인 표현들이 거룩한 책, 성경에 포함된 것에 대하여 '의아(疑訝)를 넘어 애매(曖昧)하다'는 생각으로 성경 통독을 하다 슬쩍 뛰어넘길 것 같기도 하다.

중세의 신비주의자들은 이 책을 '그리스도와 인간 영혼의 사랑'으로 승화(?)시켜 해석하기도 했으며 수메르 사람들이나 고대 메소포타미아 사람들은 제의적(祭儀的) 의미로 해석하여 종교적인 혼인의식과 연관된 노래로 보기도 한다.

그러나 유대인들은 아가서(雅歌書)를 하나님과 계약을 맺은 이스라엘에 대한 '하나님의 사랑에 관한 알레고리'로 해석하고 있다.

한편 21세기 문명시대의 그리스도인들은 '주님의 몸된 교회에 대한 그리스도의 사랑'을 묘사한 것으로 보고 있다.

1:1~3:5	사랑의 시작 / 왕이 술람미 여인과 대화를 나누다
3:6~5:1	사랑의 진전 / 연인의 방문 / 왕의 행렬 / 결혼식 날 밤에 부르는 왕의 사랑노래
5:2~7:10	사랑의 갈등 / 소홀히 여김 / 술람미 여인의 자기 연인에 대한 설명
7:11~8:14	사랑의 승리 / 술람미 여인의 왕궁 체류 끝남 / 진정한 사랑의 본질

아가서는 짧은 분량(8장)으로 연인(戀人) 사이에 벌어지는 애정과 정열적인 욕망 그리고 서로의 신뢰와 사랑을 만들어 가는 과정을 담고 있기는 하다.

그러나 다른 성경들이 갖고 있는 엄숙하고 근엄한 주제들도 포함하고 있어서 우리들로 하여금 사랑이란 사람들(여기서는 연인들)에게 하나님이 선물한 본능적인 희열(喜悅)이며 행복(幸福)이라는 것을 알려주고 있다.

그리하여 고대 근동 지역에 넓게 알려져 있던 연인(戀人)인 남녀간의 아름다운 사랑이야기를 종교적 경지 내지 수준으로까지 그려낸 걸작임에 틀림없다.

그럼에도 불구하고 '거룩함(聖潔)을 최우선으로 하려는 종교적인 입장 내지 신앙'으로 이를 해석하는데 있어서도 다양한 방법들이 있어왔다.

첫째로 풍유적(allegorical) 해석은 확장된 은유(metaphor)라는 차원에서 역사나 실제 상황이 아니라 작가의 상상력을 통한 관념적이고 영적인 측면으로 이해하려는 것이다.

둘째로 극적(dramatic) 해석은 사랑에 관한 극(劇 · Drama)으로 이해하려는 것이다.

셋째로 제의적(cultic)인 해석을 통하여 제의(祭儀)에서 신화적(cultic mythological)으로까지 발전하여 연인간의 사랑에 대한 노래로 보는 것이 아니라 여사제(女司祭)로 화(化)한 여신과 왕의 신성한 혼인을 축하하는 노래와 같은 신화와 제의식(祭儀式)으로 보는 것이다.

넷째로 예표론적(typological) 해석법으로 본문 자체를 실제적이고 역사적인 것으로 보면서 신약 성경에 등장하는 사건이나 교훈으로서의 연관성을 발견하려는 것이다.

즉 왕 되신 그리스도와 그의 신부된 교회와의 관계로서 이해하려는 것이므로 위에서와 같은 해석 방법들은 저마다의 장점을 갖고 있어서 다양한 방향과 인식으로 이해하는 것이 바람직해 보인다.

여전히 아가서의 서술에 대하여 '육체적(肉體的)인 것을 뛰어 넘는 선정적(煽情的)인 표현'으로 보면서 부정적으로만 이해하려고 한다면 "아담과 그 아내 두 사람이 벌거벗었으나 부끄러워 아니하니라"(창세기 2:25)로 보는 것은 어떨까?

하나님이 흙으로 빚어 숨을 불어 넣으신 창조 당시 아니 타락 이전의 젊은 부부인 두 남녀, 사랑하는 남편인 아담과 아내인 하와의 모습은 그저 아름답고 자연스러운 아가서의 표현 바로 그대로인 것이다.

그러므로 사랑 또는 육체적인 사랑을 그저 나쁘게 또는 죄로만 보고 감추고 멀리하는 것은 '아가서적(雅歌書的)이지도 않으며 또한 성경적(聖經的)이지 않다'라고 할 수 있다.

이사야

저자가 이사야인 이사야서(ספר ישעיהו, Ἡσαΐας, Book of Isaiah, 以賽亞書)는 구약성경의 23번째 권(券)으로 총 66장으로 이뤄져 있다.

이사야의 이름은 '야훼는 구원이시다'의 뜻으로 그는 유다 지파인 아모스의 아들로 웃시아 왕이 죽던 해에 예언자로 부르심을 받아 히스기야 왕 시기까지 활동(745~695 B.C.)을 하였다(1:1).

그는 시리아와 북이스라엘이 동맹을 맺고. 앗시리아의 산헤립(Sennacherib · 西拿基立)이 예루살렘을 공격하는 등 유다 왕국의 존폐(存廢)가 위태로워질 때마다 백성들에게 '죄를 회개하고 속히 하나님께 돌아올 것'을 호소하였다.

이사야서는 구약성경(39권)의 큰 부뷴(17권)을 이루는 예언서의 첫 부분을 장식하고 있다.

특히 예언전집(豫言全集)이라고 할 만큼 축복~배반~심판~회개~구원을 지속적으로 반복하는 이스라엘에 대한 예언(豫言)과 주변 국가들의 미래(9:8~21), 나아가 메시아 예수의 탄생과 사역(9:6)까지도 예언하고 있다.

이사야는 "소는 그 임자를 알고 나귀는 주인의 구유를 알건마는 이스라엘은 알지 못하고 나의 백성은 깨닫지 못하는 도다"(1:3)라는 하나님의 말씀으로 시작하여 "너희는 여호와를 버리며 이스라엘의 거룩한 이를 만홀히 여겨 멀리하고 물러갔도다. 어찌하여 매를 더 맞으려고 패역을 거듭하느냐"(1:4~5)고 묻고 있다. 그리고 끝에 이르러서는 "너희가 굳게 믿지 아니하면 결코 굳건히 서지 못하리라."(7:9)는 무서운 예언을 전한다.

1~12	유다와 예루살렘의 심판	책망하시고 또 부르시는 하나님의 소개와 예언
13~23	이방 민족들의 심판	교만한 열방을 진멸(盡滅)하시는 하나님
24~27	하나님의 열방에 대한 심판	
28~39	이스라엘, 유다에 대한 말씀	사악한 자에게 임(臨)할 화(禍)의 선포와 계속되는 심판
40~55	바빌론포로에 대한 위로	계속 교차(交叉)되는 현재의 고통과 미래의 희망에 대한 예언
56~66	종말에 대한 소망의 말씀	만물을 새롭게 하시는 하나님

그러나 그는 '하나님만을 신뢰하고, 순종하면 예루살렘을 적들의 손으로부터 구원하여 주신다'는 구원을 선포하고 있다.

나아가 "내 목전에서 너희 악업을 버리며 악행을 그치고 선행을 배우며 공의를 구하며 학대 받는 자를 도와주며 고아를 위하여 신원(伸寃)하며 과부를 위하여 변호(辯護)하라 하셨느니라 너희가 즐겨 순종(順從)하면 땅의 아름다운 소산을 먹을 것이요"(1:16~19)라고 하면서 자복과 회개 그리고 이후의 축복(祝福)을 약속해 주고 있다.

또한 그는 "두려워하지 말라 내가 너와 함께 함이라 놀라지 말라 나는 네 하나님 됨이라 내가 너를 굳세게 하리라 참으로 너를 도와주리라 참으로 나의 의로운 오른손으로 너를 붙들리라(41:10)"고 하면서 힘과 용기를 북돋아 주기도 한다.

'이스라엘은 누구이며 아브라함은 어떤 생각, 꿈을 가진 사람이고 야곱은 또 무엇을 하려는 사람인가?'

그는 앞날에 대한 두려움과 예측불능의 상황이 전개되더라도 수처작주(隨處作主)의 정신과 각오로 주인의식(ownership)을 갖고 나아가라고 한다. 우리가 힘들어 할 때와 넘어지려 할 때에도 오른손으로 붙들어 주심을 믿고 전진하라는 예언의 말씀이다.

그는 여호와는 이스라엘을 도우시는 분으로 "보라 주 여호와께서 장차 강한 자로 임하실 것이요 친히 그 팔로 다스리실 것이라"고 위로를 하고 있다, 그리하여 "오직 여호와를 앙망하는 자는 새 힘을 얻으리니 독수리의 날개 치며 올라감 같을 것이요 달음박질하여도 곤비치 아니하겠고 걸어가도 피곤치 아니하리로다"(40:10~31) 라는 위로의 말을 전한다.

이스라엘이 하나님이 주시는 평강과 축복을 누리지 못하는 것은 "악인은 그 길을, 불의한 자는 그 생각을 버리고 여호와께로 돌아오라 그리하면 그가 긍휼히 여기시리라 우리 하나님께로 나아오라 그가 널리 용서하시리라 여호와의 말씀에 내 생각은 너희 생각과 다르며 내 길은 너희 길과 달라시 하늘이 땅보다 높음 같이 내 길은 너희 길보다 높으며 내 생각은 너희 생각보다 높으니라"(55:7~9)고 하심을 잊고 있기 때문이다.

그러나 "너희는 여호와를 만날만한 때에 찾으라 가까이 계실 때에 그를 부르라"(55:6)를 기억하면서 "비와 눈이 하늘에서 내려서는 다시 그리로 가지 않고 토지를 적시어서 싹이 나게 하며 열매가 맺게 하여 파종하는 자에게 종자를 주며 먹는 자에게 양식을 줌과 같이 내 입에서 나가는 말도 헛되이 내게로 돌아오지 아니하고 나의 뜻을 이루며 나의 명하여 보낸 일에 형통함이니라. 너희는 기쁨으로 나아가며 평안히 인도함을 받을 것이요 산들과 작은 산들이 너희 앞에서 노래를 발하고 들의 모든 나무가 손뼉을 칠 것이며 잣나무(juniper)는 가시나무(thornbush)를 대신하여 나며 화석류(myrtle)는 찔레(briers)를 대신하여 날 것이라 이것이 여호와의 명예가 되며 영영한 표징(表徵)이 되어 끊어지지 아니하리라 하시니라"(55:10~13)는 축복의 말씀에 감사하여야 한다.

하지만 "여호와의 손이 짧아 구원하지 못하심도 아니요 귀가 둔하여 듣지 못하심도 아니라 오직 너희 죄악이 너희와 너희 하나님 사이를 갈라 놓았고 너희 죄가 그의 얼굴을 가리어서 너희에게서 듣지 않게 함이니라"(59:1~2)라고 하면서 기회를 버리지 않도록 경고한다. "너희에게서 듣지 않으시게 함이니라"는 말씀도 잊지 말아야 한다.

"Surely the arm of the LORD is not too short to save, nor his ear too dull to hear. But your iniquities have separated you from your God; your sins have hidden his face from you, so that he will not hear."(Isaiah 59:1～2)

우리는 "그를 부르라"(55:6)는 짧고 명료한 말씀을 기억하고 실기(失機)하지 않도록 해야 한다.

그리하여 이사야 당시의 이스라엘이 그러하듯 지금의 우리들도 "우리는 진흙이요. 주는 토기장이시니 우리는 다 주의 손으로 지으신 것이니이다"(64:8)라고 고백할 수 있어야 한다.

"Yet you, Lord, are our Father. We are the clay, you are the potter; we are all the work of your hand."

그리하여 드디어 "어미가 자식을 위로함같이 내가 너희를 위로할 것인즉 너희가 예루살렘에서 위로를 받으리니"(66:13)의 '그 기쁨과 축복'을 마음껏 누릴 수 있어야 한다.

예레미야

이미 신앙의 연륜(年輪)이 제법 쌓인 교우들로부터 기도 잘하는 법을 알려 달라! 또는 어떻게 기도 하느냐?에 대한 질문을 많이 듣는다.

또는 오늘 예배시간에 ***이 하신 기도에 '큰 은혜 받았다!'라는 말들을 서로 나누는 것도 듣게 된다.

주님은 '너희는 이렇게 기도하라'시며 주기도문(마태복음 6:9~13)으로 기도의 모델, 원형(Prototype)을 가르쳐 주셨다.

한편 예레미야는 "너는 내게 부르짖으라 내가 네게 응답하겠고 네가 알지 못하는 크고 비밀한 일을 네게 보이리라(33:3)"며 기도에 대한 응답을 약속해 주었다.

기도는 '무엇 때문에 할까?, 누가 들어주는가?, 기도하면 이뤄지는가?'를 생각하며 의심하며 흔들리고 있을 때 주님이 하신 말씀이 있다.

"너희가 내 안에 거하고 내 말이 너희 안에 거하면 무엇이든지 원하는 대로 구하라 그리하면 이루리라."(요한복음 15:7)

"If you remain in me and my words remain in you, ask whatever you wish, and it will be given you."

이는 응답받는 '기도의 노하우'이다. 기도를 제대로 할 수 있는 기도에서의 '성공 비결(KSF)'이다.

예레미야는 "진흙으로 만든 그릇이 토기장이의 손에서 터지매 그가 그것으로 자기 의견에 좋은 대로 다른 그릇을 만들더라"(18:4)는 말씀으로 '우리들은 진흙이며 하나님은 우리를 만드시는 분으로 늘 겸손하게 그분의 뜻을 기다리며 도우심을 간구하여야 할 것'을 예언하고 있다.

우리가 스스로 바꾸어지는 것이 아니라 '토기장이이신 하나님이 바꾸실 수 있다는 것을 인정하여 우리들의 바라는 것들을 겸손하게 구하며 도우심을 간구하는 것'이 하나님이 우리들에게 요구하시는 것이다.

이러한 믿는 자들의 바른 자세와 마음가짐 속에서 믿음은 자라나게 된다.

어린 아이들의 성장판(成長板)이 제대로 열려있을 때 키가 무럭무럭 자라나듯이 믿음의 바른 자세와 태도가 신앙의 성장판(Physeal plate)이 되어 굳센 믿음과 확신 속에서 풍성한 열매를 얻게 될 것이다.

예레미야는 유다 말기(625 B.C.)의 선지자로 베냐민 족속 아나돗 제사장 힐기야의 아들(1:1)이었다.

그가 눈물의 선지자로 불리는 것은 "어찌하면 내 머리는 물이 되고 내 눈은 눈물 근원이 될꼬 그렇게 되면 살육당한 딸 내 백성을 위해 주야로 곡읍(哭泣)하리로다"(9:1)처럼 '곡(哭)을 한다'는 표현과 그가 쓴 예레미야 애가(哀歌) 때문이다.

예레미야(Jeremiah)는 평소에 수줍음이 많고 마음이 약한 사람으로 알려져 있지만 당시의 유다 왕이나 사제 또한 거짓 선지자들에 대해서는 담대하였다.

그는 패역(悖逆)한 이스라엘에 대하여 '회개치 아니하면 멸망당할 것'을 당당하게 예언하였다.

그리하여 이를 못마땅하게 여겼던 당시의 유다 왕 여호야김(Jehojakim)은 그의 글을 화롯불에 내던지기도 하였고(36:23) 사제 바스훌(Pashur)은 예레미야를 매질(20:2)하여 구덩이에 던지기도 하였다(38:6).

예레미야(耶利米)가 눈물의 선지자가 된 것은 여호와 하나님에 대한 불순종으로 이제 "유다에 지나는 자가 없으며 거기서 가축의 소리가 들리지 아니하며 공중의 새도 짐승도 다 도망하여 없어졌기"(9:10)에 슬퍼했기 때문이며 "사망이 우리 창문을 통하여 넘어 들어오며 밖에서는 자녀들을 거리에서는 청년들을 멸절(滅絶)하려 하기"(9:21) 때문이었다.

또한 "적들(바벨론)이 백성들에게 쑥을 먹이며 독한 물을 마시게"(9:15)하고 "그들과 그들의 조상이 알지 못하던 여러 나라 가운데에 그들을 흩어 버리고 진멸되기까지 그 뒤로 칼을 보내리라"(9:16)고 기록하고 있기 때문이다.

그가 이렇듯 모질고 견디기 힘든 표현을 쓰며 목소리를 높이고 있는 것은 그들이 "이웃을 속이며 진실을 말하지 아니하며 그 혀로 거짓 말하기를 가르치며 악을 행하기에 수고하며"(9:5), "입으로는 이웃에게 평화를 말하나 중심에는 해(害)를 도모"(9:8)하고 있었기 때문이었다.

그러나 이처럼 거듭하여 외치는 예레미야의 경고에도 불구하고 백성들은 "여호와의 말씀을 듣지 않으며 율법을 버리고 그 목소리를 순종하지 아니하며 그대로 행하지 아니(9:13)"하였다.

하나님의 택한 백성들이 말씀에 순종하며 이웃들에게 선한 영향력을 행사하는 대신 오히려 악을 자행한 결과로 인하여 받게 될 고통을 생각하면 예레미야의 눈은 '눈물의 근원'(9:18)이 되어 통곡할 수밖에 없었다(9:12~26).

그러나 예레미야는 지금은 악한 그들을 벌주시려고 바벨론을 통하여 고통과 시련을 당하게 하고 있지만 이 다음에는 "소망이 있을 것이라 너희 자녀가 경내로 돌아오리라"(31:17)고 하면서 구원하겠다는 하나님의 새 언약을 전하면서 위로를 해주고 있다.

그리하여 Carl Young이 '우리가 부르던 부르지 않던 간에 하나님은 거기 계신다!'(Vocatus atque non vocatus Deus adrit!)한 바와 같이 우리들을 위한 놀라운 계획을 가지시고 있음을 잊지 말아야 한다.

우리들은 이 세상을 살아가는 동안 특히 성도들은 믿음 생활을 하며 사는 동안 '눈물이 앞을 가리고 내 맘에 근심 쌓이며 한숨과 절망에 빠지는' 경우가 있다(찬송가 93장).

그런데 그 눈물과 한숨은 '어디에서, 무엇에서부터 연유(緣由)된 것일까?' 이를 언뜻 생각해 보면 대개는 주변의 사람과 환경이 '나를 돕지 않는구나!, 내 편이 아니구나'에서 비롯된 것들이다.

하지만 결국에는 '내가(I), 나의(My), 나를(Me), 나만의 것(Mine)에 피해가 생기고 손해가 날 때' 그리하여 '나보다 남이 더 잘되고 흥(興)할 때에 나는 그렇게 되지 못하는 바로 그러한 이유로부터 비롯된 결핍(缺乏)과 손해(損害)로부터 비롯된 때문이 아닐까?'를 곰곰이 생각해 보아야 한다.

"주 안에 있는 나에게 딴 근심 있으랴 십자가 밑에 나아가 내 짐을 풀었네 그 두려움이 변하여 내 기도 되었고 전날의 한숨 변하여 내 노래되었네 내 주는 자비하셔서 늘 함께 계시고 내 궁핍함을 아시고 늘 채워주시네 내 주와 맺은 언약은 영불변하시니 그 나라 가기까지는 늘 보호하시네 주님을 찬송하면서 할렐루야 할렐루야 내 앞 길 멀고 험해도 나 주님만 따라가리"(찬송가 370장).

살아오면서 분명히 근심과 두려움이 있었고 걱정을 했으며 한숨을 쉬다가 기도하였고 그러다, 그러면 '나의 궁핍함을 아시고 자비하신 주께서 나의 부족한 것들을 끝내는 채워주신다'고 고백할 수 있어야 한다.

그리고 그러한 우리들은 이제부터는 나와 나만의 것들로부터 벗어나 우리가 살고 있는 주변의 것들 즉 교회는 물론 코로나19로 힘들어 하는 이웃들과 사회 나아가 국가와 세계를 위해서도 관심을 갖고 눈물을 흘리며 위로하고 '기도하는 예레미야'가 될 수 있어야 한다.

예레미야애가

애가(哀歌, 히브리어: איכה에카/그리스어: θρῆνοι 트레노이/: Book of Lamentations)는 성문서 '케투빔의 다섯 두루마리'(지혜서) 중 한 권이다.

책 이름은 본문의 첫 단어인 에카(How!, 슬프다...어찌하여의 의미로 "슬프다 이 성(城)이여, 전에는 사람들이 많더니"·How deserted lies the city once so full of people,(1:1, 2:1, 4:1)에서 붙여졌다.

70인역 성경에서는 트레노이(Threnoi · 비탄 · 哀歌 · 슬픔의 노래)에 저자를 밝히기 위해 '예레미야 애가'로 하였다.

라틴어 역본(Vulgate)은 '선지자 예레미야의 애가'(Threni seu Lamentationes)로, 한글성경은 '예레미야 애가'(耶利米哀歌)로 하였다.

바벨론은 앗수르를 점령(587~586 B.C.)하였을 뿐만 아니라 갈그미스 전투에서의 승리를 통해 애굽을 패퇴시키면서 중근동 지역에서의 강자로 군림할 수 있게 되었다.

예언자 예레미야의 외침에도 불구하고 유다 왕들은 당시의 정세를 파악치 못하고 지속적으로 애굽만을 의지한 결과 결국에는 바벨론의 3차에 걸친 침공으로 예루살렘은 함락(586년 4월 9일 B.C.)이 되고, 5월 7일에는 성읍과 성전도 불타게 되었다.

예언자 예레미야는 이제 '눈물의 선지자'가 되어 무너진 성전을 보고 울면서 애가(哀歌)를 기록하게 되었다.

그는 결국 애굽으로 끌려가게 되었고 예루살렘은 멸망을 당하여 백성들의 경우 포로로 사로 잡혀가거나 끝까지 남아있던 자들은 국외로 추방되거나 망명을 하게 되었다.

이 책의 키워드는 '분노(忿怒)와 비탄(悲嘆)'이다. 처음 1~4장은 히브리 알파벳 22자의 순서대로 시작하는 22행의 두 자음 시(踏冠體 · acrostic)로 되어 있으며 특히 3장은 한 알파벳에 3절씩 66절로 되어있으나 5장은 22절로 다른 장(章)들과는 달리 알파벳순으로 시작되지 않는다.

이들 시에서는 하나님의 공의로우신 심판으로 황폐하게 된 성읍들을 묘사하고 있으며 마지막은 '하나님께 올려 드리는 간절한 기도'로 끝을 맺고 있다.

예레미야는 예루살렘의 철저한 멸망을 통해 죄악의 가증함을 일깨워 주고 있으며 다른 한편으로는 그들이 진정으로 뉘우치고 회개하면 신실하신 하나님의 '은혜로 다시 회복시켜 주신다'는 소망을 눈물로 호소하고 있다.

1:1~22	슬픔 / 무너진 예루살렘의 황폐함, 공주(公主)에서 조공(朝貢)을 드리는 자로 전락~,(1:1)
2:1~22	이유 / 하나님의 진노로 혼잡한 백성, 내 창자가 끓으며 간이 땅에 쏟아졌으니~,(2:11)
3:1~66	희망 / 탄식하는 선지자, 나를 둘러싸 나가지 못하게 하시고~,(3:7) / 내 눈에 눈물이 시내처럼~,(3:49)
4:1~22	대조 / 예루살렘 백성들과 잃어버린 영광 슬프다 어찌 금이 빛을 잃고~, (4:1)
5:1~22	탄식 / 회개하는 백성들과 그들을 위한 기도, 우리는 외로운 자식~,(5:3) / 우리를 옛적같이~, (5:21)

늘 말씀을 읽으며 말씀대로 지키고 순종하면서 세상과 구별된 삶을 살아가려고 애를 쓰고 기도하고 있지만 때로 원하지 않는 고난과 고통을 당하게 될 때가 있다.

그럴 때마다 "저가 비록 근심케 하시나 그 풍부한 자비대로 긍휼히 여기실 것임이라. 주께서 인생으로 고생하게 하시며 근심하게 하심은 본심이 아니시로다"

"Though he brings grief, he will show compassion, so great is his unfailing love. For he does not willingly bring affliction or grief to anyone."(3:32~33)를 확신할 수 있어야 한다.

비록 지금 나(우리)는 너무도 갈급(渴急)하여 있음에도 불구하고 '주님의 응답하심이 너무 늦는 것이 아닌가?'

또는 세상(사람들)은 지금 주를 믿는 우리들을 호기심의 정도가 아니라 비웃고 희롱하며 업신여기고(under value) 있는 것만 같은 이러한 상황 가운데서 이제는 '무엇인가를 보여주시고 움직여 주시는 모습(take or show a action) 내지 증거를 보여 주실 때가 바로 지금인 듯한데~'라는 생각이 들 때가 있다.

그러나 우리들도 예레미야와 같이 "여호와여, 우리를 주께로 돌이키소서. 그리하시면 우리가 주께로 돌아가겠사오니 우리의 날을 다시 새롭게 하사 옛적 같게 하옵소서. 주께서 우리를 아주 버리셨사오며 우리에게 진노(震怒)하심이 특심(特甚) 하시니이다"·"~angry with us beyond measures"(5:21~22)라고 매달리는 가운데 간절하게 기도할 수 있어야 한다.

그리하여 우리들에게는 '하나님의 사랑과 긍휼'로 이어지면서 결국에 고통은 희망으로 이어지게 된다.

우리들은 예수그리스도의 생애와 죽음 그리고 부활에 계시된 하나님의 사랑과 긍휼을 예레미야서에서 읽고 확신한 사람들이다.

하지만 이러한 때에 우리들이 잊지 말아야 할 것이 있다. 때로는 이유조차도 알 수 없는(실은 예언자 예레미야의 외침에도 불구하고 헛된 짓들만 하여 백성들을 도탄에 빠지게 한 역사적 사실이 있다) 이유들로 인하여 지금 심히 어렵게 되었음에도 불구하고 다음과 같은 찬송이 나의 노래가 되어 감동이 되며 기쁨 충만한 생활하며 충성을 다하겠다고 고백할 수 있어야 한다.

"환난과 핍박 중에도 성도는 신앙 지켰네 이 신앙 생각할 때에 기쁨이 충만 하도다 성도의 신앙 따라서 죽도록 충성 하겠네 옥중에 매인 성도나 양심은 자유 얻었네 우리도 고난 받으면 죽어도 영광 되도다 성도의 신앙 따라서 죽도록 충성 하겠네 성도의 신앙 본받아 원수도 사랑하겠네 인자한 언어 행실로 이 신앙 전파하리라 성도의 신앙 따라서 죽도록 충성 하겠네"(찬송가 336장).

축복으로 얻게 될 지금의 축복, 기쁨과 평화는 오직 믿음과 순종에 달려있다.

그런데 그 믿음과 순종은 안이(安易)하고 순조(順調)로우며 평탄(平坦)할 때가 아니라 예레미야 또는 그가 살았던 시대와 같은 눈물과 고통이 있을 때 비로소 보석으로 바뀌게 된다.

결코, 더구나, 늘 쉽지는 않지만 교회와 성도들의 기쁨과 평화는 신실한 믿음과 순종에서 비롯된다는 것을 잊지 말아야 한다(IVP, 성경주석, 2008).

에스겔

에스겔서(以西結書, 히브리어: לאקזחי 예헤즈켈, 그리스어: Ἰεζεκιήλ 이즈키엘, 영어: Book of Ezekiel)는 유다 왕국 말기에서 바빌론 포로(593 B.C.~571 B.C.)까지의 암흑기 70년에 활동한 선지자였던 에스겔의 예언(48장)을 묶은 책이다.

그는 백성들의 우상 숭배로 하나님의 심판 받아 나라와 예루살렘은 무너진다고 외치지만 회개하고 돌아오기만 하면 '성전의 재건과 나라의 회복도 이뤄진다'고 예언하고 있다.

"네가 악인을 깨우치되 그가 그 악한 마음과 악한 행위에서 돌이키지 아니하면 그는 그 죄악 중에서 죽으려니와 너는 네 생명을 보존하리라 또 의인이 그 의에서 돌이켜 악을 행할 때에는 이미 행한 그 공의는 기억할 바 아니라 내가 그 앞에 거치는 것을 두면 그가 죽을지니 이는 네가 그를 깨우치지 않음이라 그가 그 죄 중에서 죽으려니와 그 피 값은 내가 네 손에서 찾으리라 그러나 네가 그 의인을 깨우쳐 범죄하지 않게 하므로 그가 범죄하지 아니하면 정녕 살리니 이는 깨우침을 받음이며 너도 네 영혼을 보존하리라"(3:19~21).

1:1~3:27	에스겔의 소명과 파수꾼의 책임
4:1~24:27	이스라엘에 대한 경고 / 우상 숭배/불의 심판 / 칼의 심판
25:1~32:32	열방 나라들의 심판 / 두로와 시돈의 심판 / 애굽에 대한 신탁과 몰락
33:1~48:35	이스라엘의 불법들 / 마른 뼈 골짜기 / 이스라엘 회복 / 새 성전과 새 땅의 환상

제사장의 아들인 에스겔의 이름은 '하나님이 강하게 하신다. 하나님이 단련시킨다.'의 뜻을 갖고 있다.

선지자 예레미야가 예루살렘의 멸망이라는 무섭고 떨리는 메시지를 마음속 깊은 곳으로부터 짠하게 하면서 깊은 한숨과 애통하는 마음으로 전하여 '눈물의 선지자(先知者)'로 불리고 있음에 비해 에스겔은 이스라엘의 재건과 회복'에 대한 부드러운 메시지를 전하면서 '비전(Vision)의 선지자'로 알려지고 있다.

예레미야는 "여호와여 돌아보옵소서 내가 환난 중에서 마음이 괴롭고 마음이 번뇌하오니 나의 패역이 심히 큼이니이다 밖으로는 칼의 살륙이 있고 집에는 사망 같은 것이 있나이다 저희가 나의 탄식을 들었으나 나를 위로하는 자가 없고 나의 모든 원수가 나의 재앙을 들었으나 주께서 이렇게 행하심을 기뻐하나이다 주께서 반포하신 날을 이르게 하시리니 저희가 나와 같이 되겠나이다 저희 모든 악을 주 앞에 나타내시고 나의 모든 죄악을 인하여 내게 행하신 것 같이 저희에게 행하옵소서 나의 탄식이 많고 나의 마음이 곤비하니이다"(예레미야 애가 1:20~22)라고 하면서 그의 안타깝고 서글퍼서 마냥 비통한 마음을 숨기지 않고 있다.

그는 포로가 된 백성들에게 그가 행한 메시지, 곧 예언들을 극대화시키기 위하여 많은 비유와 표적, 징표 등을 사용하고 있다.

즉 '네 생물(1:4~14), 두루마리(3:1~3), 인분(人糞, 4:15), 온역(瘟疫, 6:12), 끓는 가마(24:4), 포도나무(17:8~9), 마른 뼈(37:2~10)의 식물과 동물, 사물, 질병' 등으로 장차 이뤄질 모습과 사건들을 무섭고도 확실하게 각인(刻印)시켜주고 있다.

네 생물 가운데 사자는 힘을, 독수리는 빠름(速度), 황소는 다산(多産)을 뜻하는 짐승으로 이들은 모두 하나님의 권능을 나타낸다.

에스겔(Ezekiel)은 “내게 이르시되 인자야 너는 발견한 것을 먹으라 너는 이 두루마리를 먹고 가서 이스라엘 족속에게 고(告)하라 하시기로 내가 입을 벌리니 그가 그 두루마리를 내게 먹이시며 내게 이르시되 인자야. 내가 네게 주는 이 두루마리를 네 배에 넣으며 네 창자에 채우라 하시기에 내가 먹으니 그것이 내 입에서 달기가 꿀 같더라”(3:1~3)고 예언을 하고 있다.

이는 성경 곳곳, 즉 마태복음(16:11), 누가복음(11:3), 요한복음(6:48), 요한계시록(10:9) 등에 기록된 하나님의 말씀을 받아들이고 소화시키면서 내면화(內面化)시켜 주시는 사명(使命)들을 받아들이라는 뜻인 것이다(IVP, 전게서).

그는 또한 “하지 말라”는 하나님의 명령인 ‘우상 숭배(십계명 제1조)와 이방 여인들과의 결혼’ 등 악행과 불순종을 끈질기게(persistent) 반복하고 있는 패역하고(20:4) 나아가 변덕스럽기(waywardness) 짝이 없고 신실치 못한(unfaithful) 유다인들에게 반드시 심판과 징벌이 있을 것을 예언하였다.

그러나 그럼에도 불구하고 죄악된 생각과 삶에서 즉시 또한 과감하게 돌이켜서 회개하고 “정의와 공의대로 행하면 그가 그로 말미암아 살리라”(33:18~19)고 선언한다.

이렇듯 하나님이 우리들의 지은 죄를 ‘아무 대가 없이 용서하고 살리라’고 하신 것은 새로운 역사이고 창조이다.

“맑은 물을 너희에게 뿌려서 너희로 정결하게 하되 곧 너희 모든 더러운 것에서와 모든 우상 숭배에서 너희를 정결하게 할 것이며 또 새 영을 너희 속에 두고 새 마음을 너희에게 주되 너희 육신에서 굳은 마음을 제거하고 부드러운 마음을 줄 것이며 또 내 영을 너희 속에 두어 너희로 내 율례를 행하게 하리니 너희가 내 규례를 지켜 행할지라"(36:25~27)고 한 것은 망령된 것에서 회개하고 돌아온 이들을 향해 이제부터는 '은혜로 새롭게 태어난 존재'가 되었음을 확신시켜 주시려는 것이다.

죄 지음에서 돌아올 수 있도록 하는 것은 곧 바울이 강조하는 은총의 신학(Theologia Gratiae)이라 볼 수 있다.

즉 하나님의 절대 주권과 그 분의 신적(神的) 작정에 따라서 성취되는 것으로 이 과정에서 인간의 공로(contribution)는 불필요한 것으로 '전적인 하나님의 은총!' Sola Deo Gratia!)으로서만 가능하다는 것이다.

하나님은 징계를 통하여 회개하고 돌아오는 자들을 다시 회복시켜 주시고 친히 그들의 선한 목자가 되어 주신다.

에스겔이 전하는 메시지의 주제는 '절대 주권의 하나님'과 '하나님의 거룩하심 그리고 언제나 신실하신 하나님의 사랑'이다.

다니엘

다니엘(Daniel)은 바벨론의 침략(605~530 B.C.)으로 니느웨가 함락이 되면서 포로로 끌려가게 되었다.

그는 감옥에 투옥되어 언제 죽게 될 지도 모를 고통과 굴욕적인 상황에서도 여호와 하나님에 대한 굳센 믿음과 담대한 용기로 끝내는 승리하는 신앙인의 삶을 담대하게 전하고 있다.

이 책은 자신의 이름조차도 개명(改名)을 당하는 등(다니엘은 벨드사살, 하나냐는 사드락, 미사엘은 메삭, 아사랴는 아벳느노) 포로의 신세였으나 하나님이 '불구덩이에서 구해주시고 사자의 입을 닫게'도 해주시는 가운데 다니엘을 지켜 주신 것처럼 지금 우리들이 겪고 있는 '어려움들도 피하게 하시며 더 안전하고 좋은 길로 늘 인도하시고 지켜주신다는 것'을 확신시켜 주고 있다(IVP, 성경주석, 2008).

다니엘서(但以理書)는 우주와 그가 창조하신 '우리를 통치하시는 전능의 하나님(Almighty God), 대주재(大主宰)' 이심을 알게 한다.

또한 "지혜 있는 자는 궁창의 빛과 같이 빛날 것이요 많은 사람을 옳은 데로 돌아오게 한 자는 별과 같이 영원토록 빛나리라"(12:3)라고 하면서 위대하신 하나님을 바벨론에 있는 거민과 이방인들, 포로들에게도 널리 알리라고 요구하고 있다.

어찌 생각해 보면 '포로인 주제에 감히~'를 생각할 수도 있으나 AI 시대를 사는 우리들에게 조차 망설임이 없이 '너희는 만방의 사람들에게 전하여 돌아오게 하라'고 외치고 있다.

그러면서 '그리하면 하늘의 별처럼 영원히 빛난다'고 하면서 전도 또는 선교에 대한 열심과 그 열매에 대한 축복까지도 예언하고 있다.

또한 "다니엘아 마지막 때까지 이 말을 간수하고 이 글을 봉함하라 많은 사람이 빨리 왕래하며 지식이 더하리라"(12:4)는 예언을 통해 인쇄술의 발달로 문명이 발달하고 컴퓨터 및 인공지능의 발달로 SNS(Social Network Service)가 일상화된 시대라 할지라도 하나님의 말씀은 여전히 힘과 지혜의 원천이 되고 있음을 밝히면서 미래의 교회가 감당하게 될 영향력과 사명을 담대히 선언하고 있다.

서울대학교를 수석으로 졸업한 김동환목사가 쓴 책이 학부모들의 베스트셀러가 된 적이 있다. 그의 〈다니엘 학습법〉은 '하나님의 방식에 따른 신본주의(神本主義) 학습법'으로 다니엘이 보여준 것과 같은 구체적인 동기부여(motivation)를 강조하고 있다.

그는 포로의 신분으로 왕이 준 진미(珍味, 우상의 제물)를 하나님이 기뻐하시지 않을 것이기에 거절하고 '하나님 중심으로 살겠다'면서 신앙의 정체성을 잊지 않았던 다니엘처럼 공부했다. 즉 공부시간의 1/10조를 드리면서 강의시간은 예배시간으로, 교수님은 목사님처럼 생각하면서 집중하여 공부했다.

그는 다니엘처럼 시간을 정해 기도하고 마음과 뜻을 하나님께 집중하면서 '성경을 읽지 않으면 공부하지 않았고 오직 하나님의 지혜를 구하며 공부했다'고 하며 '더 잘 먹고 잘 살기 위해 공부하는 것이 아니라 하나님의 영광을 드러내기 위해 공부하자'고 작정했다.

그는 '주일에 교회 안 가고 학원 가서 공부한다고 성공하지 않는다'고 하면서 '다니엘의 학습방법으로 공부하라'고 강조하였다(다니엘학습법, 김동환, 규장, 2002).

우리는 예수 그리스도를 믿으며 그의 말씀대로 신실하게 살아가려고 한다. 또한 우리는 가게와 시장, 공장과 회사에 다니는 사회 공동체(community)의 일원이며 주일이면 교회에 출석을 하는 성도(聖徒)이

기도 하다.

또한 우리는 세상과 다르게(not of the world) 살려고 노력하지만 지금의 기쁨과 축복의 은혜를 이웃에게 전해야 할 전도의 사명이 있으며 우리들과 그들(세상)의 차별화(differentiation)는 기도임을 기억해야 한다.

이것이 우리들을 세상에서 열심히 살게 하고 교회를 부흥시키는 '사(四)도의 정신(精神)'며 '사(四)도의 행전(行傳)'이다.

그리스도	성도
기도	전도

이는 예수그리스도가 지상명령으로 "내가 너희에게 분부한 모든 것을 가르쳐 지키게 하라 볼지어다 내가 세상 끝 날까지 너희와 항상 함께 있으리라 하시니라"(마태복음 28:20)고 하셨기 때문이다.

우리 자신은 물론 성도들 간에도 서로를 위해 기도해야 하며 맡겨 주신 사명(mission)인 전도를 위해서도 기도하여야 한다.

다니엘은 하나님을 섬기면 '영혼의 삶이 맑아진다'는 것을 21세기의 젊은이들에게 온몸으로 보여 주고 있다. 그의 믿음은 삶의 태도와 삶 자체를 단단하게 만들어 준다는 것을 보여준 진정한 '롤 모델'이었다(Netflix, 슈티겔가(家)의 사람들, 2020.2).

호세아

호세아(何西阿)는 북 이스라엘에 살았던(790~710 B.C.) 예언자로 당시에 우상을 섬기면서 마음대로 살았던 이스라엘 백성을 향하신 하나님의 경고(警告)를 온몸으로 아니 그의 행복하지 못한 결혼을 통하여 리얼하게 전하고 있다.

아내인 고멜(歌篾)은 결혼하여 아들과 딸(1:3~8)이 있었음에도 세상에 속하여 마냥 즐겁게 살았던 여인으로서 남편의 지극한 사랑과 연민으로 잠시 집으로 돌아오기도 했지만 또 다시 즐거운 세상 속으로 되돌아가 살면서(2:13) 남편 호세아를 우습게 만들고 여호와 하나님을 망령되게 하는 삶(4:12)을 반복하였다.

강하고 담대한 선지자 아모스는 죄를 범(犯)한 자가 백성이든 왕이든 간에 누구에게나 대담하고 강렬한 어투로 비난을 하였다.

그러나 호세아는 하나님의 인애(仁愛)를 언급하면서 속히 회개하고 돌아올 것을 호소하면서 설득하려고 하였다.

그는 하나님이 "내 백성이 지식이 없으므로 망하는 도다 네가 지식을 버렸으니 나도 너를 버려 내 제사장이 되지 못하게 할 것이요 네가 네 하나님의 율법을 잊었으니 나도 네 자녀들을 잊어버리리라"(4:6)고 하신 말씀을 그대로 강하게 전하였다.

호세아는 고멜의 반복되는 가출로 고통스럽고 분노에 떨면서도 다시 그녀를 찾아 집으로 데리고 오는 과정(3:2)을 통하여 하나님의 지속적인 용서를 전하고 있다.

이러한 과정을 통해 호세아는 비록 불충(不忠)의 이스라엘이지만 그럼에도 불구하고 자신이 집을 나간 아내 고멜을 용서하고 데려왔던 것(3:2)과 같은 하나님의 지속적인 용서를 알려주고 있다.

호세아가 "그런즉 너의 하나님께로 돌아와서 인애와 정의를 지키며 항상 너의 하나님을 바랄지니라"(12:6)고 외치고 있음에도 백성들은 여전히 '하나님 없이도 잘 살 수 있다.

그들은 '더 노력하고 열심히 하면 잘 될 것 같다. 지금 잘 나가고 있다'고 하면서 세상을 벗하면서 제멋대로의 삶을 즐기고 있었다.

하지만 이제라도 "오라 우리가 여호와께로 돌아가자 여호와께서 우리를 찢으셨으나 도로 낫게 하실 것이요 우리를 치셨으나 싸매어 주실 것임이라"(6:1)는 격려의 말씀과 사랑을 기억하면서 과감하게 되돌아서고 돌아와야만 한다.

이처럼 사람들이 회개하지 않는 이유는 '왜?, 어째서 죄일까?'를 모르기 때문이다. 죄를 알아야 회개가 뒤따르게 된다.

호세아는 "여호와께서 이틀 후에 우리를 살리시며 제 삼일에 우리를 일으키시리니 우리가 그 앞에서 살리라 그러므로 우리가 여호와를 알자 힘써 여호와를 알자 그의 나오심은 새벽 빛 같이 일정하니 비와 같이, 땅을 적시는 늦은 비와 같이 우리에게 임하시리라 하리라"(6:2~3)고 하면서 "여호와를 알자! 힘써 알자"(我們務要認識耶和華 · We might know the Lord! Let us press on to know him)고 강하게 호소하고 있다.

그리하여 우리 모두들은 결국에는 "레바논의 백향목과 포도나무처럼 풍성한 축복을 누려야만 한다"(14:5~8)고 호소한다(여호와께로 돌아가자, 이석우목사, 지명교회, 2020.3.8).

결혼은 서로 사랑하는 두 사람이 사랑하여 이뤄지는 것이나 호세아(Hosea)는 하나님의 명령에 따라 고멜과 살게 되었다.

그는 하나님이 이스라엘을 사랑하시는 것을 확신하고 명령에 순종하여 결혼을 하였으나 그의 애초의 결혼 동기(motive)는 하나님의 사랑이었다.

어찌 보면 '뭐, 이런 경우가?, 이렇게도 결혼할 수 있나?'를 생각하게 되지만 둘의 결혼은 예언자적인 의미를 담고 있다.

메시아 예수님이 세리와 창기들, 즉 죄인들을 찾아다니신 것을 참고한다면 호세아의 하나님은 '이스라엘에게 경고 내지 강력한 호소의 수단'으로 호세아의 개인적인 상황을 사용하셨다.

하나님을 떠나 우상을 섬기는 고멜을 더럽다고 하고 호세아의 결혼생활을 어리석게 여겨 비난만 할 것이 아니라 그들을 향한 하나님의 사랑을 알아야 한다.

칼빈은 '여호와를 떠나'(1:2)를 '여호와를 따르는 데서 떠나'로 이해하면서 '여호와를 알고 따르다가 그를 떠나 다른 곳으로 갔다'고 설명하고 있다.

구약성서에서 다소 '예언적 영감(spirituality)이 덜하다'고 여겨지는 소선지서(호세아 · 아모스 · 요나 · 미가 · 나훔 · 하박국 · 스바냐 · 오바댜 · 요엘 · 학개 · 스가랴 · 말라기)의 하나인 호세아는 '순탄치 않은 막장 TV 드라마와 같은 격정(激情)의 가정사(家庭史)'를 통하여 타락한 백성들을 향한 여호와 하나님의 극진한 사랑을 열정적으로 호소하였다는 점에서 새롭게 평가되어져야 한다.

특히 동성애를 지지하는 등 하나님을 경시(輕視)하면서 처음에는 '하나님을 모른다고 하더니 이제는 하나님은 없다'고 까지를 주장하는 이 시대의 모든 이들에게 깊고 묵직한 경고를 주고 있다.

요엘

'여호와는 하나님이시다'의 뜻을 가진 요엘(約珥)은 자신의 이름을 제목으로 쓰면서 브두엘의 아들이라고 밝히고 있다(1:1).

그는 당시의 커다란 자연적인 재해였던 메뚜기 떼의 공격으로 피폐해진 삶을 구체적인 사례로 들면서 이러한 모습(環境)들은 '하나님에 대한 불순종과 경건치 못한 영적생활'에서 비롯된 것임을 지적하면서 회개하고 하나님께로 돌아올 것을 촉구하고 있다.

신앙부흥의 선지자로 알려진 그는 진정한 회개가 선행되어야만 하나님께로 나아갈 수 있음을 강변하고 있다.

1:1	서언
1:2~20	농부들의 애곡
2:1~17	여호와의 날과 메뚜기 등장 / 심판 날의 가까움 / 회개 촉구
2:18~321	구원과 축복 약속 / 축복하시는 하나님

요엘(Joel)은 메뚜기를 실례로 하여 재앙에 대한 피해를 구체적으로 묘사하면서 이를 극적(劇的)으로 전하고 있다.

'팥중이가 남긴 것을 메뚜기가 먹고 메뚜기가 남긴 것을 느치가 먹고 느치가 남긴 것을 황충이 먹었도다.'

"That which the palmerworm hath left hath the locust eaten; and that which the locust hath left hath the cankerworm eaten; and that which the cankerworm hath left hath the caterpiller eaten" · "What the locust swarm has left the great locusts have eaten; what the great locusts have left the young locusts have eaten; what the young locusts have left other locusts have eaten."

"剪蟲剩下的 蝗蟲來吃 蝗蟲剩下的 蝻子來吃 蝻子剩下的 螞蚱來吃"(1:4).

위와 같은 표현으로 메뚜기로 인해 벌어진 재앙의 파괴력을 사실적으로 표현하고 있다.

여기서 palmerworm, locust, cankerworm, caterpiller, great locust, young locust 등은 '벌레 충(蟲), 풍뎅이 황(蟥), 곡식벌레 남(蝻), 벼메뚜기 책(蚱), 말거머리 마(螞)'를 말하는 것으로 일반적인 그냥 메뚜기가 아니라 아직 날개가 나지 않은 새끼 메뚜기, 날개가 생겨 성충이 된 어른 메뚜기 등 다양한 종류를 언급하고 있다.

메뚜기는 채소 등의 곡식을 통째로 먹어 치워 흉년이 들게 하였고 드디어는 흉년에 따라 바쳐지는 곡식 등이 줄어들면서 결국 제사장들은 하나님께 드릴 제물이 없어 부득이 제사를 중단시킬 수밖에 없게 만들었다.

이들 메뚜기는 암컷 한 마리가 연간 300개의 알을 낳고 최소 2~5세대에 걸쳐 번식을 할 뿐만 아니라 기동성이 뛰어나 하루에 200km씩 기류를 타고 해발 2000m 안팎의 고도까지 올라가며 일단 기류를 타면 최대 150㎞를 이동해 1년에 40000명이 먹을 식량을 1일 만에 먹는다.

지금 코로나19의 기승으로 세계가 힘들어 하고 있음에도 일부의 농경학자들은 이들 메뚜기의 창궐(猖獗)도 있게 될 것을 벌써부터 우려(憂慮)하고 있다고 한다.

메뚜기를 없애는 것은 강풍(强風) 뿐이다. 그렇다면 누가 강풍을 불게 할 것인가?

또한 "이른 비와 늦은 비를 적당하게 주시어 독에 새 포도주와 기름이 넘치게 하겠다"고 하셨다(2:23~24).

그렇다면 이처럼 귀(貴)한 비는 누가 내리도록 할 것인가?

이 무서운 징벌의 원인은 무엇일까?

정말 다시 원래대로(原位置)하고 '회복(回復)할 기회는 결코 없는 것일까?'

요엘은 말한다.

"누구든지 여호와의 이름을 부르는 자는 구원을 얻으리니 이는 나 여호와의 말대로 시온 산과 예루살렘에서 피할 자가 있을 것임이요 남은 자 중에 나 여호와의 부름을 받을 자가 있을 것임이니라"(2:32).

메뚜기의 환상에서 메뚜기는 '앗수르를 의미하고 불의 환상은 앗수르의 두 번째 침입을 상징한다'(2:4).

피폐한 삶으로 경제적 불안이 닥쳐오고 인심은 흉흉(洶洶)하여진다. 제사장들은 슬피 울며 성회(聖會)를 소집하여 모든 거민들을 성전에 모으고 '여호와의 날이 가까우며 멸망의 날이 도래(到來)하였다'고 외치고 있다.

그러면서 여호와의 날이 임박했으나 이제라도 '회개하고 돌아오면 회복할 기회가 온다'고 하면서 "이른 비와 늦은 비를 주시는 가운데 더욱 풍요롭게 하신다"는 말씀으로 격려하고 있다.

요엘은 마지막에 이르러 "유다는 영원히 있겠고 예루살렘은 대대로 있으며 여호와 하나님이 시온성에 함께 거(居)하신다"는 말씀으로 예언을 끝내고 있다(3:21).

아모스

아모스(阿摩司)는 유다왕 웃시야와 이스라엘 왕 여로보암 2세 당시에 활동한 선지자로 본래의 직업은 뽕나무 농장을 소유하면서 양을 키우던 목자(我是牧人又是修理桑樹的 · 7:14)였다.

그는 정의(正義)와 공의(公義)가 제대로 작동되는 사회의 필요성을 강조하면서 '바른 신앙과 참된 종교는 사회적 정의와 함께 하여야 한다'는 메시지를 선포하고 있다(5:24).

이사야가 하나님의 거룩함을 강조하고, 호세아가 '하나님의 사랑'을 선포하였다면 아모스는 하나님의 공의(公義)를 외치면서 그저 좋으며 바람직한 정도가 아니라 '반드시 이뤄져야 한다'고 했다.

그는 하나님의 뜻과 하나님에 대한 자세는 예배하는 성소(敎會)에서만 이뤄지는 것이 아니라 사람들이 사는 집, 동네, 과수원, 농장, 목장, 공장과 사회에서도 느껴지고 실행되어야 한다고 강조했다.

우리들만의 천국, 예배당, 장소가 아니라 그들의 천국도 되고 예배당이 되어 그들과 함께 먹고 마시는 장소가 되어야 한다는 것이다.

아모스(Amos)가 하나님의 진노를 경고한 것은 "이스라엘의 서너 가지 죄로 말미암아 내가 그 벌을 돌이키지 아니하리니 이는 그들이 은을 받고 의인을 팔며 신 한 켤레를 받고 가난한 자를 팔며 힘없는 자의 머리를 티끌 먼지 속에 발로 밟고 연약한 자의 길을 굽게 하였기 때문이라"고 말한다((2:6~8).

지난 1979년에 노벨평화상을 수상하였던 Mother Teresa의 소감이다.

'하나님은 나에게 성공할 것을 명(命)하시지 않았고 다만 정의(正

義)로울 것을 명령하셨다'.

정의는 시대와 나라, 사람들을 예외로 하지 않는다. 언제나, 누구에게나 해당되고 실현되어야 하는 대명제(大命題)이다.

하나님은 아모스를 통하여 "너희 이를 깨끗하게 하며(And I also gave you cleanness of teeth in all your cities;King James Version, I gave you empty stomachs in every city;English Standard Version, I gave you absolutely nothing to eat;Holeman Christian Standaed Bible) 너희의 각 처소에서 양식이 떨어지게 하였으나 너희가 내게로 돌아오지 아니 하였느니라~내가 곡식을 마르게 하는 재앙과 깜부기 재앙으로 너희를 쳤으며 팥중이로 너희의 많은 동산과 포도원과 무화과나무와 감람나무를 다 먹게 하였으나 너희가 내게로 돌아오지 아니 하였느니라"(4:6~9)고 강하게 말씀하셨다.

그러나 그는 그럼에도 불구하고 회개를 하고 있지 않음을 지적하면서 "이제 정의를 쓴 쑥으로 바꾸며 공의를 땅에 던지는 자들아 묘성(昴星 · Pleiades)과 삼성(參星 · Orion)을 만드시며 사망의 그늘을 아침으로 바꾸시고 낮을 어두운 밤으로 바꾸시며 바닷물을 불러 지면에 쏟으시는 이를 찾으라 그의 이름은 여호와시니라"(5:8)고 말하면서 나아갈 방향을 제시하고 있다.

그러므로 "오직 정의를 물 같이, 공의를 마르지 않는 강같이 흐르게 할지어다" · "惟願公平如大水滾滾, 使公義如江滔滔)."

"But let judgment run down as waters, and righteousness as a mighty stream."를 반드시 실천할 수 있어야 한다.

그럼에도 불구하고 만일 그렇게 하지 않는 다면 "궁전의 노래가 애곡(哀曲)으로 변할 것이며 곳곳에 시체가 많아서 사람이 잠잠히 그 시체들을 내어버리리라 주 여호와의 말씀이니라"(8:3)고 경고하고 있다.

2020년 3월부터 시작된 Corona19가 나날이 더욱 확산되면서 Coronagedon(Corona+amagedon) · Coronacalypse(Coronavirus+apocalypse) · Covidiot(Corona+idiot) · Covidivorce(Corona+divorce) · Coronacation(Corona+vacation) · Coronial Generation 등과 같은 단어들이 등장하기 시작하면서 세계적인 사회적 불안과 두려움을 가중시키고 있다.

그저 '이 또한 지나가리라('This too shall pass away!)를 부적(符籍)처럼 믿으며 '잘 되겠지!, 잘 될 꺼야!'고 하면서 그저 쉽사리 또는 속편하게 긍정 마인드로만 얘기할 것이 아니다.

"보라 날이 이를지라 내가 기근을 땅에 보내리니 양식이 없어 주림이 아니며 물이 없어 갈(渴)함이 아니요 여호와의 말씀을 듣지 못한 기갈이라"(8:11)는 예언의 참 뜻을 깨달아야 한다.

때로는 아니 이제는 "이전 것은 지나갔으니 보라 새 것이 되었도다"(고린도후서 5:17)의 말씀은 코로나라는 상상도 못했던 질병으로 인하여 이전의 생각과 생활을 버리고 새로운 것을 맞이해야만 한다는 신앙적 혁신과 결단을 요구하고 있다.

지난 2020년 4월에 이태리의 가수 Roby Facchinetti가 노래한 '나는 다시 태어나리! 당신도 다시 태어나리!'(Rinascero, Rinascerai)가 유투브를 통해 전 세계적으로 퍼져나가 지금까지 수많은 사람들에게 감동을 주고 있다.

Roby Facchinetti가 작곡하고 Stefano Dorazio가 작사한 이 노래는 한국어를 포함하여 20개 국어로 번역되어 불리운다.

이들의 고향은 이태리 북쪽에 위치한 Bergamo로 코로나 바이러스 때문에 수천명이 목숨을 잃었다. 이들의 노래는 목숨을 잃은 사람들과 그의 가족들이 부활로 다시 만날 것을 확신시켜 주고 있다.

이들은 이 노래의 수입금 전액을 Bergamo에서 코로나 바이러스 환자들을 치료하고 있는 Pope John XXIII 병원에 기부하기로 했다고 한다. 먼저 이태리어 원문은 다음과 같다.

“Rinascero, rinascerai. Quando tutto sara finito, torneremo a riveder le stelle. Rinascero, rinascerai.
La tempesta che ci travolge ci piega, ma non ci spezzera.
Siamo nati per combattere la sorte, ma ogni volta abbiamo sempre vinto noi. Questi giorni cambieranno i nostri giorni,
ma stavolta impareremo un po' di piu.
Rinascero, rinascerai Rinascero, rinascerai.

Abbracciati da cieli grandi, torneremo a fidarci di Dio Ma al silenzio si respira un'aria nuova, ma mi fa paura questa mia citta.
Siamo nati per combattere la sorte, ma ogni volta abbiamo sempre vinto noi.

Rinascero, rinascerai Rinascero, rinascerai Rinascero, rinascerai Rinascero, rinascerai Rinascero, rinascerai Rinascero, rinascerai

이 노래의 우리말 번역은 다음과 같다.

"나는 다시 태어날 것입니다. 당신도 다시 태어나게 될 것입니다. 모든 것이 끝난 뒤, 우리는 별들을 보기 위해 다시 돌아올 것입니다. 나는 다시 태어날 것입니다. 당신도 다시 태어나게 될 것입니다. 폭풍은 우리를 전복시키고 무릎 꿇게 만들었으나 파멸시키지는 못할 것입니다. 우리는 운명과 대적하기 위해 태어났습니다. 매번 이기는 것은 바로 우리입니다.

현재의 시간이 우리의 미래를 바꾸어 놓겠습니다만, 이번에는 우리가 좀 더 깨우칠 것입니다.

나는 다시 태어날 것입니다. 당신도 다시 태어날 것입니다. 나는 다시 태어날 것입니다. 당신도 다시 태어날 것입니다

우리는 위대하신 하나님의 품에 안긴 뒤, 그분께 돌아올 것입니다. 침묵 속에서 새로운 공기를 마셔봅니다. 나의 도시는 (여전히) 나를 두렵게 합니다.

그러나 우리는 운명과 대적하기 위해 태어났습니다. 매번 이기는 것은 바로 우리입니다.

나는 다시 태어날 것입니다. 당신도 다시 태어나게 될 것입니다"

코로나19라는 전대미문(前代未聞)의 질병에 관련하여 이에 관련한 의사나 관리행정부서 또는 의학자나 과학자들에게만 맡겨둔 채 '고쳐라, 책임지라'고 하기에는 확산 속도나 범위가 신속하고 방대해서 종전과 같은 의학 또는 병리학적으로는 해결되지 않고 있는 상황이다.

그럼에도 불구하고 행정 당국이나 의료기관 등에서 내어놓은 모두(國民)를 위한 대안은 이른바 '3밀'로 환기가 안 되는 밀폐(密閉)된 곳과 많은 사람들이 밀집(密集)하게 보여서 1m 이내의 밀접(密接)한 접촉을 하지 말라는 정도이다.

사람들은 태생적으로 같은 한 공간에 모여서 서로 가까이 접근하여 만나서 친교를 나누게 되어 있음에도 불구하고 이를 멀리하여 만나지 말고 떨어져 살아가는 것이 해결 방법이라는 것이다.

비인간적이고 비사회적 나아가 비종교적이고 비신앙적인 대책이 대안(代案)이라는 것은 인간의 생존 내지 존재의 의미를 되새겨 보게 하는 심각하고 중차대한 문제이다.

비대한 몸의 살을 빼기 위해서는 세상 즐거움에 빠져 여기 저기 놀러 다니고 맛있는 음식을 찾아 방방곡곡을 헤매던 것에서 과감히 탈피

하여야 한다.

이제부터는 강건한 육신을 유지하기 위하여 종전처럼 주일에만 교회에 출석하는 Sunday Christian에서 Everyday Christian으로의 변신이 요구된다,

교회(禮拜堂)와 친교실 등 교회 안의 공간에서 직장과 시장 등 삶의 현장으로, 목회자들의 지도와 능력에만 의존하던 것에서 '평신도 중심'으로, 활자와 언어 중심에서 인터넷과 모바일 등 SNS에서의 기술과 문화로의 이동 내지 적용이 요구되고 있다.

"그 날에 내가 다윗의 무너진 장막을 일으키고 그것들의 틈을 막으며 그 허물어진 것을 일으켜서 옛적과 같이 세우고~내 이름으로 일컫는 만국을 기업으로 얻게 하리라~내가 내 백성 이스라엘이 사로잡힌 것을 돌이키리니 그들이 황폐한 성읍을 건축하여 거주하며 포도원들을 가꾸고 그 포도주를 마시며 과원들을 만들고 그 열매를 먹으리라 내가 그들을 그들의 땅에 심으리니 그들이 내가 준 땅에서 다시 뽑히지 아니하리라 네 하나님 여호와의 말씀이니라"(9:11~15).

우리 모두는 '지금의 고통과 슬픔이 끝나게 되면 드디어 황폐한 성읍들이 재건축되고 새 농장에서 생산된 포도주를 마실 즐거움의 시간과 여유로운 삶을 주신다'는 위로와 축복의 말씀을 기억할 수 있어야 한다.

오바댜

오바댜(Obadiah·俄巴底亞)는 '여호와의 종'이라는 뜻으로 1장으로 된 책에 불과하지만 유다와 가장 가까운 나라인 에돔 족속에 대한 심판과 하나님의 택(擇)하신 백성, 이스라엘을 회복시켜주신다는 사실을 선포하고 있다.

이는 히브리 원전의 표제인 오바디아의 음역(音譯)이며 70인역(LXX)과 벌게이트역(Vulgate)에서도 옵디우와 압디아스를 표제로 사용하고 있다.

그의 예언은 유다 백성이 바빌로니아에서 유배 생활을 하고 있던 시대(587~538 B.C.)에 이뤄졌으며 주된 내용은 사해 남단에서 동쪽에 위치한 에돔(以東)의 멸망에 관련한 것이다.

한문성경(新標點和合本, 1997)에서 에돔(Edom)을 이동(以東)으로 절묘하게 표기한 것은 이스라엘이 에돔을 지배하던 다윗과 솔로몬의 시대와는 달리 빈번하게 에돔과의 영토 분쟁이 일어나 아카바만(灣)으로 통하는 주요 교역로가 동(東)쪽에 위치한 에돔의 영토를 통과하고 있기 때문이었다.

이들은 수도 페트라를 중심으로 새로운 나라를 세우자 (B.C.4세기경) 대부분의 에돔인들은 이두메아로 이주하였고 일부는 그대로 머물면서 나바테아인들과 동화(同化)되어 살았다.

오바댜의 예언은 매우 간결하여 미시적으로 보면 에돔 족속에 대한 심판으로만 보이지만 유다에게 행한 에돔의 교만하고 악한 행동으로 인해 받게 되는 하나님의 심판은 거시적이고 우주적이다.

다시 말해 단순히 '에돔만을 심판하신다'는 역사적 사건을 넘어 '이스라엘의 회복~하나님의 통치~하나님의 나라의 완성'까지도 보여주고 있기 때문이다.

이는 "오직 시온 산에서 피할 자가 있으리니 그 산이 거룩할 것이요 야곱 족속은 자기 기업을 누릴 것이며"(17)와 같은 말씀인 것이다.

1~9	에돔에 대한 하나님의 말씀
10~14	에돔의 죄악들
15~21	에돔의 파멸과 이스라엘의 구원에 대한 하나님의 약속

오바댜의 예언들은 묵시(黙示)를 통하여 이뤄졌으며 여기에는 풍부한 신학적인 주제들이 담겨 있다.

즉 형제관계와 인간관계 속에 내재된 의무들에 관한 것(10~14), 열방들의 죄악과 오만(3~4/8), 여호와의 날에 최종적으로 드러날 열방에 대하여 하나님이 주가 되심(15~16/21) 등을 선포하고 있다.

오바댜서에는 민족주의적이고 보복적인 편향성을 보이면서도 신학적인 내용도 들어있다.

즉 "원수 갚는 것이 내게 있으니 내가 갚으리라, 살아계신 하나님의 손에 빠져 들어가는 것이 무서울진저"(히브리서 10:30 ~31)와 같이 하나님의 은혜에 복종하고 응답한 자는 '모든 것을 가진 자이나 교만하여 은혜를 저버린 자는 모든 것을 잃어버린 자'라는 것이다.

에돔은 야곱의 형(창세기 25:24~26)인 '에서'의 후손(창세기 36:1)으로 이들은 대(代)를 이어가며 지루하게 싸워왔다.

이러한 적대감은 이스라엘 자손이 가나안으로 가면서 에돔 땅으로 통과하기를 요청하였을 때 거절함으로써 나타났으며 이후 예루살렘이 느부갓네살에게 멸망을 당할 때에는 오히려 기뻐하기도 했다(시 137:7).

그럼에도 불구하고 하나님은 오바댜를 통하여 에돔의 파멸과 이스라엘의 회복을 예언하셨다.

하나님은 "구원받은 자들이 시온 산에 올라와서 에서의 산을 심판하리니 나라가 여호와께 속하리라"(21)고 하시며 성산(聖山) 시온에서의 회복과 축복을 약속하신 것이다.

살아가면서 만사가 순조롭게 이루질 경우 자만(自慢)하여 그렇지 못한 이들, 그것도 일가친척이나 이웃들까지도 우습게 여기고 마구 대하는 경우를 종종 보게 된다.

우리들은 그들에 대하여 마음속으로 또는 영적으로 싫고 짜증이 나면서 섭섭하다고 하여 직접적으로 그들에게 따지면서 벌(罰)하고 대적할 일이 아니다. 하나님의 역사(役事) 하심에 맡겨야 한다.

오바댜의 예언은 서로 얽히고설키며 살아가면서 가족과 이웃들과의 관계(關係)를 맺고 있는 지금의 우리들에게도 그대로 적용되는 말씀이다.

요나

요나(約拿)는 강대국인 앗수르가 내부 분쟁으로 쇠퇴기에 있을 때 여로보암의 통치로 이스라엘이 전성기(793~753 B.C.)를 이루고 있었던 시기의 선지자였다.

그는 북 왕국의 수도인 사마리아에서 티그리스강 동쪽 550마일에 있는 견고한 성벽 도시 니느웨(尼尼微 · 니네베, 지금의 이라크)로 가서 '심판이 임박하였으니 회개하고 돌아오라'는 하나님의 말씀을 전(傳)하라는 하나님의 명(命)을 받았다

그러나 요나(Jonah)는 이를 어긴 채 도망자(逃亡者)가 되어 욥바(約帕) 항구에서 다시스(Tarshish · 他施)로 가는 배에 여행자로 승선을 하였다

그러나 태풍을 만나게 되자 선원들은 난파(難破)를 피하고 안전한 항해(順航)를 위해 희생제물을 찾는 제비뽑기(cast lots)를 하였다. 요나는 그가 뽑히게 되자(the lot fell on Jonah) "나 때문인 줄로 내가 아노라"(1:12)고 하면서 나를 "바다로 던지라"(pick me up and throw me into the sea)고 하였다.

결국 선원들은 그를 바다에 투하(Jettison)하였고 바다는 곧 잔잔하게 되었다(他們遂將約拿擡起 抛在海中, 海的狂浪就平息了, 1:15). 원래 Jettison은 선박의 안전한 운항을 위해 연료나 화물 등을 투하(投荷)하는 것을 말한다.

결국 요나는 하나님이 예비하신 큰 물고기의 뱃속에 사흘(1:17)을 있은 후 물 밖, 육지로 나오게 되었으며 그때부터 그는 여호와 하나님이 말씀하신 대로 전도자(傳道者)가 되어 니느웨로 가서 회개를 촉구

하였다.

그의 말씀을 들은 니느웨 왕은 조서를 내리고 “우리가 멸망치 않도록 하나님께 기도하라”고 명(命)하였고 그 말을 들은 백성들은 이에 순종하여 회개하고 악한 길에서 떠났으며 하나님은 그들의 징벌로부터 돌이키셨다(3:10).

하지만 분노자(忿怒者)가 된 요나는 이를 싫어하면서 성을 내었다(4:1).

우리는 세상에서 살아가면서 때로는 ‘더 나은 것을 위하여 내던질 것들’이 분명히 있다.

요나는 분명히 하나님을 믿고 따르기는 했으나 선민(選民) 이스라엘’에 대한 자부심을 넘는 자만심(自慢心)으로 가득한 생각과 믿음에서 벗어나지를 못했다.

짧은 분량(4장)의 요나서에는 ‘종말론적(終末論的)인 메시지뿐만이 아니라 모든 백성을 구원하시려는 하나님의 메시지’가 들어 있다.

1:1~17	도망가는 요나(예루살렘~욥바~다시스~니느웨)
2:1~10	기도하는 요나(큰 물고기 뱃속)
3:1~10	하나님의 말씀을 전하는 요나(니느웨로 가는 요나)
4:1~11	성을 내는 요나, 배우는 요나

하나님 앞에 순결하여 죄와 재난으로 ‘슬피 우는 비둘기’라는 뜻인 요나는 스불론지파 아밋대의 아들이었다.

그는 애국지사(愛國志士)를 넘어 열혈(熱血)의 국수주의자(國粹主義者 · Chauvinist)로 조국 ‘이스라엘이 최우선하여 축복받아야 한다’는 생각으로 '자기 나라, 자기 교회, 자기 집만 사랑하고 좋아하고 즐거워하는 집 비둘기'였다.

주신 큰 축복과 은혜로 "내 잔(盞)이 넘치나이다"·"My cup overflows"(시편 23:15)는 좋지만 '너의 잔이 넘치는 것'은 용납할 수 없다.

우리는 기억해야 한다!

'바울의 눈물과 헌신으로 하나님의 말씀과 복음, 은혜가 국제화되어 로마로 더 나아가 세계로 퍼져 나갈 수 있었음을!'

니느웨가 회개하고 돌아와 축복받아 강국(强國)이 되면 '우리는 어떻게 되는 것인가?'

나보다, 우리나라보다 그와 그들의 나라가 잘 되면 안 된다, 하나님을 믿는 내가 잘 되면 '아멘!'이고 '할렐루야!' 이지만 적(敵) 또는 경쟁자인 저들은 "영혼이 범사에 잘되고 성공하며 축복을 받으면" 안된다.(요한3서 1:2)는 것이 우리들의 잘못된 심사(心思)이고 정서(情緖)이며 믿음이다.

그리하여 기도에 대하여 즉시발복(卽時發福)만을 확신하면서 즉시 응답이 없으면 초조해지고 불안해지며 너무나도 쉽게 불만과 불신앙의 길로 가게 된다.

살아가면서 '더 나은 것을 위하여 내던질 것들'이 있다.

이제 의심자(疑心者)에서 분노자(忿怒者)가 된 노숙자(路宿者) 요나는 성(城) 동편에 앉아 초막을 짓고 그늘에 앉아서 성읍이 어떻게 되는 것을 지켜보는 CCTV가 되려(4:5)고 하였다.

잘 자라던 넝쿨이 시들자 그는 "사는 것보다 죽는 것이 내게 나으니이다"(4:8)라고 원망하는 불평자(不平者)가 되어 "내가 성내어 죽기까지 할지라도 합당하니이다"라 한다.

그때 하나님은 "하물며 이 큰 성읍 니느웨에는 좌우를 분변치 못하는 자가 십 이만 여명이요 육축도 많이 있나니 내가 아끼는 것이 어찌 합당치 아니하냐"·"我豈能不愛惜呢?"·"Shouldn't I feel sorry for such a great city?"(4:11)고 말씀하셨다.

선지자 - 도망자 - 여행자 - 전도자 - 열혈 국수주의자 - 의심자 - 노숙자 - 불평자 - 분노자

요나는 끝까지 하나님의 축복과 구원이 모든 사람을 위한 축복과 구원의 역사인 것을 깨닫지 못하고 있다.

하나님은 모두를 향하신 절대적인 사랑으로 니느웨 백성들만이 아니라 세계 모든 사람들이 구원받기를 원하고 계신다.

성경을 읽다 보면 요나(도망자, 열혈 애국자, 분노자, 의심자, 불평쟁이, 분노자)를 포함한 다양한 사람들이 등장하여 (저마다의 신앙인으로) 살아가고 있다!

그럴 때 우리들은 '왜, 어째서, 어떻게 이런 사람, 이런 이야기들이 왜 성경에 들어 있을까?'를 의아하게 생각한 적이 있을 것이다. 하지만 그들의 생각이나 모습을 나에게 대입(代入) 또는 투영(投影)시켜본다면 공감을 하게 될 것이다.

특히 "바로가 가까이 올 때에 이스라엘 자손이 눈을 들어 본즉 애굽 사람들이 자기들 뒤에 이른지라 이스라엘 자손이 심히 두려워하여 여호와께 부르짖고 그들이 또 모세에게 이르되 애굽에 매장지가 없어서 당신이 우리를 이끌어 내어 이 광야에서 죽게 하느냐 어찌하여 당신이 우리를 애굽에서 이끌어 내어 우리에게 이같이 하느냐 우리가 애굽에서 당신에게 이른 말이 이것이 아니냐 이르기를 우리를 내버려 두라 우리가 애굽 사람을 섬길 것이라 하지 아니 하더냐 애굽 사람을 섬기는 것이 광야에서 죽는 것보다 낫겠노라"(출애굽 14:10~12)를 읽을 때는 '뭐 이런 경우가~?' 하면서도 '만일 내가 거기 그들 중의 하나였다면~?'라고 생각하면 완전 공감까지는 아니어도 부화뇌동(附和雷同)할 것 같다.

성경을 읽는 가운데 영혼(靈魂)이 눈뜨고 영안(靈眼)이 밝아져서 시편의 노래가 나의 고백이 되기를 기도한다.

"하나님은 우리의 피난처시요 힘이시니 환난 중에 만날 큰 도움이시라 그러므로 땅이 변하든지 산이 흔들려 바다 가운데에 빠지든지 바닷물이 솟아나고 뛰놀든지 그것이 넘침으로 산이 흔들릴지라도 우리는 두려워하지 아니하리로다 한 시내가 있어 나뉘어 흘러 하나님의 성 곧 지존하신 이의 성소를 기쁘게 하도다 하나님이 그 성 중에 계시매 성이 흔들리지 아니할 것이라 새벽에 하나님이 도우시리로다 뭇 나라가 떠들며 왕국이 흔들렸더니 그가 소리를 내시매 땅이 녹았도다 만군의 여호와께서 우리와 함께 하시니 야곱의 하나님은 우리의 피난처시로다 와서 여호와의 행적을 볼지어다 그가 땅을 황무지로 만드셨도다 그가 땅 끝까지 전쟁을 쉬게 하심이여 활을 꺾고 창을 끊으며 수레를 불사르시는도다 이르시기를 너희는 가만히 있어 내가 하나님 됨을 알지어다 내가 뭇 나라 중에서 높임을 받으리라 내가 세계 중에서 높임을 받으리라 하시도다 만군의 여호와께서 우리와 함께 하시니 야곱의 하나님은 우리의 피난처시로다"(시 46편).

요나서를 접으며 먹먹한 감동으로 덮쳐 오는 말씀이 있다. "너희는 가만히 있어 내가 하나님 됨을 알지어다"(시 46:10).

미가

북 이스라엘과 남 유다는 여로보암 2세(793~753 B.C.)와 웃시야(791~739 B.C.) 통치 시대에 당시의 강대국인 앗수르의 등장으로 아람 군대가 물러가며 잠시지만 평화를 누렸었다.

그러나 미가(彌迦)가 활동하던 735 B.C.년에는 앗수르의 디글랏 빌레셀 3세(Tiglath~PiIeserllI, 745~727 B.C.)가 또다시 남진(南進) 정책을 펴면서 정국은 다시 불안하게 되었다.

그가 살았던 당시에는 정치, 사회는 불안한데다 종교 지도자들은 수단과 방법을 가리지 아니하고 부(富)의 축적을 위하여 가난한 자들을 착취하였고 혼란을 틈탄 거짓 선지자들의 등장 등은 극도로 부패한 상황을 오게 하였다.

선지자 미가(Micah)는 블레셋과 남 유다의 국경 지역인 모레셋에 살았기에 당시의 불안한 국제 정세를 더 잘 알 고 있었다.

당시 유다에서는 “상류층은 정의를 미워하여 정직한 것을 굽게 하며(3:9) 재판관들은 불의를 행하고 선지자들은 돈을 좋아하면서 자신들에게는 재앙(災殃)이 임하지 않을 것”이라고 자만(自慢)하고 있었다(3:11).

그는 이미 “경건한 자는 끊어졌고 정직한 자가 없는(7:2) 가운데 두 손으로 악을 부지런히 행하는”(7:3) 극도로 부패한 모습들을 직접 보면서 이 모든 것들은 ‘하나님의 심판 날’(2:3)이 가까워졌음을 알리는 전조(前兆)임을 확신하였다.

미가는 “산이 녹고 골짜기 갈라지는 것이 불 앞의 밀초, 비탈길의 물처럼” 절체절명(絶體絶命)인 멸망의 순간(1:4~5)이 멀지 않았다는 것을 경고하였다.

그러나 그는 절망하고 좌절하기 보다는 "채찍 맞아 아파도 때리시고 어루만져 위로해 주시는 주의 넓은 품으로"(찬송가 527장) 돌아와 지은 죄를 자복하며 회개하고 여호와께로 다시 돌아와 '메시야 왕국의 축복을 기다려야 한다'는 소망의 메시지를 전파하였다.

나아가 그는 비록 험하고 힘든 세상일지라도 삶속에서의 '정의 실현(Justice in the world', '다른 사람을 향한 자비'(Mercy on others), '하나님에 대한 겸손'(Honesty to God)을 준행하여야 한다고 외치면서 날카롭고 예리한 묘사와 무시무시한 상징을 통하여 '하나님 앞에 제대로, 똑바로, 굳게 서라!'고 역설하였다.

1:1~16	이스라엘에 대한 심판 선언과 사마리아의 멸망 예언(2~7) / 남 유다의 멸망과 포로에 대한 예언(8~16)
2:1~13	심판 이유와 회복 예언(1~13) / 백성들의 사회적·종교적 죄악의 심판 이유(1~11) / 남은 자의 회복 약속(12,13)
3:1~12	거짓 선지자들의 죄 고발, 심판 경고, 참 선지자 미가(5~8) / 예루살렘 멸망과 성전 파괴 예언(9~12)
4:1~13	메시야 왕국의 도래 예언(1~13) / 남은 자의 포로 귀환 승리에 대한 예언(6~13)
5:1~15	메시야의 탄생과 구원 사역 예언(1~9)
6:1~16	이스라엘을 향한 회개 권고와 구원 약속(1~20) / 심판의 정당성에 대한 하나님의 변론(1~16)
7:1~20	구원 약속과 선지자의 감사(1~20) / 이스라엘의 타락 탄식(1~6) / 징계 후의 선민 회복 예언(7~13)

우리는 평소 '너를 '축복한다!, 너와 네 가족은 잘 될 것이다! 모든 일에 만사형통(萬事亨通)하게 된다!' 등 듣기에 좋고 익숙한 말씀만을 좋아한다!

그러면서 야단을 치시고 경고하는 말씀은 아에 '읽지를 않거나 나중에, 이 다음에 읽을 것'이라고만 한다.

미가는 "너희가 선을 미워하고 악을 기뻐하여 내 백성의 가죽을 벗기고, 그 뼈에서 살을 뜯어 그들의 살을 먹으며 그 가죽을 벗기고~그 뼈를 꺾어 다지기를 냄비와 솥 가운데 담을 고기처럼 하는도다"(3:2~3)라며 당시 통치자들의 모습을 묘사하면서 공의(公義)의 하나님은 이를 결코 그냥 두시지 않고 반드시 심판하신다고 외친다.

그러면서 그는 '잘못한 것에 대한 현실적인 증거들을 제시하면서 일말의 양보도 없이 직설법(直說法)으로 강력하게 예언해 주신 말씀'을 전달하고 있다.

그는 "분깃에 줄을 댈 자가 없다"(2:5)고 하면서 함무라비 법전처럼 가장(家長)이 죽으면 토지를 제비뽑기로 아들들에게 분배하였으나 '다른 사람의 토지를 착취한 이들은 토지를 물려줄 후손이 없게 됨'을 선언하였다.

또한 "벌거벗은 몸과 맨발로 다니고 들개처럼 큰 소리로 울부짖고 타조처럼 슬피 울며"(1;8)라고 하면서 심판 날 이전의 신분은 박탈 당하여 죽은 자를 지키는 들개(이집트에서는 무덤을 지킨다)처럼 울부짖게 되고 귀청 찢을 정도로 크게 울어 오싹하게 만드는 타조의 슬픈 울음과 같이 장차 심판 당할 백성들에 대한 생각에서 애곡(哀哭)하는 자신의 슬픔을 말하였다.

그러나 그는 재앙이 끝나게 되면 "오직 나는 여호와를 우러러보며 나를 구원하시는 하나님을 바라보나니 나에게 귀를 기울이시리로다~어두운 데에 앉을지라도 여호와께서 나의 빛이 되실 것임이로다 내가 여호와께 범죄하였으니 그의 진노를 당하려니와 마침내 주께서 나를 위하여 논쟁하시고 심판하시며 주께서 나를 인도하사 광명에 이르게 하시리니 내가 그의 공의를 보리라"(7:7~9)고 하였다.

그리하여 끝내는 "일 년 된 송아지(yearling calves)를 바치며(6:6) 순전하고 귀한 것으로 찬송과 예배하게 될 것"이라고 하면서 기쁨과 축복의 시간이 오게 될 것임을 예언하고 있다.

미가의 마지막 절은 이렇게 끝난다.

"주께서 옛적에 우리 조상들에게 맹세하신 대로 야곱에게 성실을 베푸시며 아브라함에게 인애를 더하시리이다"(7:20)라는 희망과 기대를 주는 축복의 예언이다,

한국에서 교인들이 좋아하는 찬송가를 조사한 결과(2019년 극동방송)에서는 1위가 '나 같은 죄인 살리신'(305장), 2위는 지금까지 지내온 것'(301장), 3위는 내 영혼이 은총입어'(438장), 4위는 그 크신 하나님의 사랑'(304장)이라고 밝혔다.

비록 이들과 같은 순위에는 들어가지 못했으나 '주 음성 외에는'(446장)도 포함되었을 것 같다.

이 찬송가 1절은 "주 음성 외에는 참 기쁨 없도다. 날 사랑하신 주 늘 계시옵소서"라고 시작하지만 2절은 "나 주께 왔으니 복 주시옵소서"는 정말 내 마음 그대로 이고 기도 제목이기도 하다. 이어서 3절은 "주 떠나가시면 내 생명 헛되네 기쁘나 슬플 때 늘 계시옵소서"이고 4절은 "그 귀한 언약을 이루어주시고 주 명령 따를 때 늘 계시옵소서"이다.

이제야 멀리 떠났다 돌아온 것 같다. 이제 미가의 축복이 이해가 된다.

그가 축복을 한다. '주께서 성실을 베푸시며 인애를 더하시리라!'(7:20)

나훔

요나가 니느웨의 구원과 회개를 언급하는 것과는 달리 위로의 뜻을 가진 나훔(נחום)은 멸망을 예언하고 있다.

이 작은 책은 3장(구약 929장), 47절(구약 23,191절), 558단어(구약 304,901단어), 약 2,100자(구약 약 116만자)의 짧은 글로 이뤄져 있다.

이미 선지자 요나를 통하여 회개에 대한 촉구를 받아 회개를 하고 악행에서 돌아서게 되어 하나님이 그들에 대한 심판을 유보하셨음에 불구하고 백성들은 또다시 하나님의 은혜와 사랑을 배신하였으며 이제 그들은 이전보다도 더욱 교만하고 사악해졌다.

특히 앗수르의 부흥기의 디글랏 빌레셀 3세(Tiglath-Pileser III, 745~727 B.C.)와 아들 살만에셀 5세(727~722 B.C.)는 포악성과 교만이 극심하여 호전적이고 무자비해 주변 민족들에 대한 학대와 착취 그리고 약탈과 국가들 간의 동맹과 약속불이행을 일삼았다.

1:1~15	니느웨의 멸망 선포 심판자 / 하나님의 공의와 위엄(1:2-8)니느웨의 멸망과 남 유다의 구원 예언(1:9-15)
2:1~13	니느웨의 멸망에 대한 내용 / 니느웨 멸망 당시의 상황과 참상 예언(2:1-13)
3:1~19	니느웨의 멸망 확증 / 멸망의 원인과 필연성(3:1-19) / 멸망의 원인 니느웨 죄악(3:1-7), 멸망의 필연성(3:8-19)

나훔(Nahum)은 하나님의 은혜와 사랑을 배신하고 헛된 맹세가 일상화(日常化)되어진 국가와 위정자들에 대하여 '공의의 하나님'이 그냥 내버려 두시지 않을 것임을 공언하며 경고를 하였으나 억압을 받는 유다 백성들에게는 위로와 소망을 주었다.

그는 니느웨의 멸망을 통해 죄를 반드시 심판하시는 공의의 하나님을 확실하게 알리는 동시에 백성들로 하여금 앞으로는 하나님 앞에 잘, 제대로, 똑바로 서야 할 것(1:9~15)을 강력하게 요청하고 있다.

나훔(那鴻)이 "여호와는 선하시며 환난의 날에 산성이시라 그는 자기에게 의뢰하는 자들을 아시느니라"(1:7)고 한 예언은 신약의 디모데후서에서 "하나님의 견고한 터는 인침이 있어 일렀으되 주께서 자기 백성을 아신다 하며 또 주의 이름을 부르는 자마다 불의에서 떠날지어다 하였느니라"(디모데후서 2:19)로 다시 인용되어 강조되고 있다.

이는 구약의 하나님은 신약에서 주님으로 호칭되는 그리스도의 재림(Second-coming)임을 예언해 주고 있는 것이다.

어떤 성경학자들은 나훔이 엘고스(Elkoshite) 출신(1:1)이라는 것에 관련하여 ① 나훔은 포로로 잡혀간 북 왕국 가문의 후손이었고 ② 엘-카우제(El-Kauzeh)로 불리던 갈릴리의 장소라는 점 ③ 갈릴리의 북부 연안에 있는 '나훔의 도시'(Nahum's city)의 본래 이름인 가버나움이라는 주장을 펴기도 한다.

그러나 그가 어느 곳, 어느 지역의 출신인가는 문제가 되지 않는다.

이보다 중요한 것은 그가 이 책의 처음을 "니느웨에 대한 중대한 경고 곧 엘고스 사람 나훔의 묵시의 글이라"(1:1)고 시작하면서 그가 형식적인 인사가 아니라 '자신감과 확신에 넘친 선전포고(宣戰布告)'처럼 예언을 하고 있는 점이다.

'가던 걸음, 할 일을 멈추고 귀를 쫑긋하여' 경청(傾聽)하게 만들고 있는 점에 대하여 나훔은 자신의 예언이 '여호와 하나님이 말씀하신 것'으로 이는 하나님이 '어떠한 분이신가'를 명확하게 전하는 것이라고 강조하고 있다.

"여호와는 투기하시며 보복하시는 하나님이시니라 여호와는 보복(報復)하시며 진노하시되 자기를 거스리는 자에게 보복하시며 자기를 대적(對敵)하는 자에게 진노를 품으시는 분"(1:2)이시다.

그러나 다른 한편으로는 "노(怒) 하기를 더디 하시며 권능이 크시며 죄인을 결코 사(赦)하지 아니 하시느니라 여호와의 길은 회리바람과 광풍에 있고 구름은 그 발의 티끌이로다"(1:3)라고 외친다.

하지만 그는 마지막에는 '더디 하시지만' 또한 결코 '용서하지 않고 반드시 갚아 주는 분이신 것'을 장엄하고 용감하게 천명(闡明)하고 있다.

그럼에도 그는 연구자들로부터 '역사를 활용하여 조롱(a historical taunt)했다'는 비난과 함께 '니느웨를 향하여(3:19) 끝까지 마치 장송곡(葬送曲)처럼 기술하고 있다는 평판을 듣고 있다.

하지만 나훔은 구구절절(句句節節) 마다에서 우리들이 지은 죄에 대한 경고를 구체적으로 언급하고 있지는 않지만 지지른 악행(惡行)에 대하여는 반드시 '필벌(必罰)의 심판'이 있을 것임을 상기시키고 있다.

그는 끝까지 앞으로의 신앙생활에 대한 '바른 자세, 곧 제대로의 자리매김(positioning)'을 촉구하면서 회개를 통하여 여호와 하나님에게 돌아올 것을 간구하고 있다(IVP, 성경주석, 1994).

하박국

하박국(哈巴谷, 612~605 B.C.)은 바벨론의 급부상으로 니느웨가 몰락한 남(南)왕국 유다의 요시야 왕(640~609 B.C.)때부터 여호야김 왕의 시대(609~598 B.C.)까지 활동한 선지자로 이미 북 이스라엘은 몰락했고 남 유다도 멸망해 가던 때였다.

그는 죄악에도 불구하고 회개하지 않는 유다를 향하여 하나님의 공의로운 심판이 임하리라는 경고와 함께 바벨론도 심판받을 것을 예언하면서 공의(公義)의 하나님은 그들의 악행을 그냥 두시지 않을 것(3:12)도 단언(斷言)하고 있다.

1:1	서언
1:2~2:20	하박국의 호소(강포, 간악, 패역, 겁탈, 분쟁 등이 빈번히 벌어짐) / 여호와의 응답/하박국의 재 호소 / 응답
3:1~19	하박국의 기도 / 하박국의 찬양

하박국(Habakkuk)은 율법과 공의를 저버리고 있는(1:4) 상황을 보면서 이러한 악행(惡行)들에 대하여 하나님은 '어째서?, 언제까지?, '왜 즉결(卽決)로 심판하면서 권선징악(勸善懲惡)의 본때'를 보여 주시지 않는가?'라고 하면서 섭섭함을 토로한다.

그는 당시의 정치적 상황에 편승(便乘)하려는 위정자와 집권세력들의 자기 영달(榮達)을 위한 무리한 조공(朝貢) 요구로 백성들이 도탄(塗炭 · distress)으로 몰고 있는 안타까운 현실을 보며 '정도(正道)가 아닌 외도(外道)로만 직진하는 사악(邪惡)한 무리들을 처리하고 정리할 심판(審判)의 날이 속히 오게 해 달라'(1:1~4, 12~17)고 호소하고 있다.

하박국(껴안다 · hugging의 뜻)은 이를 말로만 하고 있지 않다.

"여호와 하나님 품에 안기듯이 다가가 너무나 처량하고 곤하며 슬프고도 외로워 정처 없이 다닌다".

"I have wandered far indeed, now I am weary, weak and tame lost in sadness tears and drifting listless without aim. Leave me not alone, unblessed."라고 울부짖으며

"속히 해결해 달라"(Guard and cheer me and uphold)고 간절하게 호소하고 있다(찬송가 387장).

그는 처음에는 급하고 흥분된 격앙(激昂)의 심정으로 울부짖고 호소했지만 나중에 전능의 하나님은 거룩하심과 의로우심, 긍휼의 마음으로 "정한 그 때까지 기다리고 계신다"는 것을 깨닫고 "지금 비록 밭에 식물이 없고 우리에 양이 없을 지라도 여호와를 인하여 즐거워하며 나의 구원의 하나님을 인하여 기뻐하리라"(3:17~18)고 고백하고 있다.

그의 백성 사랑하는 마음은 우리를 격(激)하게 감동시킨다. "여호와여 주는 주의 일을 이 수년 내에 부흥하게 하옵소서 이 수년 내에 나타내시옵소서 진노 중에라도 긍휼을 잊지 마옵소서"(3:2).

그는 백성들, 그리고 이를 읽는 우리에게 위로의 말씀을 전한다. "의인은 그 믿음으로 말미암아 살리라."

"The righteous will live by faith."

"義人必因信得生"(2:4, 로마서 1:17)라는 말씀을 통해 "예지(叡智)의 예언(豫言)"을 전하고 있다.

Question	Answer
부르짖어도 듣지 아니 하시니 어느 때까지이리까?(1:2~3) / 심판 안하세요? / 그러니 계속 못된 짓 하잖아요?	자기 힘으로 자기 신을 삼는 자라 / 자신만만한 그들은 죄를 더 짓게 될 것이다

그의 예언은 M. 루터와 J. 칼뱅 등에게 이어지고 점화(點火)되어 종교개혁을 일으키는 단초가 되었고 지금 우리들 신앙의 핵심을 이루는 횃불(torch)이 되어 '구속사적(救贖史的)인 은혜의 말씀'이 되고 있다.

의리와 열정으로 가득한 마음이 뜨거운 선지자 하박국은 질문(Question)을 하였고 하나님은 대답(Answer)해 주셨다.

하박국은 다급하고 격렬한 마음으로 문제(problem)는 하나님이 "투망으로 다 잡아 가는데도 그냥 내버려두시니"(1:16) 이런 하극상(下剋上)이 발생한다고 원망한다.

그러나 하나님은 마지막에 (너를 포함한) "온 땅은 이제 잠잠하라"(2:20)는 답(solution)을 들려주시고 있다.

Problem	Solution
궤휼한 자들을 어찌 방관만 하세요? / 무엇이라 말씀하실지 어떻게 대답하실지 보리라(2:1) / 주님도 아시잖아요! 이게 맞습니까? 두고 볼겁니다	정한 때가 있나니 더딜지라도 기다리라(2:3) / 물이 바다 덮음같이 여호와 영광 인정하는 것이 세상에 가득하리라

스바냐

스바냐(Zephaniah)의 이름은 '여호와께서 숨겨준(備蓄) 자'라는 뜻이며 스기야 왕의 4대 손(孫)으로 비교적 궁정에 자유롭게 출입할 수 있어 다른 어떤 사람들보다 고급 정보에 쉽게 접근할 수 있을 것으로 여겨진다.

그의 활동 시기는 므낫세와 아몬에 의한 통치가 끝나고 요시야(640~609 B.C.)가 왕이 되면서 종교와 정치의 안정을 위하여 노력하던 시기였다.

하지만 조부 므낫세의 55년 통치와 부왕 아몬의 2년 통치 기간 중에도 우상 숭배와 사회적 부정부패(不淨腐敗)에 대한 개혁은 진전이 없었다.

1:1~3:8	심판의 날(유다의 심판, 1:1~2:3 / 열국의 심판, 2:4~15 / 예루살렘의 심판, 3:1~8)
3:9~20	구원과 기쁨의 날(열방의 구원, 3:9 / 이스라엘의 구원, 3:10~13 / 기쁨의 찬양, 3:14~20)

스바냐(西番雅)는 요시야 왕의 종교개혁정책에 힘을 실어 주려고 하였다.

즉 그는 므낫세 왕 시절부터 이어왔던 바알 숭배에 따른 일월성신 숭배(日月星辰崇拜) 등을 타파하고 당시 정치 및 종교계 지도자들에 의해 대(代)를 이어 가며 자행되는 포학과 압제, 불의를 책망하면서 '여호와의 날'을 선포와 함께 회개를 촉구하는 등 요시아 왕의 종교개혁을 적극적으로 지원하였다.

그가 말하는 '여호와의 날'은 요엘이 말한 '날'(The day of the Lord is an awesome, terrible thing. Who can possibly survive?)과 같은 예언(요엘 2:11)이다.

"여호와의 날"은 단지 선민(選民) 이스라엘만의 지역 신(地域 神)이 아니라 세계와 우주에 대해 절대적 주권을 가지신 '절대자(絶對者)'의 날이었다.

즉 인간들의 역사에 적극 개입하시어 선과 악(善惡)을 심판하고 나아가 이스라엘을 과중한 압제와 악행으로 괴롭혀 온 이방 열국들까지도 심판하신다는 것이다(3:9~20).

우리말 성경에서는 요엘과 스바냐가 언급하였던 '여호와의 날'(The day of the Lord, New Living Translation, Easy Bible, Agape, 2008) · 耶和華的日, 聖經, 新標點和合本, 聖經公會, 1996, 桑港)을 '여호와의 심판의 날'로 옮기고 있다.

스바냐는 말세(末世)의 심판을 강조하면서도 회개하고 돌아올 '남은 자'(remnant)들과 그들을 반드시 구원하실 것이라는 소망의 메시지와 함께 다가올 메시야왕국에 대한 비전(vision)을 제시하고 있다(2:7~9).

그의 예언은 쉽게 또는 단순하게 생각하면 '세상을 사는 동안(人生)에 죄를 짓고 (犯罪) 지은 죄로 말미암아 심판 날에는 벌을 받게 되는 것(懲罰)'일 수 있다.

그리하여 우리들은 그저 살아가면서 '죄를 짓고 죄에 대한 벌을 받고'를 반복(反復)하는 당연한 과정으로만 여길 수 있으나 이 모든 시간이나 과정은 언제나 주 하나님은 우리가 회개하고 돌아오기만을 기다리고 촉구하시는 '사랑의 여정이며 발로(發露)'임을 알아야 한다.

그 사랑을 진정으로 이해할 때 비로소 지금 우리의 삶은 '여호와 하나님을 향한 순례의 여정'인 것을 알게 된다.

그러므로 순례자(巡禮者)로서의 '우리들의 삶의 원리는 (죄악된) 세상을 경멸하고 하나님을 사랑해야(contemptus mundi, amor Dei!)하는 것'이다(기독교윤리사, 박충구, 대한기독교서회, 1994).

스바냐서에 등장하는 단어들을 통하여 마지막 날에 심판받을 자들과 끝까지 견디고 남아 성산(聖山)에 머무르면서 기쁘게 노래할 자들의 모습, 속성을 구분해 보면 다음과 같다(그랜드 제자 성경, 영광, 1994).

마지막 날에 심판 받을 자들	심판 날에 남은 자들
멸절(滅絕) / 애곡(哀哭) / 황무(荒蕪) / 범죄(犯罪) / 경계(境界) / 재판(裁判) / 형벌(刑罰) / 치욕(恥辱) / 패역(悖逆) / 불의(不義) / 수치(羞恥) / 포학(暴虐) / 교만(驕慢) / 분노(憤怒)	경배(敬拜) / 희생(犧牲) / 회개(悔改) / 공의(公義) / 성산(聖山) / 전심(全心) / 전능자(全能者) / 명성(名聲) / 칭찬(稱讚) / 겸손(謙遜) / 권고(眷顧)

스바냐는 분노와 고통 그리고 환난의 날이며 캄캄하고 어두운 날일지라도 '남은 자들이 되려고 하는 이들'(the remnants of th people)에게 다음과 같이 권면하고 있다.

"여호와의 규례를 지키는 모든 겸손한 자들아 너희는 여호와를 찾으며 공의(公義)와 겸손(謙遜)을 구하라 너희가 혹시 여호와의 분노의 날에 숨김을 얻으리라"(2:3).

학개

학개(Haggai)의 이름은 '절기, 축제'의 뜻으로 페르시아의 다리오 왕 2년(520 B.C.)때에 약 4개월에 걸쳐 예루살렘에서 이 책을 기록한 것으로 알려져 있다.

그는 당시 바벨론에서 귀환하여 예루살렘과 그 주변에서 살던 이들에게 성전 재건을 역설하였다.

학개(合該)는 "너희는 산에 올라가서 나무를 가져다가 성전을 건축하라 그리하면 내가 그것으로 말미암아 기뻐하고 또 영광을 얻으리라 여호와가 말하였느니라"(1:8)의 말씀을 통해 최우선의 프로젝트로 성전 재건을 명령하셨다.

그는 성전 재건 만이 아니라 그동안 단절되어 왔던 '하나님과의 관계(關係) 회복(回復)'의 중요성을 강조하면서 '하나님 중심 삶으로의 복귀'라는 메시지를 전하고 있다.

그러나 그의 간절한 호소에도 불구하고 백성들은 여전히 이를 공감하지 못하고 있었다.

매일의 삶은 먹고 살기에도 버거웠고 사는 거처(住宅)도 아예 새로 짓거나 리모델링(remodeling)을 해야만 했다.

또한 집만 있으면 되는 것도 아니다. 주(住)가 해결되면 의(衣)의 문제도 해결되어야 한다. 벗고 살 수 없는 것이기에 '옷이 날개'라고 하지 않는가?

물론 식(食)은 더 중요하다. 먹어야 한다. 우리는 먹기 위해 산다. 그렇다. 의식주(衣食住)는 기본적인 것이다!

그러나 여호와 하나님은 “너희는 각각 자기의 집을 짓기 위하여 빨랐음이라”(1:9)고 하시며 집짓기에만 골몰(汨沒)하고 있음을 지적하시며, “곡식 종자가 아직도 창고에 있느냐 포도나무, 무화과나무, 석류나무, 감람나무에 열매가 맺지 못하였느니라”(2:19)고 하신다.

그들은 오직 먹거리에만 관심을 갖고 있는 점을 지적하면서 “은도 내 것이요 금도 내 것이니라 만군의 여호와의 말이니라”(2:8)고 하시며 여전히 그들이 외모(外貌)와 외관(外觀)에만 집중하면서 사치(奢侈)를 한다고 하시며 치장(治粧)에 올인하지 말 것도 경고하셨다.

그는 제사장들에게 “어떤 사람이 옷자락에 거룩한 고기를 쌌는데 그 옷자락이 만일 떡에나 국에나 포도주에나 기름에나 다른 음식물에 닿았으면 그것이 성물이 되겠느냐?(will it become holy?)”고 질문(2:11~12)을 하여 제사장들이 대답하여 이르되 “아니니라”고 하자 그들은 ‘마음과 생각의 우선순위(priority)가 잘못되었다’고 지적하였다.

하나님은 “너희가 많은 것을 바랐으나 도리어 적었다”(1:9)고 하시면서 “너희가 많이 뿌릴지라도 수확이 적으며 먹을지라도 배부르지 못하며 마실지라도 흡족하지 못하며 입어도 따뜻하지 못하며 일꾼이 삯을 받아도 그것을 구멍 뚫어진 전대에 넣음이 되느니라”(1:6)고 하셨다.

은과 금은 광산에서 나오는 광물이다. 그런데 그것들은 처음 ‘어떻게 만들어 졌을까?’

애써 심은 나무가 열매를 맺지 못했다. 풍년이 되지 못해 섭섭하다는 생각에만 빠질 것이 아니라 ‘지난번에 파종한 씨앗은 누가 만들었을까?’를 기억해야 한다.

하나님은 “새 성전을 더 아름답게 건축하라”(2:3/9)고 하시면서 “너희가 여호와의 전을 짓기 위하여 돌 위에 돌을 쌓기 전에 무슨 일이 있었는지를 생각해 보라”(2:15)고 하셨다.

성전을 건축하려면 터를 잘 다져야 한다. 그러한 터 위에 돌을 쌓아야 한다.

결국 성전 건축(building)과 단단한 터 만들기(foundation) 그리고 돌 위에 돌 쌓기(laying stones)는 생각에 달려있고 마음먹기에 따라 시작되고 이뤄진다.

"그 옛날 아름다웠던 성전에 돌을 쌓을 때 어떻게, 무슨 방법으로 하였는지를 생각하라"고 하심을 유념해야 한다.

이제 새롭게 아름다운 성전을 건축하면서 외관만이 아니라 과거의 잘못된 예배와 부정한 삶에서 벗어나 '진실되고 정결한 마음의 바른 예배'를 회복할 수 있어야 한다.

이런 바른 예배가 회복되고 하나님이 진정으로 원하시는 예배를 드릴 때에라야 비로소 하나님과의 관계는 복원되는 것이다.

그리하여 우리 모두는 "그 날에 내가 너를 세우고 너를 인장으로 삼으리니 이는 내가 너를 택(擇)하였음이니라 만군의 여호와의 말이니라 하시니라"(2:23)고 하신 것을 기억해야 한다.

하나님은 명(命)하신 대로 순종(順從)하는 자들을 즐거워하시며 가까이 지내시고 귀한 반지(印鑑)까지도 맡기시지만 불순종(不順從)한 자들에게서는 이미 주셨던 축복을 거두어 가신다(2:23).

스가랴

저자의 이름을 딴 스가랴서(撒迦利亞書)의 스가랴(Zekaryah)는 '여호와께서 기억하신다, 여호와께서 기억하셨다'라는 뜻이며 책의 구성은 1~8장 그리고 9~14장으로 나눠볼 수 있다.

이 책은 그가 본 환상들을 심오(深奧)한 상징으로 마지막 날의 심판에 대한 극적인 묘사로 '묵시록(默示錄)의 백미(白眉)'로 불려진다.

그의 환상들은 동심원적(concentric) 구조로 배열이 되어 있다.

첫 번째 환상과 마지막 환상(1:7~17, 6:1~8)은 서로 다른 색을 가진 말들이 끄는 네 병거에 관한 것으로 이는 성전 건축을 위한 배경이 되어 온 땅을 다니게 할 목적으로 보내진 것을 나타내고 있다.

두 번째와 세 번째(1:18~21, 2:113), 여섯 번째와 일곱 번째(5:1~4, 5:5-11)는 회복된 공동체와 성전 건축을 방해하는 것들과 관련이 있다.

네 번째와 다섯 번째(3:1~10; 4;1~14)는 성전을 건축하고 공동체를 인도할 여호수아와 스룹바벨의 리더십을 언급한 것이다.

이는 G. Rendsburg와 B. K. Waltke가 이스라엘인의 특이한 구조 표현법을 통하여 이 책의 신학적 내용을 역동적으로 설명한 것이다.

예를 들어 나열된 족장들의 cycle을 통해서 '하나님의 적극적인 역사 개입으로 하나님 나라가 적극적으로 진행된다'는 것을 암시한다고 보는 것이다.

즉 창세기에서 요셉의 경우 많은 시간과 과정, 곧 하나님의 역사를 통해 요셉의 마지막까지(창세기 37장~50장)가 하나의 원(圓)을 중심으로 이뤄지고 있음을 보여 주고 있다는 것이다.

그리하여 "요셉의 역사의 시작~야곱의 요셉 죽음 애도~유다의 지도

자~요셉의 애굽의 노예~바로의 총애로 총리가 된 요셉이 애굽을 구함~형제들의 애굽 여행~요셉의 시험 통과~요셉이 자신을 형들에게 밝힘~애굽 이민~바로의 총애로 요셉이 자신의 가족을 구함~유다가 지도자로 축복받음~야곱의 죽음을 요셉이 애도함~요셉의 마지막까지가 커다란 원(圓)"을 이루며 끝나게 된다.

물론 범죄로 인하여 심판 날에 징벌을 받고 회개하고 돌아오면 구원을 받게 되고 비록 비천한 종의 모습으로 오셨지만 장차 오실 '구원자이신 메시아의 탄생'을 전하면서 다윗 왕가, 곧 '이새의 뿌리'라는 정통성을 잇는 가운데 드디어는 영원한 기쁨과 평화를 주신다는 사실을 단도직입적(單刀直入的)이고 직접적인 표현이 아니라 '상징과 환상'으로 보여주고 있다.

"내가 불러도 그들이 듣지 아니한 것처럼 그들이 불러도 내가 듣지 아니하리라 만군의 여호와가 말하였느니라"(7:13)와 같이 무소부재(無所不在)의 전지전능(全知全能)하신 하나님(Ubiquitous, Almighty God)은 스가랴를 통하여 절대적인 주권을 통하여 '우리 인생의 과거~현재~미래를 주관하시는 주님이신 것'을 예언하여 주고 있다.

결국 스가랴서는 우리들에게 '회복된 이스라엘에게 성령을 통하여 하나님이 임(臨)하신다'는 것을 상기시키는 동시에 장차 오실 메시아 탄생의 예고를 통해 성경, 곧 '하나님의 말씀'을 잇고(developing)있는 것이다.

1:1~6:15	회복의 약속(1:1~6:15) / 1.서론과 여호와를 따르라는 호소(1:1~6) / 2.여덟가지 환상들(1:7~6:8) ① 첫째 환상:말탄 사람들(1:7~17) ② 둘째 환상:네 뿔과 네 대장장이들(1:18~21) ③ 셋째 환상:측량 줄을 잡은 사람(2:1~13) ④ 넷째 환상:여호수아와 사탄(3:1~10) ⑤ 다섯째 환상:금 등대와 두 감람나무(4:1~14) ⑥ 여섯째 환상:날아가는 두루마리(5:1~4) ⑦ 일곱째 환상:에바와 여인(5:5~11) ⑧ 여덟째 환상: 네 병거(6:1~8) 3. 새순이신 그리스도의 강림과 사업(6:9~15)
7:1~8:23	죄에 대한 책망과 의에 대한 호소(7:1~8:23) / 1. 위선적인 금식을 책망함(7:1~14) ① 벧엘에서 온 대표단(7:1~3) ② 거짓된 금식으로 정죄 받음(7:4~7) ③ 참된 종교의 정의(7:8~10) ④ 고의적인 반역과 결과 (7:11~14) / 2. 순종을 기초로 한 회복(8:1~23)
9:1~11:17	대적의 멸망과 이스라엘의 구원(9:1~14:21) / 1. 첫째 예언의 말씀(9:1~11:17) ① 인접한 이방들의 멸망(9:1~8) ② 통일될 이스라엘에게 임하실 의의 왕(9:9~17) ③ 승리의 근원은 우상이 아닌 하나님(10:1~7) ④ 하나님의 백성이 세계 사지로부터 회농(10:8~12) ⑤ 목자의 비유(11:1~17)
12:1~14:21	1. 둘째 예언의 말씀(12:1~14:21) ① 원수의 나라들이 멸절(12:1~9) ② 은총과 간구하는 심령을 부어줌(12:10~14) ③ 예루살렘의 영적 정화(13:1~6) ④ 선한 목자를 침(13:7~9) ⑤ 전쟁으로 예루살렘을 정결케 하심(14:1~7) / ⑥ 땅이 새롭게 되며 여호와가 왕으로 인정됨(14:8~11) ⑦ 이방에게 임할 심판(14:12~15) / ⑧ 경배하기를 거절하는 남은 자들에게 임할 심판(14:16~21)

말라기

말라기서(Malachi, Malachias, מַלְאָכִי 말라키)는 유대교와 구약성경에 포함된 작은 책(4장)으로 소예언서, 12예언서로도 불리고 있다.

히브리어로는 '나의 사자, 나의 천사'(my messenger, my angel)의 뜻을 갖고 있으며 430~420 B.C. 사이에 기록된 것으로 보인다.

그동안 학개, 느헤미야와 같은 선지자들의 경고와 예언으로 비록 성전은 건축하였으나 그들의 선대(先代), 곧 조상들의 믿음과 열정은 상실하였다.

그리하여 사회의 덕(德)과 질서(秩序)는 변질되고 퇴락되었으며 제사장과 백성들은 오직 자신들은 '하나님의 택한 백성(選民)'이라는 자만심(自慢心)에만 빠져 있었다.

말라기(瑪拉基)는 그들이 위선과 자만을 지적하는 동시에 곧 있게 될 심판의 메시지를 전하고 있다.

그는 그들의 위선과 부정 그리고 이방 여인들과의 결혼과 만연되고 있는 이혼과 가식(假飾)되고 거짓된 예배와 이웃들과의 허영에 찬 거만한 생활 등을 비롯한 그들이 벌이고 있는 문제점들을 낱낱이 파헤치고 있다.

또한 말라기는 이스라엘의 사회적 · 도덕적 부패를 질책하는 동시에 타락한 남은 자들의 회개를 촉구하는 한편 하나님의 백성으로서의 정결(貞潔)함이 없으므로 '하나님의 채찍이 있게 될 것'이라고 경고하고 있다.

나아가 그는 이제 신약에서 나타나게 될 그리스도가 '언약의 사자'(3:1), '연단하는 불'(3:2), '의의 태양'(4:2)이라는 사실을 언급(豫言)

하면서 '오직 한 분이신 하나님 곧 성부 · 성자 · 성령의 하나님'이라는 기독론을 앞서가며 미리 보여 주고 있다.

1:1~29	종교적인 침체(1:1~2:9) / 하나님 사랑의 계시로 시작(1:1~5) / 제사장들의 타락
2:10~16	사회적인 타락(2:10~16) / 우상 숭배(10~13) / 이혼의 성행(14~16)
2:17~36	도덕적인 변질(2:17~3:6) / 하나님의 공의를 의심하는 사람들(2:17) / 다가오는 하나님의 심판(3:16)
3:7~18	십일조, 하나님의 것을 도적질(3:7~12) / 심판 날에 의로운 자를 기억하심, 아버지가 아들을 아낌같이 아끼는 하나님(3:16~18)
4:1~6	메시야의 선포(4:1~6) / 메시야의 오심(4:1) / 의로운 자에게 위로(4:2) / 율법에 순종하라(4:4)

말라기는 "너희가 말로 여호와를 괴로우시게 하고도 이르기를 우리가 어떻게 여호와를 괴로우시게 하였나 하는도다 이는 너희가 말하기를 모든 행악하는 자는 여호와의 눈에 선히 보이며 그에게 기쁨이 된다 하며 또 말하기를 공의의 하나님이 어디 계시냐 함이니라 만군의 여호와가 이르노라 보라 내가 내 사자를 보내리니 그가 내 앞에서 길을 예비할 것이요 또 너희의 구하는 바 주가 홀연(忽然)히 그 전에 임(臨)하리니 곧 너희의 사모하는 바 언약의 사자가 임할 것이라"(2:17/3:1)는 예언의 말씀도 전하고 있다.

그러나 회개하고 돌아오지 않을 경우에는

"여호와의 크고 두려운 날이 이르기 전에 내가 선지자 엘리야를 너희에게 보내리니 그가 아버지의 마음을 자녀에게로 돌이키게 하고 자녀들의 마음을 그들의 아버지에게로 돌이키게 하리라 돌이키지 아니하면 두렵건대 내가 와서 저주로 그 땅을 칠까 하노라 하시니라"(4:5~6)는 경고의 말씀도 외치고 있다.

그러나 다음과 같이 '회개하고 돌아올 기회는 여전히 있음'도 선언하고 있다.

"내 이름을 경외하는 너희에 대해서는 의로움의 태양이 자신의 날개들 안에다가 치유를 갖고서 떠오를 것이니라. 그리하여 너희가 나가서 외양간에서 풀려난 송아지들처럼 날뛸 것이니라."

"But for you who revere my name, the sun of righteousness will rise with healing in his rays. And you will go out and frolic like well-fed calves."

"但向稱們敬畏我名的人必有公義的日頭出現,其光線有醫治之能. 稱們必出來跳躍如圈裏的肥犢,"(4:2)라고 전하면서 장차 받게 될 축복에 대해서도 기록하고 있다.

하나님의 기준(말라기가 전하는)	
야곱을 사랑하시는 하나님	에서를 벌하시는 하나님
흠(欠) 없는 제사 / 선한 사람들 / 온전한 십일조 / 의인 / 섬기는 자 / 축복받는 사람 / 화평과 정직으로 동행	흠이 있는 제물(Blemished, defiled sacrifice) / 성전에서 예배 · 율법의 잘못 지도 / 진노를 받는 사람들 / 악인 / 저주를 받는 자들의 심판 날 / 위선적인 예배

제2장

말씀으로 한걸음씩, 주께 더 가까이!(신약)

27 Stepping forward to God!(New Testament)

마태복음

마태는 예수의 족보에서 시작을 하여 동방박사들의 방문, 세례 요한의 활동, 광야에서의 시험, 8복(福), 나병(癩病)환자와 중풍병자의 고치심, 열두 제자의 파송, 안식일의 주인, 세례 요한의 죽음, 변화산 사건, 포도원 품꾼의 비유, 예루살렘 입성, 혼인잔치의 비유, 열 처녀의 비유, 부활 등 예수의 행적을 다큐멘터리로 잘 기록하고 있다.

마태복음(馬太福音)은 과거의 다큐'(Documentary)이지만 21세기의 지금을 살고 있는 우리들에게는 '그리스도인들의 상황이나 생활에서도 그대로 적용될 수 있다'는 점에서 큰 은혜가 된다.

그는 특히 메시아에 관련한 구약의 예언(90회)을 인용하면서 신약과의 연결고리 역할도 충실하게 해 내고 있다.

마태복음에는 몇 개의 산들이 등장한다.

먼저는 산상수훈(山上垂訓)을 들려주신 산(5:1~12)이며, 다음은 베드로가 주님의 형상이 변화는 모습을 보고 "주여 여기가 좋사오니~"라고 했던 변화산(17:1~9)으로 알려진 다볼산, 주님이 피와 땀을 흘려가며 기도하시던 겟세마네 동산(26:36), 그리고 십자가에 달려 돌아가신 골고다의 언덕 산(27:33) 등이다.

또한 이 복음서(26:17~30)에는 주님이 잡히시어 재판을 받고 골고다 언덕의 십자가에 달리시고 부활하시기까지의 행적들이 자세히 기록되어 있다.

요즘 교회에서는 주님이 잡히시고 재판받으시며 십자가에 매달려 죽으시고 부활하시기까지의 일주일을 고난주간(苦難週間)으로 제정하여 이 기간 동안 특별새벽기도회(2021.3.29~4.3)를 통해 회개와 함께 주신 은혜에 감사하는 시간을 갖고 있다.

1	마지막 만찬을 하시다(26:17~30) / The Last Supper
2	기도하시다(26:36~44) / Prayers
3	붙잡히시다(26:47~55) / Arrested
4	재판을 받으시다(26:57~27:26) / The Trial
5	십자가에 못 박히시다 (27:35) / The Crucified
6	영혼이 떠나시다(27:50) / The Death
7	다시 살아나시다(28:7) / The Resurrection

그러나 위에서처럼 주님이 붙잡히시고 부활하시기까지의 상황 내지 행적 못지않게 더 깊고 묵직하게 마음과 영혼을 울리는 것은 십자가에서 하신 말씀, 십자가상 칠언(十字架上 七言)이다.

1	저희를 용서하여 주옵소서(누가복음 23:34)
2	나와 함께 낙원에 있으리라(누가복음 23:43)
3	보라 네 어머니니라(요한복음 19:27)
4	나의 하나님 어찌하여 나를 버리시나이까(27:46)
5	내가 목마르다(요한복음 19:28)
6	다 이루었다(요한복음 19:30)
7	내 영혼을 아버지 손에 부탁하나이다(누가복음 23:46)

그러나 고난주간(Holy week)은 주님 당시에만 있었고 부활(Resurrection)도 그 당시에만 있었던 것이 아니다.

오히려 더 깊고 다양한 고난, 고통, 어려움, 환난이 그치지 않고 있다. 특히 2020년의 경우 3월부터 시작된 코로나19는 해를 넘기면서도 잦아들지 않고 있다.

고난주간에 이은 부활절예배는 주님의 십자가에 달리심과 부활하심을 온 세상에 널리 알리는 '귀하고 거룩한 교회 예전'(禮典 · Ritual)이다.

그럼에도 불구하고 한국 교회는 2021년에도 지난해에 이어 올해에도 이전에 구름과 같이 수많은 성도들이 함께 모여 한 목소리로 찬양하고 말씀에 은혜를 받던 예배당은 성도들 각자의 일터와 처소(가정)라는 비대면의 공간으로 바뀌어 졌다.

고난은 '변장(變裝)된 축복이며 연장(延長)된 축복'으로 "환난(患難)은 연단(練鍛)을, 연단은 소망(所望)을 이루게 하신다"(로마서 5:4)는 말씀처럼 경제적 침체와 사회적 불안과 갈등을 가져오지만 이후에 주시는 축복을 기억하면서 희망과 긍정의 믿음으로 견디며 나갈 수 있어야 한다(여의도순복음교회, 이영훈목사, 조선일보, 2002.4.10).

주님께서 들려주신 '감추인 보화'(13:44~52)는 천국을 간단명료하게 설명하고 있다. 주인공인 농부(Who)에게 밭은 삶의 현장이며 작업 공간(Where)이다.

그는 밭에서 일을 하다 보물(What)을 발견하게 되었으나 보다 중요한 것은 '왜 그날, 그때(When)서야 발견하게 되었는가?'

그는 이를 '어떻게(How) 발견할 수 있었을까?' 작년에도, 아니 지난 달, 지난 주, 바로 어제도 '여기에서 고랑을 파고 길을 내지 않았던가?' 곰곰이 생각해보니 작년에도 이 말씀 읽었고, 재작년 아니 지난주에도 이 말씀 읽거나 본문으로 이 말씀을 들었던 것 같다.

'왜, 어째서 지금일까?' 그렇다. 쟁기와 삽을 들고 일하는 '지금 이 순간(right now)'이 은혜를 받는 '바로 그 때'이다.

밭에 있을 때나 삶의 현장에 있을 때와 말씀을 가까이 하여 읽고 있을 때 그리고 강단에서 외치는 말씀을 경청하는 바로 그 순간이다. 교회(field)를 떠난 채 말씀대로 살지 않으면 '감춰진(hidden) 보물(treasure)'을 발견할 수 없다.

그는 이를 숨겨두고 '기뻐하며 돌아갔다'고 했다. 왜 그랬을까? '귀(貴)한 것'임을 알았기 때문(Why)이다.

이제 남은 것은 결단이고 행동뿐이다. 보물을 발견한 그는 어떻게(How) 행동하였을까?

자기의 소유를 팔아, 결국 '갖고 싶은 보물을 소유하게 되었다'고 했다. 즉시 매입을 하고 싶었으나 그의 형편으로는 여의치 않아 전 재산을 매각하고 나서야 소유할 수 있었다.

누가 (Who)	어디서 (Where)	무엇을 (What)	언제 (When)	어떻게 (How)	왜 (Why)
농부 / 세상사람	밭 / 직장 / 직업	보물 / 귀한 것	농사 / 작업시간	매각 / 희생	값진 보물 / 귀한 것

주님은 '천국에서 큰 사람'을 "진실로 너희에게 이르노니 돌이켜 어린아이들과 같이 되지 아니하면 결단코 천국에 들어가지 못하리라"(18:3)고 하셨다.

최근에 이르러 교회교육과 가정교육이 분리되면서부터 신앙교육은 교회에 맡기고 세속교육은 일반 학교에 맡기고 되자 가정에서는 신앙교육이 전혀 이뤄지지 않게 되었다.

그럼에도 불구하고 열심 있는 교회 교육담당자들의 헌신적인 노력과 교회의 적극적인 도움 등으로 양적(量的) 부흥은 이룩했으나 교회의 질적(質的)인 교육의 부재는 이전과 같은 전인교육(全人教育)을 답보 상태에 이르게 만들었다.

네덜란드의 신학자 아브라함 카이퍼가 주장한 '그리스도의 영역이 아닌 곳이 없다는 영역주권 사상' 처럼 이의 해결책 내지 대안(alternatives)은 제대로 된 기독교 교육의 시행이다.

지난 40여 년간 한국의 교회학교에서는 3F, 즉 과자(Food), 재미(Fun), 친구(Friends)에 집중을 하여 부흥이 이뤄졌다면 이제부터는 3M, 즉 동기부여(Motivation)와 의미(Meaning) 그리고 소명(Mission)이다.

춥고 배고픈 시절에는 입을 것과 먹을 것을 주었고 통(通)했으나 이제는 '왜?' '어째서?'를 넘어 '교회에 가야만 하는' 내지 '교회에 가고 싶게' 해야 한다. 재미로 치면 교회는 결코 세상을 따를 수 없을 뿐만 아니라 또한 그래서도 안된다.

이는 교회에 나가고 신앙생활을 하는 것은 마치 '침대를 샀다고 해서 숙면되는 것'이 아니며(It can buy a bed, but not sleep.), '책 한 권 샀다고 해서 지식을 산 것'은 아니기 때문이다(It can buy a book, but not knowledge.).

또한 '시계를 샀다고 시간을 산 것이 결코 아니며'(It can buy a clock, but not time.), '약을 사먹었다고 건강을 산 것이 아닌 것'(It can buy medicine, but not health.)과 같이 교회는 '맛있는 음식을 주고 재미있게 해주는 곳이 결코 아니다'라는 신앙생활에서의 진정한 의미, 본질(本質)을 가르쳐야만 한다.

그렇기에 지금 교회를 떠나는 이들, 특히 젊은이들은 '재미(amusement)가 없어서가 아니라 의미(meaning)가 없어서' 떠나가고 있다는 것을 잊지 말아야 한다.

나아가 친구(Friends)도 좋지만 그들이 따라 다니면서 추구할 만한 그 어떤 것, 곧 소명(Mission)을 심어 주어야 한다.

그러므로 이제부터는 그동안의 양(Quantity)에서 질(Quality)로, 크기(Size)에서 영적(Spiritual)인 지경(地境 · scope)을 넓혀가야만 한다(한국교회와 다음세대 교육, 기독일보, 2020.5.29).

때로는 이런 모습을 그려볼 수 있다. 어린 아이들이 세관 마당에서 놀고 있다.

'뭐하는 거지?', '세리(稅吏)놀이에요', '너네와 놀려면, 너네들 세계에 들어가려면 어떻게 해야 하지?', '우리와 같아야 해요!', '너희는 누가 다스리지?', '우리가 다스려요', '그럼 지나려면 통행세로 무엇을 내지?', '먹을 것을 주세요!', '가지고 있는 것에서 약간만 주면 돼요.'

나는 그들에게 빵과 과일을 나눠 주었고 아이들은 길을 열어 주었으며 그 결과로 국경을 넘을 수 있었다(게르트 타이센, 갈릴래아 사람, 이진경역, 비아, 2019).

교회학교 여학생들의 '왜 예수님이 좋아요?'라는 질문에 대한 답은 '키가 커서요!.' '잘 생겼잖아요!', '머릿결이 멋있어요!', '슬리퍼 신은 모습 최고에요!' 등이지만 예수의 신상(身上)은 성경에 나타나있지 않다.

키가 큰 사람은 좀처럼 자신의 키 얘기를 안 하니 작은 키는 아닐 것이라는 생각이 들 뿐이다.

다만 "너희 중에 누가 염려함으로 그 키를 한 자라도 더할 수 있겠느냐"(6:27)라 하시며 궁극(窮極)의 질문과 염려를 요구하셨다.

주님은 "자기 십자가를 지고 따르지 않는 자도 내게 합당하지 아니하니라"(10:38)고 하신 말씀을 통하여 '자아(自我)를 넘어 삶에 준비된 아름다운 것을 드러내라'고 하셨다.

주님을 따르면서 그의 가르침대로 살아가려는 이들을 그리스도인이라 부른다.

영어로 Christian인 이들은 ABC로 어렵잖게 구별해 낼 수 있다. 이들은 Amen, Blessing, Credit이다.

누군가 대화를 나누는 중에 'Amen, 아멘!'이라는 단어를 자주 사용하는 경우 이들은 거의 아니 모두 크리스천이라고 할 수 있다. 헬라어 ἀμήν은 '진실로 그러하도다'라는 뜻을, 히브리어 אמן은 '확고하다고 알다, 믿다, 확신하다'의 뜻을 갖고 있다.

강단에서 말씀이 선포될 때 사용하는 아멘은 은혜와 감동이 있는 경우에는 물론 일상에서도 그렇게 이뤄지기를 바라는 뜻에서 '믿고 확신합니다' 긍정과 신뢰의 뜻을 나타내는 것이다.

Blessing은 '축복'이라는 뜻으로 '나에게가 아니라 너에게, 당신에게 축복과 은혜, 좋은 일이 있게 되기를 바란다!'는 사랑과 함께 따뜻한 마음을 건네주는 표현이다. 아무리 써도 부족한 아니 더욱 많이 사용해야 할 단어(words)이며 표현(expression)이다.

Credit은 신용(信用)이며 신뢰(信賴)이고 믿음이다. 신앙생활 또는 교회생활에서는 물론 사회생활에서도 반드시 이뤄져야 할 기본적인 행동의 기준이다.

'아멘!'도 잘하고 '축복합니다!'를 자주 쓰지만(어떤 경우 너무 남발하여 세상으로부터 덕이 되고 있지 못한다) 세상에서는 언행(言行)이 일치하지 않아 '믿을 사람(信用)이 못된다'라고 한다면 그는 진정한 크리스천이라 할 수 없다.

이런 점에서 "너희는 세상의 소금이요 소금이 만일 그 맛을 잃으면 무엇으로 짜게 하리요. 후에는 아무 쓸데없이 다만 문밖에 버려져 사람들에게 밟힐 뿐이니라. 너희는 세상의 빛이라 산 위에 있는 동네가 숨겨지지 못할 것이요. 사람이 등불을 켜서 말 아래에 두지 아니하고 등경위에 두나니 이러므로 집안 모든 사람에게 비치느니라. 이같이 너희 빛이 사람 앞에 비치게 하여 그들로 너희 착한 행실을 보고 하늘에 계신 너희 아버지께 영광을 돌리게 하라"(5:13~16)고 하신 말씀은 '교회안에서만의(Only in the church) 아멘, 축복합니다!'가 되어서는 안된다는 것을 강조한 것이다.

즉 세상에서도(in the world) '아멘, 축복합니다!'라고 하여 그들과 함께 또는 그들에게 제대로의 '빛과 소금'으로서의 역할과 본분을 다 하여야만(full his duty) 주님께서 말씀하시는 "너희"에 합당한 자들, 곧 "그리스도를 따르는 크리스천"이 되는 것이다.

생명의 중요성에 관련하여 마태는 "사람이 만일 온 천하를 얻고도 제 목숨을 잃으면 무엇이 유익하리요 사람이 무엇을 주고 제 목숨과 바꾸겠느냐"(16:25)고 강조하고 있지만 사람(human)을 사회과학적인 통계로 통해 살펴보면 다음과 같은 존재(being)이다.

세계에는 63억명의 사람들이 살고 있다. 이를 100명으로 축소시켜 계산하면 아시아에는 61명, 남북아메리카와 아프리카에는 13명, 유럽에는 12명, 남태평양에는 1명이 사는 꼴이다.

또한 여자는 52명이며 남자는 48명이 살고 있으며 도시에는 47명이, 장애인은 9명, 미성년자가 30명, 70명이 어른에 살고 있으며 노인은 9명이며 이성애자는 90명이나 동성애자는 10명이다.

기독교인은 33명, 무슬림은 18명, 힌두교는 14명, 불교는 6명이고 중국어 사용자는 17명이나 영어는 9명, 힌두어가 8명, 스페인어와 러시아어는 6명, 4명이 아랍어를 사용한다고 한다.

그리고 20명은 영양실조 상태에 있고 1명은 굶어 죽기 직전이며 15명은 비만이다. 또한 부(富)의 59%를 6명이, 39%를 74명이, 2%는 20명이 누리며 살고 있다.

전 세계 은행예금은 부유한 30명의 계좌에 들어있으나 18명은 1000원 미만의 돈으로 하루를 연명하고 있다고 한다.

따라서 냉장고와 옷장, 침대, 옷, 먹을 음식과 눈·비를 막아줄 집만이라도 있게 된다면 세계 인구의 75%보다도 부유한 것이 된다.

그러나 이와 같은 인구통계학적(demographic) 내용들이 주는 잠시의 흥미나 통계 자료를 뛰어 넘는 의미 있는 사실(fact)은 '사람, 바로 그의 영혼(靈魂)이 훨씬 더 중요하다'는 것이다,

그러한 영혼은 "누구든지 제 목숨을 구원하고자 하면 잃을 것이요 누구든지 나를 위하여 제 목숨을 잃으면 찾으리라"(16:25)는 일반 상식을 뛰어넘는 역설적인 말씀은 오직 '주의 음성을 듣고 준행하는 자들만이 이해할 수 있는 것' 으로 뜨거운 믿음과 은혜를 체험한 신앙인들에게서만 가능한 것이다.

그리고 또 하나의 놀라운 사실은 다음과 같은 그리스도인들의 모습과 태도이다.

"사랑하는 자여 네 영혼이 잘됨 같이 네가 범사에 잘되고 강건하기를 내가 간구하노라"(요한삼서 1:2)고 하면서 '나의 영혼만이 아닌 나의 친구와 나의 이웃들의 영혼이 함께 잘 되기를 바란다'는 마음과 신앙이다.

이러한 태도나 행동은 “너희가 나를 택한 것이 아니요 내가 너희를 택하였다”(요한복음 15:16)라는 믿음 때문이다.

그들은 믿음의 조상 아브라함도 그의 능력, 곧 그가 능력이 있기 때문이 아니라 ‘하나님께서 택(擇)하시고 믿음의 조상’으로 만들어 주셨기 때문이라고 믿고 있다.

우리는 견딜 수 없는 고통과 어려움을 남들과 비교하면서 내 자신의 힘이나 지식, 능력으로 얻고 이루어 온 것으로 알고 자위(自慰)하면서 성공의 기쁨을 누리려고 한다.

그러나 믿음의 눈으로 보면 이 모든 것들이 하나님이 주신 축복으로 되어 진 것을 시인하고 겸손히 받아들이며 감사해야만 한다.

부족하고 완악한 우리를 선택하신 분이 누구인가를 잘 생각해 본다면 믿음은 더욱 깊어지고 축복은 더욱 커지게 된다.

천하 만물을 지으시고 우주 모든 것들의 주재(主宰)이신 전능하신 하나님(Almighty God), 인간들의 아무것도 전혀 필요 없으신 하나님이 바로 ‘나를, 우리를 택(擇)하셨다’는 고백적 확신(confession)은 믿는 이들에게는 세상만사에서의 ‘모든 일들 가운데 가장 큰 축복’으로 여겨지고 있다.

우리 모두는 우리가 택한 것이 아니라 주님의 택함 받은 그 은혜를 늘 감사하며 살아 갈 수 있어야 한다.

“너희가 나를 택한 것이 아니요 내가 너희를 택하여 세웠나니 이는 너희로 가서 열매를 맺게 하고 또 너희 열매가 항상 있게 하여 내 이름으로 아버지께 무엇을 구하든지 다 받게 하려 함이라”는 말씀이 그대로 이뤄질 수 있어야 한다.

물론 이 세상의 삶이 동화처럼, 꿈처럼 언제나 처음부터 잘 풀리지(이뤄지지) 않고 힘들어 '세상이 우리를 돕지 않는다'고 생각할 수 있으나 "세상이 너희를 미워하면 너희보다 먼저 나를 미워한 줄을 알라"(요한복음 15:18)는 말씀을 기억해야만 한다.

19장에는 부유한 청년(The Rich Young Man)의 얘기가 들어 있다(19:16~26).

세상에서의 법과 규칙을 잘 지키면서 사업을 잘 경영하여 '부자가 된 젊은 기업인'(he had great wealth)이 '영생의 문제에 있어서도 확실한 보장을 얻기 위해'(to get eternal life) 주님께 자문(consulting)을 받으러 찾아온 얘기다.

이제 우리나라에서 성실하고 근면하게 사업(事業報國)을 하여 크게 성공한 기업인이 질문하고 성직자가 대답을 한 것을 인용하려고 한다.

성경 속의 부자와 바늘구멍(19:24)의 비유를 들어 그는 '진정한 부자가 누구인가?'를 성직자에게 물었다.

그의 답은 이렇다.

이는 '나눔'을 강조하시려는 주님의 메시지다. 부자들에게도 종류가 있어 이웃과 잘 나누는 부자와 그렇지 않은 경우가 있다.

그렇다면 당연히 잘 나누는 부자가 천국에 가지 않겠는가? 우리는 매 순간마다 '선택의 기로(岐路)'에 서게 된다.

그 선택에 따라 '선인(善人)이 되기도 하고 악인(惡人)이 되기도 한다'는 것이다.

100%의 선인이 없고 100%의 악인도 없다. 부자도 늘 그러한 선택 앞에 서게 된다. '선택에 따라 부자는 선인이 될 수도 있고 악인이 될 수도 있는 것이다.'

또한 25장에는 '열 처녀의 비유'(The Parable of the Ten Virgins), '양과 염소'(The sheep and the Goats), '달란트 비유'(The Parable of Talents)가 들어있다.

특히 21절과 23절에는 "그 주인이 이르되 잘 하였도다 착하고 충성된 종아 네가 적은 일에 충성하였으매 내가 많은 것을 네게 맡기리니 네 주인의 즐거움에 참여 할지어다."

"Well done, good and faithful servant! You have been faithful with a few things ; I will put you in charge of many things."

"好,称這又良善又忠心的　僕人.称在不多的事上有忠心称要波許多事派称在不多的事上有忠心"(25:21/23).라고 하시면서 '무슨 일이든지 맡겨진 일에 온갖 마음과 정성을 다해 수행하라'는 말씀이 들어있다.

주님으로부터 "착하고 충성된 종아 네가 적은 일에 충성하였으매 내가 많은 것을 네게 맡기리니 네 주인의 즐거움에 참여할지어다"라고 성경(鮮漢文貫珠聖經全書京城朝鮮大英聖書公會發行 · 救主降生一千九百三十五年 · 和昭十四年六月二十日發行,發行者英國人閔休 · 許曄 · 朝鮮聖書公會發行, 1939년, NIV · Korean-English Study Bible · 한영해설성경 · 성서원발행,2014,新標點和合本 · 神版聖經聯合聖經公會出版 · 香港聖經公會 · 1988, The Holy Bible · Chinese Union Version with New Punctuation, 1988)에 기록된 말씀을 일생을 통하여 실천한 아름다운 이야기(實話)가 있다.

이는 성경 말씀을 양피지에 그려지고 종이에 인쇄되어진 글자로만 알고 그저 '눈으로 읽고 입으로 소리 내는 것'에만 그치지 않고 "너는 마음을 다하고 뜻을 다하고 힘을 다하여 네 하나님 여호와를 사랑하라 오늘 내가 네게 명하는 이 말씀을 너는 마음에 새기고"(신명기 6:5~6)처럼 '쉐마'와 '라마'의 말씀으로 믿었던 사람의 이야기이다.

캐나다의 선교사인 그리어슨(R. G. Grierson, 한국명 구례선, 1868~1965)은 펜실바니아 의과대학을 졸업한 후 어느 날 무디 목사의 부흥집회에 참석한 적이 있었다. 그때 그는 큰 감동을 받고 자신의 생애를 하나님 사역에 헌신하기로 다짐하고 3년 간 파인힐 신학교에서 공부를 마친 후 캐나다 최초의 한국 선교사로 오게 되었다.

그리어슨은 먼저 와있는 미국 선교사들과 선교 계획을 수립하는 모임에서 떠나기 직전에 한 사람을 우연히 만나게 되었다.

그는 그리어슨에게 헤어지면서 "나도 자네와 같이 한국에 갈 수 있다면 참 좋겠다. 나처럼 학위도 없는 사람은 갈 엄두도 못 내지만 한국에 가게 되면 혹시 나 같은 사람이라도 할 수 있는 일거리를 발견하면 불러 줘라. 빵과 버터만 제공받을 수 있다면 그곳에 가서 선교 일을 돕고 싶다. 어떤 심부름이라도 하나님의 사업을 돕는 일이라면 만족하겠다."라고 말했다.

이 말을 들은 그리어슨은 당시에는 일단 약속을 했고 이후 그는 서울에 도착하여 어느 날 언더우드 박사로부터 '자신을 도울 비서가 필요한데 열심과 희생정신이 있는 신자로 빵과 버터만 해결되면 도울 사람이 필요하다'는 얘기를 듣게 되었다.

그리어슨은 즉시 캐나다의 친구에게 연락하였고 그는 자신이 일하던 상점을 그만두고 속기 기술 등을 익혀 1889년에 서울로 왔다.

그는 언더우드의 일을 돕게 되었으며 이후 성실함과 재능을 인정받아 〈성서공회〉의 일을 맡게 되었으며 간사가 되었다.

이후 그는 〈성서편찬사업〉에 본격적으로 수행하게 되었으며 그의 헌신으로 성서공회는 한국에서 훌륭한 선교사업의 하나로 알려지게 되면서 당시 서울에 있는 외국인들 중 가장 영향력이 큰 인물로 알려지게 되었고 그가 맡은 일의 중요성 때문에 선교사들 가운데서도 주목을 받게 되었다.

지금까지 언급한 사람의 이름은 경성 조선 경성 대영성공회에서 발행(昭和 5년 9월)한 〈鮮漢文貫珠 聖經全書〉에 발행자였던 영국인 민휴(閔休)로 원래 이름은 H.밀러(Hugh Miller) 선교사이다(和昭 14년 6월 판에는 또 다른 영국인인 허엽·許曄·Thomas Hobbs로 인쇄되어 있다).

지금 우리들도 일용할 양식인 "빵과 버터"만 있어도 하나님을 섬기는 일을 기쁘게 할 수 있을까?

아주 작은 일, 주목받지 못하는 일이라도 잘 감당하고 수행하여 주님으로부터 "착하고 충성된 종아~"라는 칭찬을 들을 수 있을까를 고민해 보아야 한다.

그러므로 '성경에 기록된 내용을 뇌세포(腦細胞)에다 정보(情報)를 입력하는데 그치는 것이 아니라 삶을 변화시킬 수 있어야 한다'(Eat This Book, A Conversation in Art of Spiritual Reading, Eugene Peterson).

어릴 때에 한 아이가 교회학교 선생님에게 이렇게 질문하는 것을 들은 적이 있다.

'예수를 믿으면 천국에 간다'고 하는데 그러면 '예수를 안 믿는 사람은 지옥에 가나요?'라는 것이었다. 이어서 그 아이는 나쁜 사람이 죽어서 지옥으로 가는 것은 알겠는데 좋은 일 한 사람, 예를 들어 제가 존경하는 이순신장군이 지옥에 간다면 저는 '그냥 안 갈래요(포기하겠습니다)'라고 하는 것이었다.

'위대한 사람이 믿지 않았다'고 하여 '천국에 가지 못한다'는 것은 이해되지 않을 수 있다.

이에 관련하여 미리 결론을 내린다면 '신앙은 이해되는 것이 아니라 믿는 것(行爲)'이다.

주님께서도 "건강한 자에게는 의사가 쓸 데 없고 병든자에게라야 쓸 데 있다"(9:12)고 하셨다.

지옥은 악한자들에게나 필요한 것이며 건강한 자들에게 지옥은 아무런 의미가 없다.

또한 주님은 "나더러 주여 주여 하는 자마다 다 천국에 들어갈 것이 아니요 다만 하늘에 계신 내 아버지의 뜻대로 행하는 자라야 들어가리라"(7;21)고 하면서 종교적(외식적 · 형식적)으로 '흠이 없는 사람이라 해서 다 믿음이 깊은 사람은 아니다'라고 하시며 성경의 '말씀대로 순종하고 강단에서 외쳐지는 말씀을 준행하는 자(者)이어야만 천국에 갈 수 있다'고 강조하였다.

믿음생활에 대한 판단(審判)은 인간을 창조하신 절대권자의 경지이며 기준이고 그의 판단에 달려있다.

이해가 안 되는 것들(부분)이 있지만 믿음으로 믿으면 축복이 된다.

주님은 "그런즉 너희는 먼저 그의 나라와 그의 의를 구하라 그리하면 이 모든 것을 너희에게 더하시리라"(6:33)하신 후 다시 "그러므로 내일 일을 위하여 염려하지 말라 내일 일은 내일이 염려할 것이요 한 날의 괴로움은 그날로 족하니라"(6:34)고 하셨다.

이는 '세상에 살면서(in the world)도 세상 사람들과는'(not of the world) 달리 신앙생활을 하지 않았다면 겪지 않아도 될 아픔과 어려움을 갖게 된다.

때로는 우리들의 몸과 마음은 이를 잘 알고 있음에도 불구하고 그보다는 오히려 진정한 기쁨과 은혜가 더 크고 귀(貴)한 것을 알고 있기에 믿는 것이다.

23장에서 주님은 7가지 화(禍)를 언급하면서 힘들고 어려워도 지켜야할 정의와 긍휼, 믿음, 십일조에 대해 언급하고 있다.

즉 주님은 '종교에 대한 접근방식(13절), 교인 하나를 얻기 위한 열심의 자랑(15절), 율법주의적 구별을 위한 헛된 맹세(33~37절), 의식에만 초점을 맞춰 중요한 일을 망각(23~24절), 내적인 순결보다 외적인 것을 강조(25~26, 27~28), 겉으로만 보이는 외식에 집중(29~31)'하는 등의 화(禍)들에 대하여 통렬하게 비판하셨다.

"화(禍) 있을진저 외식(外飾)하는 서기관들과 바리새인들이여 너희가 박하(薄荷)와 회향(茴香)과 근채(根菜)의 십일조를 드리되 율법의 더 중한 바 정의(正義)와 긍휼(矜恤)과 믿음은 버렸도다 그러나 이것도 행하고 저것도 버리지 말아야 할지니라."

"Woe to you, teachers of the law and Pharisees, you hypocrites! You give a tenth of your spices-mint, dill and cumin. But you have neglected the more important matters of the law-justice, mercy and faithfulness. You should have practiced the latter, without neglecting the former."(23:23).

주님은 율법의 기본이 되는 정의의 실현과 긍휼의 베품 그리고 믿음의 실천과 함께 십일조의 감당을 강조하셨다.

그럼에도 불구하고 십일조가 신앙생활 좀 더 구체적으로는 교회에서의 활동에 걸림돌(이런 경우 믿는 이들은 '시험'이라는 표현을 쓰기도 한다)이 되기도 한다.

세상에 나가 온 힘을 다하여 애써 수고해서 벌고 얻은 것을 '교회에 바치라고?' 그것도 '이미 정해진(1/10) 대로?'와 같은 의아심 내지 불만이 생길 수 있다.

10의 1조(租)의 기원은 구약에 있으며, 교회제도 또는 법률의 강제를 받는 경우가 많았다.

십일조로 바친 돈(또는 그것과 동등한 가치를 지닌 곡식 · 가축 등)은 성직자들의 생계를 뒷받침하고, 교회를 유지하며, 가난한 사람들을 돕는 데 사용되었다.

십일조(Tithe)는 유럽의 많은 대성당을 건축할 때 사용한 주요 자금원이기도 했으며 심한 반발에도 불구하고 그리스도교가 유럽 전역에 보급되면서부터 의무적인 제도로 자리를 잡게 되었다.

그리하여 6세기부터는 교회법에도 수록되었으며 유럽에서는 8세기부터 세속법에 의해 강제로 집행되기도 했다.

십일조는 로마 가톨릭 교회 뿐만 아니라 프로테스탄트 교회에서도 재정적 필요에 따라 계속되었으나 이후 이에 대한 반발이 더욱 거세지면서 프랑스(1789년)와 이태리(1887년)에 이어서 아일랜드(1871년)에서도 폐지되었다.

구약 시대의 경우 십일조는 토지가 있을 경우 토지의 소산을, 가축을 기르는 사람은 가축의 십분의 일을 바치고 함께 십의 일조를 먹었다. 즉 전체 소득의 1/10이 아니라 땅의 열매와 기르는 가축의 십분의 일이었다(레위기 27:30~32, 신명기 14:22).

이는 하나님 앞에서 십일조를 함께 먹게 하기 위해서였다(신명기 14: 23~26). 즉 모두가 함께 먹고 마시고 여호와의 성전을 돌보는 레위인과 나그네와 고아 그리고 과부들과 함께 나눠 먹기 위해서였다.

한국 교회에서는 '소득(income)의 십분의 일을 하나님께 드린다'는 뜻에서 십일조라고 하며 한문으로 '十一條'와 '十一租'를 병행하여 쓰고 있다.

십일조는 구약시대의 이스라엘 백성들이 자기 소득(곡식이나 양 등 가축)의 십분의 일을 하나님께 바치는 것에서 유래되었으며 중국과 일본 성경에서는 '十分之一' 또는 '十分一'로, 영어에서는 'tithes'로 표기하고 있다.

한글성경에서 십일조라는 단어를 사용하면서 혼돈을 가져오게 되었다.

새 우리말 큰 사전(신기철 · 신용철 편)에서는 십일조(十一條)는 십일제(十一除)와 같은 뜻으로 십일제(十一除)는 열에서 하나를 덜어내거나 '필요한 물건을 주문하면 장사가 받는 물건 값에서 10분의 1을 심부름 온 사람에게 주는 일'이라고 풀이한다.

한편 십일조는 중세의 유럽 교회가 교구민에게서 징수하던 현물세로 수확 농작물, 가축, 수공업생산물, 소금 따위를 대상으로 10분의 1의 비율로 거둬 들이면서 십일세(十一稅)는 10분의 1세, 즉 교회에서 자기 수입의 10분의 1을 헌납(獻納)함을 뜻 한다고 설명하고 있다.

결국 우리나라의 성경(교회)에서 사용하고 있는 십일조는 신학적 또는 본래의 뜻을 살린다면 '十一條'가 아닌 '十一租'가 맞는 것이다.

그동안 한국교회의 놀라운 외적 성장(建物)은 물론 양적 부흥과 성장이 교인들의 물질적 헌신과 봉사로 이뤄졌음은 명약관화(明若觀火)한 사실이다.

하지만 때로는 빠른 성장 내지 교단과 교회의 외형적 성장은 본래의 취지와는 달리 이러한 모습 내지 행태에 익숙하지 않은 처음 믿는 일부의 교인들에게는 교회 안에서의 '헌신(獻身)은 헌금(獻金), 헌금은 현금(現金)'으로 들리게 되었다.

더구나 '더 많이, 더 자주의 물질적인 봉사'라는 행태 또는 형식에 매몰되어 서서히 '자라나는 믿음'을 흔들리게 하여 특히 경제적(물질적) 어려움을 당하게 되는 경우에는 '돈이 있어야 교회를 다닐 수 있겠네요'와 같은 씁쓸함과 좌절감까지도 주고 있다.

그러나 만물을 창조하신 하나님은 이 세상 모든 것의 주인(Creator)이기에 '그 무엇이든지 크게, 또한 많이 드린다 하여도 그 분의 것보다는 언제나 작고 적다'.

따라서 세상의 어느 것에도 지지 않을 크고 웅장한 건물로 세상에 드러내려는 지금까지의 자세 내지 관심에서 벗어나 이제부터는 "오른손이 하는 것을 왼손이 모르게 하는 것"(6:3)보다 더 많이 크고, 자주 교회 밖, 곧 세상과 이웃에 대한 사랑과 관심을 보여줘야 한다.

그리고 우리가 분명히 기억해야 할 것은 이런 활동 내지 모습들은 교회가 감당하여야 할 본질에 속하는 것이 결코 아니라는 점이다.

결국 우리가 교회에서 예배에 참여하여 헌금을 드리게 될 때 가장 중요한 것은 '드리는 이의 근본적인 자세(Posture)와 마음(Mind)이고 태도(Attitude)'이다.

그러므로 "아버지께 참되게 예배하는 자들은 영과 진리로 예배할 때가 오나니 곧 이 때라 아버지께서는 자기에게 이렇게 예배하는 자들을 찾으시느니라 하나님은 영이시니 예배하는 자가 영과 진리로 예배할지니라."

"God is spirit, and his worshipers must worship in the spirit and in truth"·"神是個靈,所以拜他的必須用心靈和誠實拜他"(요한복음 4:23~24).

따라서 위의 요한이 기록한 바와 같이 우리들이 교회에서 예배 중에 헌금, 좀 더 구체적으로는 십일조를 드리게 되는 경우에는 '영(靈)

과 진리(眞理)'로 하면 되는 것이다.

여기서의 영은 영혼이며 진리는 말씀인 것이다. 이 두 단어는 '진정한 예배에서 필수적인 것이 무엇인가?'를 질문하면서 하나님은 '자신과 조율(調律)하여 맞추는 예배자를 원하고 계신다는 것'을 강조하고 있다(성경주석, IVP, 2008).

우리들이 하나님께 올려 드리는 예배(Worship)는 크게 찬송(Hymn)과 기도(Prayer), 말씀(Message), 봉헌(Offering), 축도(Benediction)로 이뤄진다고 볼 때 어느 하나 중요하지 않은 것이 없다.

이 모든 것들을 정리(summarizing)하고 압도(overwhelming)하는 고백은 "모든 것이 주께로부터 왔으니 이 예물을 주께 드리나이다".

"All things come of Thee, O Lord, And of Thine own have we given Thee."(찬송가 634장)의 가사가 자연스럽고 기쁜 가운데 감사가 되고 은혜로 이어지는 고백이 될 때 하나님이 기뻐 흠향(歆饗)하시는 진정한 헌금, 십일조가 드려지는 것이다.

우리들은 지금 소유한 돈(現札)보다는 재산이, 그리고 이 보다 몸이 더 중요하고, 또한 건강이 더 중요하며 생명은 더 중요하고 나아가 영혼이 무엇보다 중요하다는 것을 다 잘 알고 있다.

또한 실력보다는 애초부터 주신 달란트가 더 중요하다. 그러므로 그냥 알고 있는 것과 이를 (신앙적으로) 확신하고 있는 것은 순간과 영원, 육신과 영혼을 분별(分別)하는 차원의 정도가 아니라 '선택 받은 자'로서의 성별(聖別)된 삶을 가져오게 한다.

우리들은 주님의 믿음과 삶을 통해 '이 세상에서 또 다른 그리스도가 되어야 한다'는 요청을 받고 있다(마이스터 엑카르트의 영성연구, 최우영, 협성대학교 신학대학원, 2006).

마태복음(6:9~13)에는 누가복음(11:2~4) 보다도 길고 자세한 '주님이 가르쳐주신 기도'(Lord's Prayer)가 있다.

"하늘에 계신 우리 아버지여 이름이 거룩히 여김을 받으시오며 나라가 임하시오며 뜻이 하늘에서 이루어진 것 같이 땅에서도 이루어지이다 오늘 우리에게 일용할 양식을 주시옵고 우리가 우리에게 죄 지은 자를 사하여 준 것 같이 우리 죄를 사하여 주시옵고 우리를 시험에 들게 하지 마시옵고 다만 악에서 구하시옵소서 나라와 권세와 영광이 아버지께 영원히 있사옵나이다. 아멘"

교회에서의 예배시간은 물론 교회 안과 밖에서의 모임에서 처음 또는 끝마무리를 위해 드리는 주기도문은 외우기만(暗誦)잘 하여 암기력을 드러내는데 그치는 것이 아니라 자신들이 갖고 있는 믿음의 수준(水準)을 나타내는 기준 내지 척도가 되어야 한다.

너무 쉽게 또는 편하게 암송하는데만 그치지 말고 단어 하나하나의 참 뜻(意味)을 이해할 뿐 아니라 더 나아가 '삶에서의 실천을 통한 뒷받침'이 더 중요하다는 것을 기억해야 한다.

우루과이의 어느 성당 벽에 써있다는 다음의 기도문은 '말로만의 기도문(Lip serviced prayer)'이 아닌 삶과 하나가 되는 "진정한 의미' 에서의 기도를 요구하고 있다.

"하늘에 계신'이라고 하지 마라. 세상일에만 빠져 있으면서. '우리' 라고 하지 마라. 너 혼자만 생각하고 살아가면서. '아버지'라고 하지 마라. 아들딸로 살지 않으면서. '아버지의 이름이 거룩히 빛나시며' 하지 마라. 자기만의 이름을 빛내기 위해서 안간힘을 쓰면서. '아버지의 나라가 임하옵시며'라고 하지 마라. 물질 만능의 나라를 원하면서. '아버지의 뜻이 하늘에서와 같이 땅에서도 이루어지이다'라고 하지 마라. 내 뜻대로 되기를 기도하면서. '오늘 저희에게 일용할 양식을 주시고'

라고 하지 마라. 죽을 때까지 먹을 양식을 쌓아두려 하면서. '저희에게 잘못한 이를 저희가 용서하듯이 저희 죄를 용서하시고'라고 하지 마라. 누구에겐가 아직도 앙심을 품고 있으면서. '저희를 유혹에 빠지지 말게 하시고'라고 하지 마라. 죄 지을 기회를 찾아다니면서. '악에서 구하소서'라고 하지 마라. 악을 보고도 아무런 양심의 소리를 듣지 않으면서. '아멘'이라고 하지 마라. 주의 기도를 진정한 나의 기도로 바치지 않으면서."

기도의 진정성은 기도문을 그저 외우는 것에 있지 않고 기도를 하는 이의 행동과 실천에서 드러나고 응답으로 나타난다.

요즘 산을 찾는 사람들이 많다. 그들은 높은 산에 오르면 '야호!'라고 외치면서 육신의 건강함을 자랑하기도 한다.

우리들도 높은 산에 올라 두 손을 높이 들고 "여호와 하나님"을 찾고 그 이름을 부르면서 간절한 소망을 큰소리로 외치는 가운데 영혼이 더욱 강건해지고 담대해지는 '거룩한 산행(山行)'이 되었으면 한다(산에서 말씀하시는 하나님, 김성호, 비즈프레스, 2013).

마가복음

이 책은 베드로가 "올 때에 마가(馬加)를 데리고 오라. 저가 나의 일에 유익하니라"(디모데후서 4:11)며 신뢰를 했던 마가(Mark)가 '예수의 말씀과 행적을 생동감 있게 기록한 행동의 복음서'이다.

그는 특히 다른 복음서(福音書)들과는 달리 "바로", "곧"(at once, without delay · 就立刻, 隨卽招 1:18, 20) 등과 같은 표현(41회)을 거듭하여 사용하면서 '리얼'하게 말씀을 전하고 있다.

마가복음에서는 예수의 최측근에서 그가 하시는 일 하나하나, 일거수일투족(一擧手一投足)을 직접 보고 들었던 12명의 제자들의 얘기가 들어있다.

그들의 이름은 3장 16절에서부터 19절에 기록되어 있다.

"열둘을 세우셨으니 시몬에게는 베드로란 이름을 더하셨고 또 세베대의 아들 야고보와 야고보의 형제 요한이니 이 둘에게는 보아너게 곧 우레의 아들이란 이름을 더하셨으며 또 안드레와 빌립과 바돌로매와 마태와 도마와 알패오의 아들 야고보와 및 다대오와 가나나인 시몬이며 또 가룟 유다니 이는 예수를 판 자더라"(3:16~19).

그런데 우리는 〈12제자를 세우시다〉라는 제목만 보고 '아, 주님께서 제자를 임명하셨구나!' 정도로 이해하면서 쉽게, 빨리 휙 읽고 지나간다.

그러나 13절을 자세히 들여다보면 "또 산에 오르사 자기가 원하는 자들을 부르시니 나아온지라"고 되어 있어서 우리가 먼저 '저희들을 써주세요, 주님의 교회를 위해 일하게 해 달라'고 서류를 제출하여 시험도 보고 면접을 하고 나서 뽑힌 것이 아니라 주님이 '먼저 찾아오시고 불러주시며 써주신 것'임을 잊지 말아야 한다.

교회에서 우리가 이런 저런 모양으로 일(奉仕)을 하고 섬기게 되는 것은 우리의 그동안 '쌓은 공덕(努力이나 內功 또는 影響力)에 위해서가 아니다'라는 것을 잊지 말아야 한다.

제자는 문하생(門下生)이나 신봉자(信奉者)와 같은 뜻을 가진 영어의 Disciples이며 이는 훈련, 기강, 규율의 뜻을 가진 discipline과 연결되어져 '한번 제자가 영원한 제자는 아니라 끊임없는 훈련이 요구되고 있다'는 것을 말해 주고 있다.

주변에서 교회 일(봉사와 전도 등)을 열심히 하여 이른바 직분자(특히 안수집사, 장로, 권사 등)가 되고 나서는 주의 일, 교회 일에 한가하게 되고 나태(懶怠)하게 되는 경우를 종종 보게 된다.

그러나 주님의 제자에게는 교회내의 여러 일들에 대한 충성과 함께 절제와 엄격함 등도 요구된다.

주님이 우리를 부르신 데에는 목적이 있다. 그것은 "이는 자기와 함께 있게 하시고 또 보내사 전도(傳道)도 하며 귀신을 내쫓는 권능도 가지게 하려 하심이러라"(3:14~15)처럼 늘 주님 곁에 머무를 수 있어야 한다.

그리고 마지막으로 하늘로 승천하시며 주신 부탁의 말씀인 "그러므로 너희는 가서 모든 족속으로 제자를 삼아 아버지와 아들과 성령의 이름으로 세례를 주고 내가 너희에게 분부한 모든 것을 가르쳐 지키게 하라 볼지어다 내가 세상 끝 날까지 너희와 항상 함께 있으리라 하시니라"를 잘, 끝까지 감당해 낼 수 있어야 한다(마태복음 28:19~20).

주님이 골고다 언덕으로 십자가를 지고 갈 때에 구레네 시몬에게 "억지로"(compelled him to carry · 他們就勉强他同去) 맡겼다고 했다(15:21).

교회에서 여러 가지의 모양의 활동(奉仕)을 하다 보면 '억지로' 많은 일들이 맡겨질 때도 있지만 우리는 그런 기회를 주신 것에 감사하며 충성스럽게 수행할 수 있어야 한다.

구레네 시몬의 '억지로'는 오히려 은혜가 된다. 신앙생활에서 '억지로' 감당하는 봉사와 헌신이 시간이 흐름에 따라 나(우리) 자신의 믿음을 더욱 단단하게 하고 겸손을 선물하며 긍휼의 마음을 갖게 하여 결과적으로는 '나(우리)로 하여금 선한 능력을 행사'하게 한다.

이 책은 ① 마태복음의 5/8 정도인 '간결한 복음서' ② 분량과 내용이 짧고 명확한 '선교복음서' ③ 기적이 19개(비유 5개)나 기록된 '행적의 복음서' ④ '달리다굼, 에바다' 등 아람어의 기록(5:41, 7:34)이 특징이다.

주님은 세리, 죄인들과 식사하시는 것에 대해 수군거리는 이들에게 "건강한 자에게는 의원이 쓸 데 없느니라"(2:17)고 하시고 '안식일에 손 마른 사람을 고친 일'로 그들의 집을 '즐거운 집', '행복한 집안'으로 변화시켰다.

살아가면서 이런 기쁨, 행복을 누리기는 쉽지 않다. 우리는 살아가는 동안 무엇보다 진심으로 가족을 사랑해야 한다.

우리들이 잘 알고 있는 대로 불효(不孝)의 반대말은 효(孝)이다. 바로 그러한 가정을 이뤄야 한다.

그리고 물론 주님이 함께 하시면 더 좋다. 주님이 늘 어려운 일이 있을 때 마다 함께 하시고 손을 잡아 주시게 되면 큰 은혜다. 바로 그러한 날에 사람들은 '이방인에게서 (필요한) 올리브 기름도 살 수 있게 된다'(G. 타이센, 갈릴래아 사람의 그림자, 이진경역, 비아, 2019).

부자들을 시험 들게 하는 말씀인 "낙타가 바늘귀로 나가는 것이 부자가 하나님의 나라에 들어가는 것보다 쉬우니라”(10:25)는 주님이 ‘가난한 사람을 좋아하고 부자는 싫어 하신다’는 것이 아니라 ‘부자인 채로 천국에 갈 수 없다’는 것으로 ‘스스로 선택하여 서로 나누고 공생(共生)하며 살라’는 의미이다.

살아가면서 기쁘고 좋은 일도 있지만 때로는 슬프고 괴로운 일들도 많이 일어난다. 사랑하는 딸이 죽은 회당장의 얘기(5:35~43)가 있다.

그도 역시 세상의 모든 아버지처럼 딸을 사랑하였으나 이제 그의 아이는 죽었고 당시 주님은 말씀을 전하는 중이었다. 그러한 아버지에게는 그 어떠한 말도 귀에 들리지 않게 되었다.

주님은 말씀하시고 사람들은 경청(傾聽)하고 있었다. 그러나 아버지에게 더 이상의 경청은 ‘시간 낭비’로 생각되었을 것이며 측근들은 위로하려 했을 것이고 몇몇은 주님께 ‘이제 그만 말씀을 하시라’고 건의하려 했을지도 모른다.

하지만 말씀을 마치신 주님은 ‘두려워하지 말고 믿기만 하라’하시며 슬픔에 빠진 그의 집으로 가셨으며 이어서는 그가 사랑하던 딸, 이미 죽은 딸의 손을 잡고 “달리다굼”하시며 살리셨다.

이 말은 “소녀야 일어나라”의 아람어이다. 한문성경은 “大利大 古米!”, 영어성경은 “Talitha Koum”으로 표기한 후 “Little girl, I say to you, get up!”라 했다. Talitha는 ‘Dahila’(영어), ‘다알리아’(한국어)로 소녀의 이름이다.

주님이 사랑하는 딸을 고쳐주셨으니 그는 ‘복 많은 아버지’이다. 딸은 자신의 목숨처럼 아껴주는 아버지 때문에 행복하다. 우리들이 살아가는 동안에 늘 주님이 함께 동행(同行)하시어 나와 우리, 모두의 집 식구들에게도 “달리다굼”해 주시기를 소망한다.

주님은 빌립보 가이사랴로 가시는 동안 제자들에게 이렇게 질문하셨다. "안식일에 선(善)을 행하는 것과 악(惡)을 행하는 것, 생명을 구하는 것과 죽이는 것 어느 것이 옳으냐?"(3:4). '좋은 질문에 좋은 대답이 나온다.' 'Good question, Good answer!'이다.

이 말이 구설수에 오르자 주님은 "무엇이든지 밖에서 사람에게로 들어가는 것은 능히 사람을 더럽게 하지 못하되~"(3:1~6)라고 하시며 KISS(Keep It Simple, Stupid)의 말씀으로 이들을 단숨에 정리하시면서 긴 호흡의 가르침을 주셨다.

이는 '논쟁(debate)의 승리'가 아니라 오직 '레위기의 정결법(淨潔法, 13:18~46)에만 함몰(陷沒)되어 퇴행적(退行的) 신앙'만을 고수하는 이들에게 쾌도난마(快刀亂麻)의 '사이다' 답을 주신 것이다.

총 16장인 이 복음은 그리스도에 대한 베드로의 고백(8:30)이 분기점(分岐點 · turning point)이 되어 둘로 나눠진다. 믿는이들도 여기에서 둘로 나눠진다. 부활 이전의 사람(삶)과 그 이후의 삶이다.

이제 주께서 질문하셨으니 우리들이 대답을 해야만 한다. 이렇게 질문하신다. "너희는 나를 누구라 하느냐?" 질문의 크기는 곧 '내 삶의 크기'를 묻는 것이다.

베드로의 답은 이렇다. "주는 그리스도시요 살아계신 하나님의 아들이니이다"(8:29).

누가복음

누가복음은 '카타 루칸', '누가에 의한'(According to Luke)의 뜻으로 의사였던 누가(路加)가 필자이다. 그는 당시의 이방인, 소외된 자, 가난한 자, 어린이, 여자 등 이른바 비주류 사람들에 대한 관심이 컸기에 이 책은 '이방인의 복음'이라는 별명을 얻기도 했다.

그는 '사람의 아들'(人子)인 예수를 강조하며 '귀신들린 자와 중풍병자', '과부 아들의 병 고침', '탕자 비유(15:11~32)', '잃은 양 비유(15:1~7)', '선한 사마리아인 비유(10:25~37)'등을 기록해 등장하는 인물들의 '인간적인 모습'을 그려 내었다.

또한 그는 주님이 죄 없으심에도 십자가에 달려 죽으시고 부활하심으로 '유월절(The Passover)은 이제 최후(ending)의 만찬'이 되었고 '성만찬은 최초(beginning)의 만찬'(The Last supper)이 되었음을 알게 하고 있다(22:14~23, 김운성목사, 영락교회).

"주님이 가르쳐 주신 기도"(11:2~4)의 진정한 의미는 '무엇인가를 그저 달라고만 요구하는 것'이 아니라 그리스도인들의 '삶의 정체성(Identity)' 까지도 알게 하고 있다.

그들의 '삶에 따라서 하나님의 나라가 나타나게 되고 하나님의 뜻이 이뤄지게 진다'는 점을 기억해야 한다(박양규, 국민일보, 2017.12.18).

기도는 하나님의 긍휼을 여는 열쇠이며 동시에 사탄의 침입을 막는 자물쇠이기도 하다.

사탄이 관심을 갖고 있는 것은 다만 사람들, 특히 교인들을 기도하지 못하게 하는 것이다. 사탄은 믿는이들에게서 기도를 빼앗아 간다. 늘 '바쁘게 만들어 다른 생각이 들게 하고 나아가 게으르게' 만든다.

또한 사탄은 '기도 없는 성경 공부, 기도 없는 봉사, 기도 없는 (예배 등의) 종교 의식'에 안심을 하면서 '우리들의 수고를 비웃고 지혜를 조롱하고 있지만 우리들이 기도를 할 때는 떨게 된다'는 것이다.

우리가 기도를 하는 이유는 ① 하나님이 만나 주시기를 원하고 있기 때문(사사기 55:6)이며, ② 구하면 주시겠다고 약속을 했기 때문(마태복음 7:7~8)이고, ③ 예수님도 기도하셨기 때문(마태복음 14:23)이고, ④ 악의 무리에서 벗어나 위로와 평화를 얻기 위해서(데살로니가 후서 3:2)이며, ⑤ 성령을 받기 위해서(사도행전 8:15)이고, ⑥ 하나님의 뜻을 이루기 위해서(마태복음 6:10)이며, ⑦ 대적 마귀가 삼킬 자를 찾고 있기 때문(베드로전서 5:8)이고, ⑧ 지혜를 얻기(열왕기상 3:5~9) 위해서 이며, ⑨ 우리들에게 힘과 용기를 주기(빌립보서 4:13)때문이고, ⑩ 만물의 마지막이 가까웠기에 우리들이 지은 죄를 용서받기 위해서(베드로전서 4:7)이다.

신앙생활하면서 특히 기도를 자주, 열심히 하고 있는 교인들 가운데 '기도에 대한 응답(應答)이 없어 힘들어 하는' 이들이 많다.

누가는 '기도는 무엇인가?' 또는 '어떻게 하여야 하는가?'를 원수에 대한 원한(怨恨) 때문에 재판장을 자주 찾아가는 여인의 이야기로 '응답받는 기도의 비밀'을 설명하고 있다.

"한 과부가 있어 자주 그에게 가서 내 원수에 대한 나의 원한을 풀어 주소서 하되 그가 얼마 동안 듣지 아니하다가 후에 속으로 생각하되 내가 하나님을 두려워 아니 하고 사람을 무시하나 이 과부가 나를 번거롭게 하니 내가 그 원한을 풀어 주리라 그렇지 않으면 늘 와서 나를 괴롭게 하리라 하였느니라 하물며 하나님께서 그 밤낮 부르짖는 택하신 자들의 원한을 풀어 주지 아니하시겠느냐 저희에게 오래 참으시겠느냐(18:3~7)."

결국 기도는 '귀찮아 할 정도로 찾아가고 조르고 매달려서 응답을 받게 된다'는 것을 기억해야 한다.

세계적으로 유명한 치즈회사 KRAFT의 창업주인 크래프트는 처음 사업을 시작할 때 그의 마차에 치즈를 싣고 동네마다 다니며 방판(訪販)으로 팔았다.

아침마다 치즈를 판매하러 나가기 전에 '치즈 파는 것에 대한 지혜를 달라'고 기도하였다. 그의 성공 비결(Key Success Factor)은 하나님께 '물건 판매할 때의 지혜를 구하는 기도를 했고 그때마다 주시는 지혜대로 실천했을 뿐이다'라는 것이었다.

그는 "지혜가 부족하거든 모든 사람에게 후히 주시고 꾸짖지 아니하는 하나님께 구하라 그리하면 주시리라 오직 믿음으로 구하고 조금도 의심하지 말라 의심하는 자는 마치 바람에 밀려 요동하는 바다 물결 같으니"(야고보시 1:5~6)를 믿으며 일하고 살아가는 '열심 있는 기도의 비즈니스맨'이었다.

또한 누가는 의롭고 경건한 사람인 '시므온'을 소개하면서(2:25~35) 우리가 '세상에(in the world) 살지만 헛된 소문이나 지식에 현혹되지 않고 이 세상과는 다르게(not of the world) 살아야 할 것'을 강조하고 있다(2:25~35).

그는 사람들로부터 '의롭고 경건한 사람'이라는 칭찬과 함께 '성령이 그 위에 있는 사람'이라는 부러움을 받았다.

우리 믿는 이들은 세상에 '교회에 나간다!' '신앙생활 한다!'고 알려는 졌으나 '어떤 평판을 받고 있는지?' 혹 '빛과 소금' 대신 빛을 가리고 '세상과 벗하여 즐겁게만! 살아가는지'를 돌이켜 보아야 한다(목회칼럼, 박영원목사, 서울 남가좌교회, 2020.3.3).

믿는 이들 가운데 '세상의 본(role model)이 되는 이가 몇이나 될까?' '너무 적지 않을까?' 아니 그보다 '지금 우리는 어떻게 보이고 있을까?'

신실함과 의롭고 경건한 삶으로 '아기 예수를 품에 안아 본 시므온'이 부럽다.

세상에서는 '위인! 존경하는 사람!'이라며 10명, 100명으로 선정해 줄을 세우고 있다.

이제 우리들은 세상을 향하여 '교회 안에 많은 시므온이 있다고 자랑하고 싶다.'

우리는 '세상을 어떻게 살아야 하는지?'를 잘 알고 있으나 '자신의 처한 상황이나 욕심에 따라 그저 덮고 지낼' 따름이다.

풍성한 추수를 얻은 부자는 새 곳간을 더 지으려고 하지만 (12:16~21) 반드시 기억할 것이 있다.

우리들은 '집을 사니 행복한 가정이 이뤄지고, 침대를 구매하니 숙면(熟眠)이 되고, 새 시계를 사니 보람된 시간이 생기고, 약을 복용했다고 해서 건강이 보장되지 않는다'는 것을 잊지 말아야 한다.

'세상 속에 살지만(in the world) 그들과는 달리(not of the world)' 진정한 부요함, 하나님께 대하여 부요함을 삶을 살 수 있어야 한다.

주님은 '하나님께 대하여 부요(富饒)하지 못한 자의 삶' 나아가 영혼의 문제를 비유(比喩)로 말씀해 주시고 있다.

주님은 자신을 찾아온 사람들 중에서 제자로 삼으신 것이 아니라 '자신들의 생업에 충실하던 사람들을 찾아가 12제자(6:13)를 택하여 사도(Apostles)라 칭하였다'는 말씀에서 하나님이 우리에게 친히, 직접 다가오시는 모습을 기억해야 한다.

세리 삭개오(撒該 · Zacchaeus)는 예수가 동네에 오시게 되자 그는 신분과 나이를 잊고(키도 작다) 뽕나무에 올랐고 드디어는 '그분과 눈을 맞추게(Eye contact)'되었고 그의 집에 유숙하시겠다는 말씀도 듣게 되었다(19:1~10).

우리는 어떤 일이나 상황에 대해서 즉각 반응하고 대처하는 것 같지만 실은 AIDA(Attention · Interst · Desire · Action)의 단계를 거치게 되며 대부분의 사람들은 '관심'과 '흥미'의 단계를 거쳐 '꿈을 실현하면 끝!'이다.

삭개오가 주님으로부터 칭찬을 받고 우리에게 깨달음을 주는 것은 자신의 기쁨을 이웃들과 공유하고 행동으로 실천한 것 때문이다.

주변에서 평소에는 교회안과 밖에서 믿음생활을 잘 하고 있으면서 AID(Attention · Interest · Desire)까지만 하고 마지막까지 감당해야 할 Action은 하지 않음을 종종 보게 된다.

주님의 시신을 자신의 무덤에 모신 아리마대 요셉은 "위로부터 능력으로 입혀질 때까지 성(城)안에 머무르며"(24:49) "하나님의 나라를 기다리는 선하고 의로운 사람"(23:51)이었다.

우리는 '능력으로 옷 입혀질 때까지 기도하며 기다리는 사람'이어야 한다.

Attention	Interest	Desire	Action
소문을 듣고 관심 생김(19:1~2)	얼굴 좀 보자 / 얘기를 들어보자(3)	나무 꼭대기에라도 올라 경청하자(4~6)	재산의 절반기부 / 4배나 상환(7~10)

세상(사람들)은 '하나님이 역사하심에도 불구하고 호불호(好不好)에 따라 미리 예단(豫斷)'을 하여 의심하고 불순종으로 살지만 우리 신앙인들은 '의롭고 참고 견디는 가운데 경건하고 신실하게' 살아가야 한다.

주님은 언제나 우리를 사랑하셔서 그저 모든 얘기를 들어주시고 '잘 하였도다!'고 칭찬만 하실 줄로 믿고 있다. 아니 더 정확하게는 그렇게 믿고 싶다.

하지만 "내가 불을 땅에 던지러 왔노니 이 불이 이미 붙었으면 내가 무엇을 원하리요 나는 받을 세례가 있으니 그 이루기까지 나의 답답함이 어떠하겠느냐 내가 세상에 화평을 주려고 온 줄로 아느냐 내가 너희에게 이르노니 아니라 도리어 분쟁하게 하려 함이로라"(12:49~51)고도 말씀하셨다.

주님이 '불을 던지러 왔다'고 한 것은 추위와 굶주림으로 햇빛이 없고 춥고 어두워 '동이 결코 틀 것 같지 않은 수평선의 세상', 희망과 죽음이 도사리고 있는 '무의미만이 깔려 있는 장소', 바로 그 곳에 '불을 지피라는 것!'이다(목회칼럼, 김안식목사, 강서교회, 2019.12.8).

언뜻보면 주님은 '화평(和平) 아닌 분쟁(紛爭)을 일으키고 화목(和睦)이 아닌 불화(不和)를 일으키려는 것이 아닌가?'하는 생각이 들 수도 있다.

주님이 진정으로 원하시는 것은 모든 이들이 구원받아 하나님의 자녀가 되는 것이었다. 모두가 '하나님 나라의 백성'이 되는 것이었다. 유대인과 이방인, 남자와 여자, 부자와 가난한 자, 자유민과 노예, 그 어떤 차별이나 예외가 없이 모든 사람들이 구원을 받아 '하나님의 자녀' 되기를 원하셨다.

"하나님이 세상을 이처럼 사랑하사 독생자를 주셨으니 이는 그를 믿는 자마다 멸망하지 않고 영생을 얻게 하려 하심이라"(요한복음 3:16)의 말씀은 다음의 말씀으로 이어진다.

"내가 곧 길이요 진리요 생명이니 나로 말미암지 않고는 아버지께로 올 자가 없느니라"(요한복음 14:6).

"수고하고 무거운 짐 진 자들아 다 내게로 오라 내가 너희를 쉬게 하리라"(마태복음 11:28)고 위로하여 주신다.

"누구든지 목마르거든 내게로 와서 마시라 나를 믿는 자는 성경에 이름과 같이 그 배에서 생수의 강이 흘러나오리라"(요한복음 7:37~38). 우리의 소망과 미래에 대한 말씀은 이렇다.

"볼지어다 내가 문 밖에 서서 두드리노니 누구든지 내 음성을 듣고 문을 열면 내가 그에게로 들어가 그와 더불어 먹고 그는 나와 더불어 먹으리라"(요한계시록 3:20)는 말씀으로 연결되어 이제는 모든 사람들이 돌아와 회개하고 하나님의 백성이 되기를 바라고 계심을 알게 하신다.

그러므로 우리들이 그들에게 연민과 사랑의 불을 지펴 밝혀주지 않는다면 뜨거운 심판의 불덩이가 던져질지도 모른다. 이제부터는 우리들이 거룩한 사명을 감당하여야만 한다.

오병이어(五餠二魚)의 기적(9:10~17)은 신화로 들려지는 얘기가 아니라 삶 가운데서 꼭 필요한 만큼 힘과 일용할 양식을 채워주시고 안녕(安寧)을 지켜주시는 은혜와 사랑을 보여주는 것이다.

고백하는 신앙 가운데 믿음이 더욱 깊어지고 축복과 은혜가 넘치게 된다. '예수께서 오천명을 먹이시다'의 마지막 절은 이렇게 끝난다. "먹고 다 배불렀더라 그 남은 조각을 열두 바구니에 거두니라"(9:17).

누가는 주님께 “내가 주를 사랑하는 줄 주께서 아시나이다”(요한복음 21:15)라고 했던 베드로의 이야기를 기록하고 있다.

“사람들이 뜰 가운데 불을 피우고 함께 앉았는지라 베드로도 그 가운데 앉았더니 한 여종이 베드로의 불빛을 향하여 앉은 것을 보고 주목하여 가로되 이 사람도 그와 함께 있었느니라 하니 베드로가 부인하여 가로되 이 여자여 내가 저를 알지 못하노라 하더라 조금 후에 다른 사람이 보고 가로되 너도 그 당이라 하거늘 베드로가 가로되 이 사람아 나는 아니로라 하더라 한 시쯤 있다가 또 한 사람이 장담하여 가로되 이는 갈릴리 사람이니 참으로 그와 함께 있었느니라 베드로가 가로되 이 사람아 나는 네가 하는 말을 알지 못하노라고 방금 말할 때에 닭이 곧 울더라”(22:55~60).

이후 주님은 빌라도의 법정에 섰고(23:1~15) 재판 이후에는 골고다 언덕으로 끌려 가셨고(23:26) 십자가에 달리셨다(23:33)

베드로가 세 번 주님을 모른다고 부인하기 전날인 무교절의 첫날밤에는 최후의 만찬(22:7~20)도 있었다.

베드로는 이 모든 일의 참여자 또는 증인이 바로 그 자신이었다. 그는 주님과 함께 빵을 나누며 만찬에도 참여하였으나 주님이 잘 나갈 때는 함께 하였고 역경과 고통의 때에는 피하여 숨어 구경꾼이 되기도 하였다.

우리들도 주님이 계시면 바로 옆에 앉아서 빵을 함께 나누고 기쁜 일에 동참을 하면서 기적을 베푸시면 깊이 감동하고 찬양을 하게 될 것이다.

그러나 베드로처럼 주님과 함께 식탁에 앉아 즐거움을 나누는 일에는 함께 하면서도 고난과 고통 그리고 수치(羞恥)의 순간에는 오히려 ‘모른다’하고 멀찌감치 피(避)하여 서있다,

결국 십자가 이전의 주님만을 좋아하고 찬양하지만 십자가 이후의 주님에 대해서는 외면하고 모르는 채 지내려고 한다.

“내가 처음 주를 만났을 때 그는 외롭고도 쓸쓸한 모습이었고 주님이 말없이 홀로 걸어가신 길은 영광을 다 버린 나그네였다. 그때 이런 생각이 문득 들었다. 정녕 그 분이 내 형제 구원했나? 과연 나의 영혼도 구원하려나? 의심이 많은 도마는 바로 나”였다. 후회와 번민으로 가득 찬 베드로에게 부활하신 주님은 다시 나타나셔서 그를 용서하시며 거듭나게 하시고 힘을 주시는 가운데 새로운 소명을 주셨다. 그리하여 내가 다시 주를 만났을 때 죄악으로 몹쓸 병든 몸 조용히 내 손 잡아 이끄시며 ‘병든 자여 일어 나거라’고 말씀하셨을 때 나는 눈물 흘리며 참회하였었다.

나의 믿음이 뜨거웠었다. 그동안 죄악이 나를 삼키고 내 영혼은 갈 길을 잃었었다. 그러나 내가 이제 주를 만남으로 죽음의 길 벗어나려고 하며 변찮는 은혜와 사랑을 베푸신 그 분만이 나의 구세주이신 주 예수를 따라 항상 살 것이며 십자가 지고 따라 가리라. 할렐루야 주를 만난 이 기쁨 영광의 찬송을 돌리리라 주 예수 따라 항상 살 것이다. 십자가 지고 따라 가리라 할렐루야 주를 만난 이 기쁨 영광의 찬송을 돌리리라(내가 처음 주를 만났을 때, 김석균).

이 고백과 찬송이 이제 다시 나를, 나의 신앙을 새롭게 만들고 있다. “주님, 늘 새롭게 하소서!”

요한복음

요한(約翰)은 '태초에 말씀이 계시니라'로 시작으로 '전능하신 하나님'과 '말씀이 육신 되신 하나님의 아들'에 대하여 영감(靈感)이 가득한 말씀으로 전해주고 있다.

특히 "하나님이 세상을 이처럼 사랑하사 독생자를 주셨으니 이는 저를 믿는 자마다 멸망치 않고 영생을 얻게 하려 하심이니라"

"神愛世人 甚至將他的獨生子賜給他們 叫一絶神他的 不致滅亡 反得永生"(3:16)는 말씀은 신약의 요한복음만이 아닌 성경 전체의 요절(要節)이 되고 있다.

주님의 12제자 가운데 가장 논리적이었던 그는 "네가 이같이 미지근하여 더웁지도 아니하고 차지도 아니하니 내 입에서 너를 토하여 내치리라"(요한계시록 3:16)는 경고를 통하여 만일 우리들이 제대로, 잘 신앙(信仰)하지 않으면 신자(信者)에서 불신자(不信者)로 전락(轉落)하게 될 것임을 강조하고 있다.

이제 갈릴리호수에서 물고기를 잡던 어부들을 3M으로 구분하여 생각해 보기로 하자.

먼저는 어떤 사건 또는 상황(Matter)이다. 그들은 '도시어부'들이 아닌 직업이 어부인 '어촌 제자'(21:1~19)들로서 밤을 세워 투망(投網)을 하였으나 한 마리도 잡지 못했다(they caught nothing).

그들은 어쩌면 '왜 안 잡히지?' 의아심도 생기며 '웬 일이지?' 힘이 빠지면서 '이젠 촉(觸)이 떨어졌나?'라며 실망했을 것이다.

이제 그들이 깨달아야 할 것이 있다(Meaning). 즉 세상 일이 그러하듯 언제나 '열심히 하는 것과 잘하는 것은 다르다!'이고 "익숙함에 속아 소중한 것을 잊고 있다!"(投網於益深處也)는 것은 진실이 된다.

그러나 "순종이 제사보다 낫다"(사무엘상 15:22)는 구약의 말씀은 신약시대의 어촌(漁村)에서도 이뤄짐을 기억해야 한다.

그리하여 이제 그들은 새로운 역할과 소명을 깨달아야 한다(Mission).

지금 갈릴리호수는 베드로가 '예수를 처음 만난 곳'이기도 하지만 이제부터는 주님으로부터 "너희가 내 양을 먹이라"(21:19)의 '명령을 들은 장소'이다.

우리에게도 '예수를 만나 위로받고 은혜를 받는 그런 장소'가 있어야만 한다(해변에서 만난 예수, 김홍준목사, 목동의 노래, 1991).

'물고기를 잡는 어부 제자들의 얘기'(21:3~11)는 우리들 '믿음생활에서의 근간(根幹)'을 흔드는 교훈이다.

다시 말해 무슨 일, 어떤 일에서든지 '태도가 가장 중요'하다는 것이다. 먼저 태도(Attitude)를 바로잡아 시작(Begin)해야 하고 다음에는 변화(Change)를 하여야 한다.

신앙생활에서의 ABC는 지금 우리에게도 그대로 적용되어져야 한다.

'물로 포도주'를 만드신 얘기(2:1~11)는 "물(H_2O)로 포도주(C_2H_5OH)를 만든 화학적 변화"로만 끝나는 것이 아니다.

'포도주가 떨어졌다'는 행사 진행상의 유감스러운 사실(現實)과 '더 좋은 것(더 나은 포도주)을 준비했다'는 찬사를 알린(말로 표현하여) 것 그리고 말씀하신 대로 행하여 "순종이 제사보다 낫다"(사무엘상 15:22)는 칭찬의 말씀을 듣게 된 것은 '기독교가 변화의 종교'임을 말해준다.

항아리의 물이 포도주로 바뀌면서 모두를 기쁘게 하고 '순종과 믿음'으로, 그리고 변신(變身)에서 변화(變化)로의 기적을 가져 온 것이다(예수님만 채워주십니다, 남가좌교회, 김정균목사, 2020.5.23).

6장에는 오병이어(五餠二魚)의 기적으로 알려진 "여기 한 아이가 있어 보리떡 다섯 개와 물고기 두 마리를 가지고 있나이다"로 시작하여 "이 많은 사람에게 얼마나 되겠사옵나이까"(6:9)로 이어지는 흥미로운 이야기가 기록되어 있다.

그러나 주님은 광야와 같은 이 세상에서 욕심과 허세, 만용과 명예 등 이기적이고 계산적인 어른들이 아니라 순수한 믿음을 소유하고 있는 한 어린 아이의 믿음을 통해 '기적의 동인'(動因)이 무엇인지를 확실하게 전해 주고 있다.

또한 11장의 〈나사로를 고치신 이야기〉에서는 "예수께서 눈물을 흘리시더라"·"耶蘇哭了"·"Jesus wept"(11:35)의 아주 짧은 단문(短文)으로 주님께서 삶의 현장에서 '이웃들과 공생(living together)'하셨음을 잘 보여주고 있다(일심교회, 육군6685부대, 김성호목사, 2019.6.30).

부모 없이 살았던 나사로와 두 여동생 마르다, 마리아의 '96시간의 기록'은 베다니 동네의 "다큐 4일"이다(11:44).

오빠가 병들자 주님의 방문 소식을 듣고 자매는 병 고침을 원하여 사람을 보내었으나(24시간 경과) '하나님 나라'의 선포에 전념하시던 주님은 이틀을 더 머무르셨음에도(48시간 경과) 끝내 오시지 않았다.

오히려 그를 체포하려고 하는 유대로 '다시 가자'(72시간 경과)고 하셨다.

그리고 4일이 지나서야 돌아오신(96시간 경과) 예수는 "나사로야 일어나라"(Lazarus, come out!)고 하시며 '병 고침의 역사와 기쁨'을 선물하셨다.

PD 요한이 만든 "다큐(documentary) 4일, 96시간의 기록"은 이렇게 종료된다.

1일(24시간)	2일(48시간)	3일(72시간)	4일(96시간)
병든 나사로 위급하여 주께 연락 기도 시작	죽은 나사로 여전 안오시는 주님 기도 열심	죽은 나사로 전도여행가시는 주님 계속 기도	살아난 나사로 돌아오신 주님 살리신 주님 중보 기도

예루살렘 외곽(2km)에 있는 감람산(810m) 동쪽의 무화과가 많은 비참한 사람들이 살던 동네였던 베다니(伯大尼 · Bethany)는 나사로의 병 고침으로 이제는 세계 도처에서 '치유의 병원' 이름으로 널리 사용되고 있다.

마르다와 마리아는 오빠 나사로의 가정을 위해 '기도'를 시작하였고, 주님이 집으로 오시지 않아 '더 열심히 기도'하였으며, 동네사람들은 이제 가장(家長)인 오빠의 죽음으로 닥칠 경제적인 고통과 슬픔을 생각하며 위로와 함께 눈물로 '중보(仲保)의 기도'를 하였다(11:33).

결국 기도의 힘은 기적을 가져왔다.

만일 우리들이 이러한 입장(狀況)에 있게 된다면 '어떻게 했을까?' '96시간 동안에 무얼 했을까?' 간절히 '원하는 일, 계획, 사업이 4일이 아니 4주, 4년, 40년 동안에도 이뤄지지 않는다면 어떻게 할까?'

사람들에게는 누구든지 그가 살아왔던 세상에서의 삶을 끝낼 때가 돌아온다.

이를 '죽는다, 사망한다, 돌아가셨다, 하늘가셨다, 소천(召天)하셨다' 등 어떻게 표현을 하든지 간에 '흙에서 와서 다시 흙으로 돌아가면서 자신들의 생(生)을 마감'(창세기 3:19)하게 된다.

믿는 이들은 이를 '하늘나라(天國)로 간다'고도 하고 '본향'(本鄕)으로 간다고 한다.

교회에서는 먼저 떠난 이들을 마지막으로 보내는 예배를 '장례예배'라 하기도 하였으나 요즘에는 '천국환영잔치'라고 부르기도 한다.

슬픔을 당한 유족은 물론 장례예배에 참예한 모든 이들은 그 어느 때 보다 경건한 마음으로 기도하는 가운데 '세상에서 마지막으로 헤어지며 갖게 되는 슬픔을 위로'받는 동시에 나중에 '천국에서 다시 만나게 될 것'이라는 소망을 확신하는 은혜와 감동의 시간이 된다.

다음은 장례식 예배에서의 기도문이다.

"태초에 천지만물을 창조하시고 지금도 우주의 수많은 별들을 한 치의 오차도 없이 정교하게 운행시키시는 아버지 하나님!

이 땅에 사는 우리 모든 인생들 역시 하나님의 피조물이기에 연수를 정(定)하셔서 하나님께서 오라 하시면 피할 사람 아무도 없기에 오늘 우리들은 *** 성도님을 슬프고 아픈 마음 크지만 아픔이 없는 나라, 눈물이 없는 나라에서 또 다시 만날 소망이 있기에 이제 보내드리려고 합니다.

고인의 유족들은 고인과 함께 오랜 세월을 기쁠 때나 슬플 때나 늘 함께 했던 정(情)과 추억(追憶)이 있기에 더욱 슬퍼하며 눈물짓고 있습니다.

'우리가 무슨 말로 유족들을 위로할 수 있겠습니까?'는 "나는 부활이요 생명이니 나를 믿는 자는 죽어도 살겠고 무릇 살아서 나를 믿는 자는 영원히 죽지 아니하리니 이것을 네가 믿느냐?"(요한복음 11:25~26)고 하셨던 주님의 말씀을 지금 슬픔 가운데 있는 유족들이 기억하기를 성령님께 간구할 뿐입니다.

이 시간 목사님을 통하여 들려주시는 말씀으로 유족들과 이 자리에 함께한 저희들 모두가 위로 받게 하여 주옵소서.

소망의 하나님을 바라보며 신뢰하며 우리의 가슴에서 슬픔을 거두게 하여 주옵소서.

우리를 흙으로 만드시고 소생케 하신 하나님, 이제 *** 성도님을 당신의 백성으로 삼아 주시고 친히 함께 계시는 가운데 모든 눈물을 그 눈에서 닦아 주시고 다시는 사망이 없고 애통하는 것이나 곡하는 것이나 아픈 것도 섭섭한 일도 다시는 있지 않게(요한계시록 21:3~4)하시옵소서!

이번 장례를 통해서 그동안 하나님을 알지 못했던 분이 있다면 예수를 믿고 하나님의 자녀가 되게 해주시옵소서.

고인이 못다 한 일이 있다면 남아 있는 우리가 하루 속히 일상으로 다시 돌아가 하나님께서 우리에게 주신 사명과 함께 잘 감당하며 하루하루를 믿음 가운데 힘차게 살아가게 하시고 오직 부활의 주님만을 바라보는 믿음을 얻게 하여 주옵소서.

남은 장례 일정도 어려움 없이 은혜가운데 진행되게 해주시고 특히 장지인 **까지 안전하게 갈 수 있도록 인도하여 주옵소서.

'그 뜻대로 부르심을 입은 자들에게는 모든 것이 합력하여 선을 이루시는'(로마서 8:28) 우리 구주 예수 그리스도의 이름으로 간절히 기도하옵나이다. 아멘"

믿는 이들 가운데는 '교회에 나간다!' '예수를 믿노라!'라고 하면서, 그것도 오랜 세월을 믿음생활을 했다고 하면서도 '즉시발복'(卽時發福)을 믿는 이들이 많다.

그들은 큰 소리로 다음과 같은 찬양을 하며 영광을 높이 올려 드린다.

"좋으신 하나님 좋으신 하나님 참 좋으신 나의 하나님, 우리의 기도를 응답해 주시는 참 좋으신 나의 하나님, 한없는 축복을 우리에게 주시는 참 좋으신 나의 하나님!"

"God is so Good. God is so Good. God is so Good. He so good to me."

그러나 이 찬양을 단순히 즐거운 마음으로 노래하는 것과 이 찬양 가사 그대로 '하나님은 좋으신 분, 참 좋으신 분, 너무도 선하신 분'이라는 굳건한 믿음으로 사는 것과는 큰 차이가 있다.

그리스도인에게 다가오는 예기치 못하는 일들 즉 실패와 비난, 질병과 고통, 배척과 왕따, 뒷담화와 손가락질, 시기와 질투로 인한 사람들 심지어는 가족들과의 관계에서의 어려움으로 주변에 배신자들이 너무 많다.

요즘 들어 그 어느 때보다 교회에 대한 비판적이고 부정적인 시각들이 사회 곳곳에서 들려지고 있다.

심지어는 '나는 요즘 교회를 옮기고 싶다'는 책까지 출판되고 있다. 그들이 교회를 멀리하는 이유들은 '노방전도가 정 떨어진다', '시간적으로나 정신적으로 시간이 없다', '말 많은 전도사가 싫다', '믿는 것은 나 자신뿐이다', '타종교에 배타적이다', '종교 없어도 불편하지 않다', '조용한 교회가 좋다', '기독교는 외래문화 아닌가?', '광신도가 같다', '허황된 성경이야기', '팔자 편한 사람들의 집단', '건축헌금 강조', '전지전능한 하나님', '제약 많은 종교생활', '죽은 후 영생', '너무 많은 교회', '개척교회 너무 많다' 등이다.

그러다보니 '정말 다른 교회에 나가고 싶다'는 얘기들을 들으면 그나마 '다른 교회나 다른 교단으로 가면 그래도 다행이다'라는 생각까지도 들게 하는 상황이다.

어쩌면 그들이 아예 종교(信仰) 생활을 하지 않는 다면 그들을 '실족하게 했으니 목에 연자 맷돌'(마태복음 18:6)을 매야 할 것만 같다.

지난 2017년 한국교회탐구센터가 조사한 통계에서는 크리스천 10명 중 2명(19.2%)은 일명 '가나안신자가 되어 교회에 출석하지 않는다'고 한다(미션라이프 2017.12.16.).

이는 결국 인구 전체로는 190만명 정도가 출석하지 않는다는 것으로 2013년에 한국기독교 목회자협의회가 조사한 결과 보다 8.7%(약 90만명)나 늘어난 수치이다.

주님을 바라보면 그렇지 않은데 주변에서 교회 나가는 사람들을 보게 될 때나 그들의 하는 짓들을 보면 실망과 낙심이 될 때 그리고 주 안에서 나름대로 애를 썼지만 모든 일이 수포로 돌아가고 제자리걸음 할 때, 어느 것 하나 희망을 가질 수 없는 일들을 당할 때도 '그럼에도 불구하고' "하나님은 좋으시고 선하신 분"이라는 찬양을 드릴 수 있을까?

또한 '왜 나에게만 이런 힘들고 어려운 일들이 일어나는 것인지?' 내 인생을 나도 해석하기 어려울 정도의 힘든 상황 속에서 언제나 하나님만 바라보고 달려왔다고 생각했는데 내가 원치 않는 일들이 일어나 발목을 잡은 채 딴죽을 걸고 넘어뜨릴 때 그리고 다시는 고통의 늪으로 빠져들어 가는 현실이 너무도 싫을 때가 많은데 '그런 때도 하나님을 내게 "좋으신 하나님"이라고 찬양할 수 있을까?'

아브라함이 하나님의 부르심을 받고 본토 친척 아비 집을 떠나 가나안 땅에 들어와 그 일에 대해 감사함으로 단을 쌓아놓고 이제 막 한숨을 돌리는 때에 '그 땅에 기근이 시작되었다'고 기록되어 있다(12:10).

하나님의 부름을 받고 순종하여 온갖 고생을 하면서 먼 이곳에 까지 왔다면 그래도 '먹고 사는 데에 있어서는 문제가 없어야 하는 것이 아닐까?' 이제는 '고생 끝, 행복 시작!'해도 될 것도 같은데 말이다.

이러한 생각은 누구나 할 수 있는 당연한 것이다. 과연 '하나님은 좋으신 분인가?' '오늘을 사는 수많은 그리스도인들이 어찌 이런 질문을 갖지 않을 수 있을까?' 더구나 내가 하나님 앞에 큰 죄를 지어서 그런 일을 당하는 것이라면 '죄 값을 치르는 것이구나!' 할 수도 있겠으나 어찌 보면 때로는 그런 것 같지도 않다.

하지만 이런 말씀을 기억해 보기로 하자.

"하나님의 행하시는 일을 보라 하나님이 굽게 하신 것을 누가 능히 곧게 하겠느냐 형통한 날에는 기뻐하고 곤고한 날에는 생각하라 하나님이 이 두 가지를 병행하게 하사 사람으로 장래 일을 능히 헤아려 알지 못하게 하셨느니라"(전도서 7:13~14).

하나님은 우리 인생에게 두 가지를 병행하고 계신다. 즉 우리 그리스도인들은 늘 형통한 날만을 더 바라고 기대하고 있지만 꼭 그런 날만이 있는 것이 아니라 곤고(困苦)한 날도 있게 된다. 그러므로 "형통한 날에 기뻐하고 곤고한 날에는 생각하라"는 것이다. 이러는 동안 자신을 돌아볼 시간이 필요하게 된다.

'어찌 이런 곤고함, 어려움, 불편한 일들이 내게 생겼는지 나아가 앞으로 어떤 생각이나 꿈, 비전으로 살아가야 할지'를 생각해야 할 것이다. 바로 이때 "좋으신 하나님"이라는 찬양을 부를 수 있을 것이며 비로소 우리는 믿음의 사람이 되는 것이다.

믿는 사람은 그냥 교회에 다니면서 예수를 믿는 사람, 그런 명사(名詞)인 타이틀(title)의 사람, 교인이 되는 것이 아니라 어떤 상황, 비록 그의 주변에서 벌어지는 어떤 상황이나 일들에 대하여 '먼저는 하나님의 뜻이요, 시간이 좀 지나면 감사와 은혜가 된다' 는 것을 믿는 가운데 '그대로 믿고 있다'는 동사(動詞)에서 파생된 명사로 '믿는(Believer) 사람'이라는 뜻이다.

그는 하나님의 은혜가 머물러 있는 사람이다. 지금의 상황이 아무리 어렵고 숨이 막히는 역경과 고난의 시간이며 고통의 파도가 산처럼 밀려오고 절친(切親)이었던 가족이나 친구들이 '네가 믿는 종교, 기독교, 하나님은 그런 분이냐?'고 힐난하는 상황일지라도 하나님은 '우리에게 정말 좋으신 분, 선하신 분'이다.

결국 우리는 이렇게 확신하게 된다. "우리가 알거니와 하나님을 사랑하는 자 곧 그 뜻대로 부르심을 입은 자들에게는 모든 것이 합력하여 선을 이루느니라"(로마서 8:28).

요한복음의 중간 쯤인 14장에서 우리들에게 힘이 되는 말씀을 전하고 있다. 이 장(章)의 제목은 '예수께서 제자들을 위로하시다'(Jesus comforts the Disciples)로 되어 있다.

그들은 예수님을 줄곧 최측근에서 따라 다니고 있었기에 "예루살렘에 입성(12:12~16)할 때"만 해도 그들에게 '머지않아 빛나고 영광된 날'이 올 것으로 생각했다.

그리하여 주님께서는 대단하고 멋진 행사를 위한 특별기획팀(T/F)을 가동시킬 것으로 알았으나 실망스럽게도 "자신들의 발을 씻겨 주시지를 않나?"(13:1~11) 심지어는 "너희들 중 하나가 배반을 할 것"(13:36~38)이라고 까지 말하고 있다. 이는 결코 그동안 지금까지 생각해왔던 주님의 모습이 아니다.

여기 제자들이 유감과 함께 섭섭한 생각이 들기 시작할 즈음에 해주신 말씀이 있다.

"내가 이렇게 오래 너희와 함께 있으되 네가 나를 알지 못하느냐 나를 본 자는 아버지를 보았거늘 어찌하여 아버지를 보이라 하느냐 나는 아버지 안에 있고 아버지는 내 안에 계신 것을 네가 믿지 아니하느냐 내가 너희에게 이르는 말이 스스로 하는 것이 아니라 아버지께서 내 안에 계셔 그의 일을 하시는 것이라 내가 아버지 안에 있고 아버지께서 내 안에 계심을 믿으라 그렇지 못하겠거든 행하는 그 일을 인하여 나를 믿으라 내가 진실로 진실로 너희에게 이르노니 나를 믿는 자는 나의 하는 일을 저도 할 것이요 또한 이보다 큰 것도 하리니 이는 내가 아버지께로 감이니라 너희가 내 이름으로 무엇을 구하든지 내가 시행하리니 이는 아버지로 하여금 아들을 인하여 영광을 얻으시게 하려 함이라 내 이름으로 무엇이든지 내게 구하면 내가 시행하리라 너희가 나를 사랑하면 나의 계명을 지키리라."(14:8~14).

주님과 동거동락하며 숱한 기적과 병 고침의 현장을 최근접하여 본 그들이었지만 실은 '주님이 누구신지?'도 잘, 제대로 모르고 그저 자신들이 '알고 싶고, 믿고 싶은 대로' 따라 다닌 것이다.

살다 보면 우리들이 갖고 있는 걱정이나 염려 혹은 고민(苦悶)은 '나도 알고 타인(친구 · 부모 · 동료)도 아는 경우'도 있지만 '나만 알고 그들은 모르는 경우'가 있고 '그들은 아는데 나만 모르는 경우'도 있고 '그들도 모르고 나도 모르는 경우'도 있다.

I. 나도 알고 타인(친구 · 부모 · 동료)도 안다	II. 나만 알고 타인(친구 · 부모 · 동료)은 모른다
III. 나는 모르는데 타인(친구 · 부모 · 동료)은 안다	IV. 나도 모르고 타인(친구 · 부모 · 동료)도 모른다

걱정이나 염려 혹은 고민은 '다 그게 그것인 것' 같지만 실은 그의 삶의 무게만큼 무겁고 중요한 걱정이고 염려이다. 이들에 대한 사전적 설명들은 '마음에서 시작하여 마음으로~ 끝난다'.

예수님은 그러한 제자들의 마음을 아니 정확하게는 고민과 염려와 걱정을 아시고 위로해 주시고 있다. "너희는 마음에 근심하지 말라 하나님을 믿으니 또 나를 믿으라 내 아버지 집에 거할 곳이 많도다 그렇지 않으면 너희에게 일렀으리라 내가 너희를 위하여 처소를 예비하러 가노니 가서 너희를 위하여 처소를 예비하면 내가 다시 와서 너희를 내게로 영접하여 나 있는 곳에 너희도 있게 하리라 내가 가는 곳에 그 길을 너희가 알리라 도마가 가로되 주여 어디로 가시는지 우리가 알지 못하거늘 그 길을 어찌 알겠삽나이까(14:1~5)~".

"빌립이 가로되 주여 아버지를 우리에게 보여 주옵소서 그리하면 족하겠나이다 예수께서 가라사대 빌립아 내가 이렇게 오래 너희와 함께 있으되 네가 나를 알지 못하느냐 나를 본 자는 아버지를 보았거늘 어찌하여 아버지를 보이라 하느냐 나는 아버지 안에 있고 아버지는 내 안에 계신 것을 네가 믿지 아니하느냐 내가 너희에게 이르는 말이 스스로 하는 것이 아니라 아버지께서 내 안에 계셔 그의 일을 하시는 것이라 내가 아버지 안에 있고 아버지께서 내 안에 계심을 믿으라 그렇지 못하겠거든 행하는 그 일을 인하여 나를 믿으라 내가 진실로 진실로 너희에게 이르노니 나를 믿는 자는 나의 하는 일을 저도 할 것이요 또한 이보다 큰 것도 하리니 이는 내가 아버지께로 감이니라"(8~12).

"너희가 내 이름으로 무엇을 구하든지 내가 시행하리니 이는 아버지로 하여금 아들을 인하여 영광을 얻으시게 하려 함이라"(14:8~12)고 자세하게 질문에 대하여 설명을 하신 후에 "내 이름으로 무엇이든지 내게 구하면 내가 시행하리라"(14:14)고 하셨다.

여기에 중요한 "기도의 비결' 아니 더 나아가 놀라운 '기도의 능력'이 들어있다. 첫째는 구하라는 것이니 '기도를 하라'는 것이며 둘째는 구하되 내 이름 즉 '주님의 이름으로 기도해야 한다'는 것이고 셋째는 그리하면 '반드시 들어주시고 이뤄주신다'는 것이다.

그런데 여기에는 선결 조건이 있다. 이는 제한적인 것이며 조건적이다. 즉 내 이름 곧 "주의 이름"으로 요청하는 기도를 해야만 하는 것이다. 그러면, 그렇게 하고 나면 하나님께서 '다 들어 주신다'고 하셨으니 무제한적인 것이며 무조건인 약속이다.

우리는 '간절히 원하는 바가 이뤄지거나' 또는 '어떤 일어나지 않기를 바라고 있어서' 간절히 부르짖고 하소연을 하지만 그 끝이 '무엇을 위한 것인지' 또는 '누구를 위한 것인지?'의 좌표(座標)를 정확히 설정되어 있는지를 살펴보아야 한다.

대포를 격발(擊發)하게 될 때는 방아쇠를 당기기 전에 좌표를 먼저 찍어야만 과녁(목표점)에 정확히 떨어지고 드디어는 승리를 얻게 된다.

베다니 사람들의 "다큐 4일, 96시간의 기록"은 이제 우리들의 것이어야 하고 우리 동네에서도 이뤄져야 한다.

'동네 한바퀴!'를 돌아보며 '기도의 힘! 중보기도의 능력!'을 온몸으로 체험하고 증거 할 수 있도록 이웃에 대한 관심과 사랑의 안테나를 더 높이 올리고 찾아보아야 한다.

2021년 5월 영국 크리스천투데이에서는 '크리스천들이 가장 좋아하는 성경구절 7개'를 소개했다.

1. 하나님이 세상을 이처럼 사랑하사 독생자를 주셨으니 이는 그를 믿는 자마다 멸망하지 않고 영생을 얻게 하려 하심이라(요한복음 3:16).

2. 수고하고 무거운 짐 진 자들아 다 내게로 오라 내가 너희를 쉬게 하리라(마태복음 11:28).

3. 구하라 그리하면 너희에게 주실 것이요 찾으라 그리하면 찾아낼 것이요 문을 두드리라 그리하면 너희에게 열릴 것이니(마태복음 7:7).

4. 우리가 알거니와 하나님을 사랑하는 자 곧 그의 뜻대로 부르심을 입은 자들에게는 모든 것이 합력하여 선을 이루느니라(로마서 8:28).

5. 하나님의 말씀은 살아 있고 활력이 있어 좌우에 날선 어떤 검보다도 예리하여 혼과 영과 및 관절과 골수를 찔러 쪼개기까지 하며 또 마음의 생각과 뜻을 판단하나니(히브리서 4:12).

6. 우리가 선을 행하되 낙심하지 말지니 포기하지 아니하면 때가 이르매 거두리라(갈라디아서 6:9).

7. 범사에 감사하라 이것이 그리스도 예수 안에서 너희를 향하신 하나님의 뜻이니라(데살로니가전서 5:18).

영국의 성도들이 좋아하고 우리들도 좋아하는 요한복음 3장 16절은 구약의 창조주 하나님이 신약의 시대의 우리들도 여전히 사랑하시는 하나님이심을 확신하게 해 준다.

사도행전

누가(路加)가 로마에서 그리스어로 기록하였으며 기록된 시기는 70~90년경이다.

사도행전(Acts)은 열정적이고 용감하며 담대한 선교사였던 바울의 동료인 누가가 그의 선교 여행지를 중심으로 특정 지역(당시 유대는 로마의 속국)의 종교와 신앙이 당시에 세계의 군사는 물론 역사와 정치 · 경제의 중심이었던 로마에 전파되기까지를 기록한 '기독교의 세계화(Internationalization) 내지 글로벌리제이션(Globalization)'에 대한 보고서(Documentary Report)이다.

바울(Paul · 保羅 · 바오)의 본래 이름은 사울(Saul · 掃羅 · 사오)이었다. 그의 행적 또는 삶의 변화(9:1~9)는 로마서(1:16)에서 "내가 복음을 부끄러워하지 아니하노니 이 복음은 모든 믿는 자에게 구원을 주시는 하나님의 능력이 됨이라"고 기록한 바와 같이 복음(Gospel)에 대한 확신에서 찾아 볼 수 있다.

이러한 그의 확신과 믿음은 로마를 전초 기지(前哨 基地)로 삼아 기독교를 세계로 널리 전파되어 가게 한 초석(礎石)이 되고 첫 발걸음(First step)이 되었다.

그러한 그도 처음에는 예수를 '싫어하거나 박해(迫害)하는 정도가 아니라 체포'하려고 했던 살기등등(殺氣騰騰)한 보수 유대교도로 로마 시민권을 갖고 있었던 입신양명(立身揚名) 내지 출세지향(出世指向)의 야심만만(野心滿滿)한 열혈(熱血)의 열심당원(그리스어로 zealot, 히브리어 קנאי(kanai)이고 이들은 '단검(sica)으로 무장한 사람들'이라는 뜻의 시카리우스(sicarius)에서 따온 시카리(Sicarii)로 불리워짐)이었다.

예수를 앞장서 잡으려했던 체포자이며 박해자이었던 사울이 변화되어 그의 말씀을 로마와 세계에 전하는 선교사로서 회심하고 개종하여 '위대한 전도자'가 된 것은 다메섹에서 환상 중에 그리스도를 만났기 때문이다(9:3~19).

이후 사울은 히브리어 '희망'의 뜻인 이름에서 헬라어 '작은 자'의 뜻인 바울로 개명(13:9)을 하고 주의 충성스러운 전도자가 되었으며 나중에는 순교자가 되었다.

최근 우리나라에서는 아이가 태어나 이름을 짓거나 나중에 이름을 바꾸려(改名) 하는 경우에 인기가 있었던 이름들에 대한 흥미가 있는 조사가 있었다(대법원 전자가족관계등록 시스템통계,http://efamily.scourt.go.kr/www.koreanname.me, 2019.1.20).

남자의 경우 민준, 현우, 도현, 지훈, 서준, 정우, 건우, 현준, 주원, 은중 등을 선호하고 여자의 경우에는 서연(序衍), 지원, 소연, 서현, 서영, 유진, 지윤, 채린, 채원, 지현, 소희, 은서, 연주, 연수 등이었다.

한편 미국에서는 남자들은 Jacob, Michael, Brian, Mathew, Daniel, Andrew, Anthony, James, Noah, Gabriel이고 여자들의 경우에는 Emily, Madison, Hannah, Sarah, Sophia, Olivia, Abigail, Ashley, Grace 등이었다.

물론 성경의 인물들도 아브람은 아브라함으로(창세기 17:5), 사래는 사라(창세기 17:15), 야곱은 이스라엘(창세기 32:28), 베노니는 베냐민(창세기 35:18), 기드온의 경우에는 여룹바알(사사기 6:32), 솔로몬은 여디디야(사무엘하 12:25), 다니엘은 벨드사살(다니엘 1:7), 시몬은 베드로(마태복음 16:18)처럼 이름을 바꾸었고 그들은 이름만 바꾼 것이 아니라 이전과는 전혀 다른 삶을 살았다.

기독교는 사람의 이름만 바꾸는 것이 아니라 성격이 바뀌고 인격이 바뀌며 생활까지도 바뀌는 '변화의 종교(宗敎)'이다.

사울이 바울로 개명(改名)을 한 것(13:9)은 인생의 길흉화복에서 흉(凶)과 화(禍)를 피하고 길(吉)과 복(福)을 받아 대박이 나는 운수대통(運數大通)의 요행만을 바라는 심정에서가 아니었다.

그의 뜻과 신앙은 '모든 믿는 자에게 구원을 주시는 하나님의 능력'으로 당시에는 변방(邊方 · Local)이었던 유대에만 제한되지 않고 '모든 길은 로마로 통한다'(All roads lead to Rome)는 당시의 국제적 국제적(Global)인 도시인 '로마에 있는 자들에게 복음을 전하려는 뜨거운 믿음'에서 비롯한 것이었다.

사울	바울
네가 핍박하는 예수라 (사도행전 9:1~9) 유대인 / 보수 / 열심당원 로마 시민권 / 지성인 금수저 출세지향주의 / 입신양명 행동주의자 / 무대포(無鐵砲) 앞장 서기 / 선착순 / 오직 의리	예수 그리스도의 종 (야고보서 1:1) 하나님의 뜻을 따라 그리스도 예수의 사도로 부르심을 입은~ (고린도전서 1:1) 사람들에게서 난 것도 아니요 사람으로 말미암은 것도 아니요 오직 예수 그리스도 예수와 그를 죽은자 가운데서 살리신~ (갈라디아서 1:1)

성경, 특히 그가 쓴 서신들(신약성서 27권중 13권)을 통해 알 수 있는 그의 모습은 다음과 같이 요약할 수 있다.

로마로 가는 여정(旅程), 곧 선교 여행의 길은 순조로운 순항(順航)의 순간도 있었으나 때로는 유라굴로(友拉革羅 · Northeaster, 27:14)와 같은 태풍을 만나 파선(破船)을 당하는 등 고난을 거듭하게 되면서(27:14) 그는 "하나님 나라에 들어가려면 많은 환난을 겪어야 한다"(14:22)고 고백하고 있다.

그러나 더 큰 어려움은 여행 중에 겪는 자연적인 어려움이나 시련이 아니라 고향 예루살렘과 로마의 그리스도인들 그리고 그의 선교활동을 못마땅하게 여기고 있었던 로마인들 등 사람들과의 관계(human relation)에서 비롯된 것이었다.

사도 바울의 삶은 오직 복음을 "모든 민족을 제자로 삼아 아버지와 아들과 성령의 이름으로 세례를 베풀고 내가 너희에게 명령한 모든 것을 그들에게 가르쳐 지키게 하여라. 볼지어다 내가 세상 끝 날까지 항상 너희와 함께 있으리라 하시니라"(28:19~20)를 전하려는 것이었다.

그리하여 찬송가 336장은 그의 선교 여행(Mission Trip)의 목표(object)와 결심(decision)을 잘 나나내 보여주고 있다.

1. 환난과 핍박 중에도 성도는 신앙지켰네 이 신앙 생각 할 때에 기쁨이 충만 하도다 성도의 신앙 따라서 죽도록 충성 하겠네

2. 옥중에 매인 성도나 양심은 자유얻었네 우리도 고난 받으면 죽어도 영광되도다 성도의 신앙 따라서 죽도록 충성 하겠네

3. 성도의 신앙 본받아 원수도 사랑하겠네 인자한 언어 행실로 이 신앙 전파하리라 성도의 신앙 따라서 죽도록 충성 하겠네(찬송가 336장)

세상을 사는 동안 그 누구도 환난(患難)을 좋아할 리 없겠지만 로마서(5:3)에서도 말씀하셨듯이 우리들은 "환란 중에도 즐거워하여 환란은 인내를, 인내는 연단을, 연단은 소망을 이루는 줄" 알아야 한다(고난과 은총, 박신오목사, 인우학사, 1964).

사도행전(Acts)은 첫 장부터 차례대로 읽다 보면 특히 13장부터는 성지순례기(聖地巡禮記)를 보는 듯하다. 그리하여 이 책과 함께 당시의 지리책을 펴놓고 읽다 보면 더 큰 감동이 온다(대개의 성경책 뒤에는 바울의 '전도여행지도'가 첨부되어 있다).

다메섹(Damascus,10:1) · 구브로(Cyprus,13:4) · 두란노(Ttyranus,19:9) · 수리아(Syria,21:3) · 이달리야(Italy,27:6) · 수라구사(Syracuse,28:12)와 같이 그리스 · 터키 · 이태리 등의 지중해 여행에서 익숙한 지명들이 등장하여 사도행전은 일명 선교여행기, 역사서, 신학, 문학작품, 오늘날을 위한 책 등으로 알려져 있다(성경주석, IVP, 2008).

특히 바울은 겨울인 '멜리데(Malta) 섬에서 석 달을 지낸 후 알렉산드리아(Alexandria) 배를 타고 떠나 수라구사에 사흘을 머물렀다'는 기록을 남기고 있다(28:11~12).

시라쿠사(이태리어:Siracusa, 시칠리아어:Sarausa, 라틴어: Syrācūsae, 고대 그리스어:*Συράκουσαι* Syrákousai, 중세 그리스어:*Συρακοῦσαι*)는 시칠리아섬의 옛 도시로 이탈리아 시라쿠사도의 현재 도시였으며 풍부한 그리스 역사, 문화, 원형극장, 건축물 등과 저명한 수학자 및 공학자 아르키메데스의 출생지로도 유명하다.

한편 수라구사(敍拉古) 지명은 미국 New York의 Syracuse에도 있다. 이 도시는 인구 147,306(2000)명이며 뉴욕의 중부, 온타리오 호의 남쪽에 있는 오넌다가(Onondaga)호 연안에 위치하는 군청 소재지이다.

눈이 많이 오는 것으로 유명하여 연평균 강설량이 약 116인치(약 293cm)에 달하여 미국의 인구 10만 이상 도시 가운데 강설량이 가장 많다.

원래 이 지역은 인디언족의 중심지였으나, 18세기 이후 백인이 정착하면서 발전하기 시작했고 지명(地名)은 사도바울이 선교여행을 하며 잠시 머물렀던 시칠리아의 시라쿠사에서 따왔다고 한다.

그동안 편리한 교통 인프라로 각종 공업이 발달하면서 뉴욕의 중심 도시로 미국에서 다섯 번째로 인구가 많은 도시가 되었으나 최근에는 인구 감소 추세를 보이고 있다.

1870년에 설립된 시라큐스대학은 특히 행정학, 신문방송학과는 미국 최고 수준이라 하며 13개 단과대학에 15000명의 학생들이 재학하고 있고 현재 미국 46대 대통령인 Joe Biden의 모교이기도 하며 미국의 대학별 순위 50위에 오르는 명문대학으로 알려져 있다.

겨울이 되면 폭설로 유명한 뉴욕 북쪽의 도시 이름이 바울의 선교지에서 비롯되었다는 것은 신기하고도 뜻깊다.

사도들은 그들이 도착하는 곳곳마다에서 말씀을 전할 때에 "그들이 듣고 한마음으로 하나님께 소리를 높여 이르되 대주재(大主宰)여 천지와 바다와 그 가운데 만물을 지은 이시요 또 주의 종 우리 조상 다윗의 입을 통하여 성령으로 말씀하시기를 어찌하여 열방이 분노하며 족속들이 허사를 경영하였는고 세상의 군왕들이 나서며 관리들이 함께 모여 주와 그의 그리스도를 대적하도다 하신 이로소이다 과연 헤롯과 본디오 빌라도는 이방인과 이스라엘 백성과 합세하여 하나님께서 기름 부으신 거룩한 종 예수를 거슬러 하나님의 권능과 뜻대로 이루려고 예정하신 그것을 행하려고 이 성에 모였나이다 주여 이제도 그들의 위협(威脅)함을 굽어 보시옵고 또 종들로 하여금 담대히 하나님의 말씀을 전하게 하여 주시오며 손을 내밀어 병을 낫게 하시옵고 표적과 기사가 거룩한 종 예수의 이름으로 이루어지게 하옵소서 하더라"(4:24~30)와 같이 간구를 하였다.

온갖 위협과 위험한 일들이 도사리고 있을 뿐만 아니라 얼마 전에도 고통을 당하였으나 힘을 다하여 전하니 "빌기를 다하매 모인 곳이 진동(振動)하더니 무리가 다 성령이 충만하여 담대히 하나님의 말씀을 전하니라"(4:31)와 같은 놀라운 역사가 오직 기도의 능력으로 이뤄졌다.

기도는 '하나님의 뜻을 아는 길'인 동시에 하나님과의 관계 속에서 '경건의 훈련을 쌓아가는 시간'이다.

기도에는 순서가 있다. ACTS로 Adoration 즉 창조주 하나님을 높이는 경배로 시작하여, 다음은 저지른 죄와 잘못을 하나님께 용서를 구하는 고백의 Confession이 있어야 한다.

다음에는 이제까지의 모든 것을 감사하는 Thanksgiving, 마지막에는 간구한 모든 것들에 응답주시기를 요청하는 Supplication이 있어야 한다(구원 · 교회 · 예배 그리고 신앙, 강석후목사, 꿈의 교회, 2008).

교회는 믿음의 공동체로 영어의 Church나 한자어 教會는 공동체(共同體)로 '다 함께 모이는 종교적 장소'를 뜻하고 있다.

교회를 뜻하는 Ecclesia는 Kirche(독일어), Kirk(스코트랜드어/Kirkland, 교회에 속한 땅), Chiesa(이태리어), Eglise(불어), Iglesia(스페인어)와 같이 그리스어 Kyriake(Lord's house)에서 기원한다.

이러한 점에서 교회는 찬송이 그치지 않는 '찬양의 집'(역대상 6:32), '축제의 집'(시 120~134편)이기도 하지만 만인이 모여 '하나님께 기도하는 집'(이사야 56:7)이어야 한다.

기도로 하나님께 영광을 돌리며 죄의 회개를 통해 용서 받아 새로운 결단과 사명을 지고 세상을 향해 나아가야 한다.

하용조목사는 사도 바울의 선교에 대한 뜨거운 사명감으로 국내는 물론 '세계를 향한 선교를 감당하는 온누리교회가 되어야 한다'고 하면서 사도행전 29장(ACT 29)을 강조하였다.

‘사도(使徒)들의 행전(行傳)’은 언제나 현재 진행형이어야 한다. 로마에 있던 그들은 예수그리스도의 말씀을 근접하여 듣고 사역 현장에도 동행하면서 제자들로부터 직접 은혜를 받았다.

그러나 그들과는 달리 공관복음을 통해 은혜 받은 우리들은 “세례 요한에게서 물로 세례를 받았으나 이제는 성령으로 세례를 받아야 한다(1:5, For John baptized with water, but in a few days you will be baptized with the Holy Spirit).”는 말씀처럼 성령의 은총을 사모할 수 있어야 한다.

‘잘하나 보자!’ ‘열심히 하면 좋은 거야!’ ‘잘하고 있네!’ 보다는 우리가 사랑하는 성전, 교회의 “모퉁이의 머릿돌(corner stone)”이 되어야 한다(4:11).

성령에 이끌린 이들의 눈물 어린 수고와 기도로 이제 우리에게도 복음이 전해졌다.

먼저 사도 바울이 앞장을 섰고 그의 옆과 뒤에는 아나니아, 바나바, 베드로, 요한, 야고보, 마가, 실루아노, 디모데, 누가, 디도, 루디아, 아굴라와 브리스길라, 오네시보로, 두기고, 아볼로가 있었다.

이제는 애슐리, 티모시, 브라이언, 피터, 쫜, 마이크, 게브리얼, 노아, 루쓰, 리차드. 해리슨, 엘리노어, 올리비아, 리암, 션이 함께 해야 한다.

로마서

고린도에서 바울이 로마(羅馬)의 유대인과 이방인들에게 죄와 구원 그리고 믿음에 관련하여 보낸 서신이다.

그가 쓴 13권의 책 중 가장 길고 교리적으로도 중요한 것으로 57년경 고린도에서 기록되었고 핵심은 "믿음으로 의에 이른다(人心裏相信就可以稱義)"는 '이신득의(以信得義)'이다(10:10).

바울은 신약 성경의 절반인 13권을 저술하였고 이들은 교리서신(로마서, 고린도전서, 고린도후서, 갈라디아서), 옥중서신(에베소서, 빌립보서, 골로새서, 빌레몬서), 종말서신(데살로니가전서, 데살로니가후서), 목회서신(디모데전서, 디모데후서, 디도서)이며 특히 로마서는 신약에서 유일하게 기독교 신학을 다루고 있는 교리서이다.

사울은 36년에 스데반의 순교 당시(사도행전 7:57~58)에는 열정적인 박해자(갈 1:14, 행 8:30~11)였으나 다메섹에서 주님을 만난 후에 바울로 개명(改名)을 하였다(행 9:1~19).

그의 이름 사울은 '큰 자', 바울은 '작은 자'의 뜻으로 전자는 유대식 표기이며 후자는 헬라어로 '로마를 포함한 세계 선교에 대한 꿈'을 가진 열정이 느껴진다.

그러나 바울은 논리적이고 열정적인데다 민중들의 뜨거운 지지와 호응을 받게 되면서부터는 오히려 유대인들이 그를 죽이려고 하자 지인(知人) 성도들의 도움을 받아서 아라비아 광야로 피신(사도행전 9:24~25)을 하게 되었다.

그 후 3년간의 연단(갈 1:15~18)을 받고 예루살렘에 머물다가 고향인 다소로 가서는 10여년을 보낸 후에 안디옥교회가 설립(47년)되자 전도자로 파송되었다(13:1~3).

그는 제1차 전도여행(행 13:1~14:26)으로 실루기아, 구브로 섬 살라미, 루스드라, 더베 등 14곳을 여행하며 160km(안디옥~이고니온)를 이동하고 다소산(4,000m) 등 다메섹에서 예루살렘으로 또 다시 시리아와 로마로 복귀하는 등 34년부터 46년까지 무려 1만 6000km의 장거리를 여행하였다.

바울은 '아담의 죄로 사망에 이르게 되었으나(5:12) 예수 그리스도의 은혜로 의인'이 될 수 있게(5:15) 되었고 불순종함으로 죄 짓게 된 것에서 벗어나 '참된 생명을 얻게 되었다'는 것을 증거하고 있다.

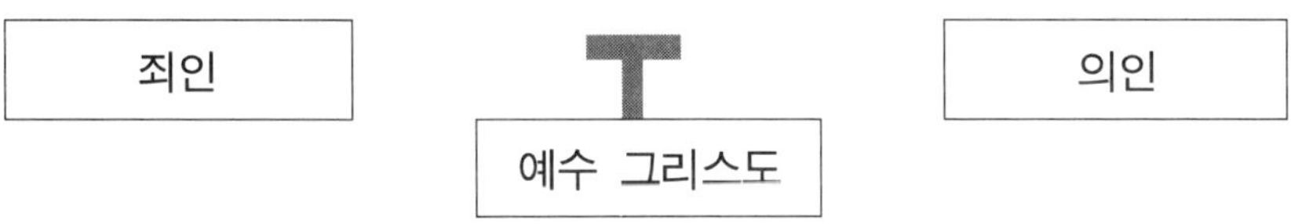

"He was delivered to death for our sins and was raised to life for our justification, Romans." (4:25).

그는 우리가 "그리스도가 누리시는 영광에 참여하려면 그분의 고난에도 참여"(8:17)하고 "그리스도인으로 살아가는 동안 사랑하는 빚 이외에는 아무런 빚도 지지 말라"고 한다(13:8).

나아가 그리스도인의 생활법칙을 강력하게 주장하고 있다.

"사랑에는 거짓이 없나니 악을 미워하고 선에 속하라 형제를 사랑하여 서로 우애하고 존경하기를 서로 먼저 하며 부지런하여 게으르지 말고 열심을 품고 주를 섬기라. 소망 중에 즐거워하며 환난 중에 참으며 기도에 항상 힘쓰며 즐거워하는 자들과 함께 즐거워하고 우는 자들과 함께 울라~아무에게도 악을 악으로 갚지 말고 모든 사람 앞에서 선한 일을 도모하라 악에게 지지 말고 선으로 악을 이기라(反要以善勝惡, 12:9~21)"고 권면한다.

하지만 바울은 빌립보서에서

"내가 여러 번 너희에게 말하였거니와 이제도 눈물을 흘리며 말하노니 여러 사람들이 그리스도의 십자가의 원수로 행하느니라 그들의 마침은 멸망이요 그들의 신은 배요 그 영광은 그들의 부끄러움에 있고 땅의 일을 생각하는 자라 그러나 우리의 시민권은 하늘에 있는지라 거기로부터 구원하는 자 곧 주 예수 그리스도를 기다리노니 그는 만물을 자기에게 복종하게 하실 수 있는 자의 역사로 우리의 낮은 몸을 자기 영광의 몸의 형체와 같이 변하게 하시리라"(빌립보서 3:18~20)고 하면서 '애통한 심정으로 눈물을 흘리며 쓴다'고 밝히고 있다.

이를 다시 공동번역으로 읽어보면 그의 절절한 안타까움이 그대로 전해진다.

"내가 벌써 여러 번 여러분에게 일러 준 것을 지금 또 눈물을 흘리며 말하는 바이지만 많은 사람들이 그리스도의 십자가의 원수가 되어 살고 있습니다. 그들의 최후는 멸망뿐입니다 그들은 자기네 뱃속을 하느님으로 삼고 자기네 수치를 오히려 자랑으로 생각하며 세상일에만 마음을 쓰는 자들입니다. 그러나 우리는 하늘의 시민입니다 우리는 거기에서 오실 구세주 되시는 주 예수 그리스도를 고대하고 있습니다."

한편 NIV 성경을 통해 글자 하나 하나를 기도하는 마음으로 읽어보면 하늘의 시민인 우리가 어떻게 해야 제대로, 잘 믿음생활을 할 수 있는지를 진솔하게 권면하는 말씀들은 가슴을 먹먹하게 한다.

"For, as I have often told you before and now say again even with tears, many live as enemies of the cross of Christ. Their destiny is destruction, their god is their stomach, and their glory is in their shame. Their mind is on earthly things. But our citizenship is in heaven. And we eagerly await a Savior from there, the Lord Jesus Christ,"

길을 가다 길가에서 비록 모르는 아이일지라도 울고 있으면 '왜 그럴까?'하는 마음이 들어 뭐라고 말을 붙여 보고도 싶지만 어른이 그러할 경우에는 감히 뭐라 위로를 해야 할지를 몰라 감히 다가 갈 수도 없게 된다.

오직 '주를 위하여!', '주님의 교회를 위하여!', '주를 따르는 성도들을 위하여!' 폭풍우 속을 항해하고 매를 맞고 사슬에 매인 채 감옥에까지 들어간 바울의 삶을 기억하면 이제 더 이상 그에게만 그동안 감당해온 전도와 헌신적인 사역을 맡길 수는 없다.

지난 2016년에 광화문 행정자치부 선교회의 수요예배에서 〈바울에게만 맡기지 맙시다〉라는 제목으로 다음과 같은 말씀을 전한 바 있다(2016.12.14).

이제는 더 이상 바울에게만 맡겨서는 안된다. '어떻게 지금 우리 믿음의 싹이 자라 뿌리내리고 이만큼 자라났는데 그리스도의 십자가의 원수가 되어 이렇게 살게 되었는지', '어쩌다가 우리의 뱃속을 하나님으로 삼고 오히려 수치를 자랑으로 생각하며 세상일에만 마음을 쓰게 되었는가?'

우리도 눈물을 흘려가며 그의 사역을 나누고 함께 짐을 지며 동역을 해야 하는데 언제까지 그를 울게 하려는가? '이제 더 이상 바울을 눈물 흘리게 맙시다.', '바울에게만 맡기지 말자.'

바울은 "그러므로 형제들아 내가 하나님의 모든 자비하심으로 너희를 권하노니 너희 몸을 하나님이 기뻐하시는 거룩한 산 제물로 드리라 이는 너희가 드릴 영적 예배니라 너희는 이 세대를 본받지 말고 오직 마음을 새롭게 함으로 변화를 받아 하나님의 선하시고 기뻐하시고 온전하신 뜻이 무엇인지 분별하도록 하라"(12:1~2)고 하면서 "하나님의 뜻을 분별(分別)하여 살라"고 강조하고 있다.

Helmut Richard Niebuhr(1894~1962)교수는 신앙 또는 종교생활에서 문화적인 요소 혹은 환경은 무시할 수 없다고 보면서 기독교 신앙은 그리스도의 역사적 사건과 분리할 수 없다고 설명하였다.

첫째로 '문화와 대립하는 그리스도'(Christ against Culture)를 언급하면서 문화에 대하여 배타적인 입장을 설명하고 있다. 사회 관습 등을 그리스도와는 적대적 관계에 있다고 보면서 문화 자체를 죄(罪)의 산물로 본다고 하였다.

둘째로 그는 '문화의 그리스도'(Christ of Culture)를 언급하면서 기독교와 문화는 서로 동격의 관계로 근본적인 일치와 연속성이 존재한다고 보면서 문화를 선(善)으로 보려고 했다.

셋째로 '문화 위의 그리스도'(Christ above Culture)를 언급하면서 이는 문화에 대하여 적대적이지도 않으나 그렇다고 일치할 수도 없다고 하면서 그리스도를 높은 층에 두고 문화를 낮은 층에 두고 그리스도는 문화 위에 있고 복음은 문화가 도달해야 할 이상이라고 보았다.

넷째로 '역설적인 관계에 있는 그리스도와 문화'(Christ in Paradox with Culture)를 언급하면서 그리스도(基督教)와 문화는 화해할 수 없는 '필요악'(必要惡)으로 설명하고 있다.

다섯째로 그는 '문화의 변혁자(變革者) 그리스도'(Christ the Transformer of Culture)를 말하면서 문화는 배척의 대상이나 궁극적 지향점이 아니라 '변혁의 대상'으로 보아야 한다고 한다.

R.니버의 문화에 대한 이론은 이제 신학자로서의 이론에 그치지 않

고 사도 바울이 언급한 말씀과도 연결이 되어 지금 우리가 살고 있는 세상에서 '세상의 문화를 대립(against)'할 것인지, '동격(of)으로 볼 것'인지, 위에 군림(above)'할 것인지, 변혁자(transformer)로서의 소명의식으로 살아갈 것인지를 고민하게 하고 있다.

무조건 "이 세대를 본받지 말라"(12:1~2)고 말씀했다고 하면서 세상(文化)과 어깃장만을 놓으며 반대하고 다툴 것이 아니라 먼저 마음을 새롭게 하여 하나님의 선하시고 기뻐하시고 온전하신 뜻을 분별하여 내려고 기도하고 노력하며 살아가야 한다.

성경을 읽기 전에 "말씀이 네게 가까워 네 입에 있으며 네 마음에 있다"(10:8)고 기억하며 "사람이 마음으로 믿어 의에 이르고 입으로 시인하여 구원에 이르리라"(10:10)를 바울의 권면을 잊지 말아야 한다.

바울의 신앙을 사모하며 신앙생활하려는 우리들에게는 3S가 요구되고 있다.

늘 하늘의 것을 사모하는 Spirituality(靈性), 교회 안과 밖에서 만나는 모든 이들을 귀하게 여기는 Specialty(歡待), 늘 신실한 태도와 행동으로 살아가는 Sincerity(信實)가 있어야 한다.

요즘 IQ(Intelligence Quotient)에서 EQ(Emotional Quotient)까지도 강조하고 있다. 하지만 어느 시대, 누구든지를 막론하고 절대 필요한 것은 FQ(Faith Quotient), 곧 믿음 지수이다.

그리고 믿는 이들에게는 늘 SQ(Spiritual Quotient)가 요구되고 있다(믿음을 탄탄하게 만들라, 오세열목사, 나침반, 2018).

고린도전서

바울이 에베소에서 고린도교회 교인들(Corinthians)에게 보낸 것으로 신앙인이 아니라면 하지 않아도 될 고민과 걱정에 대하여 권면의 말씀을 전하고 있다.

그들이 직면하고 있는 문제점은 "단단한 음식 먹을 준비가 안 된 어린 아이들과 같은"(3:1~2) 사소한 것임에도 불구하고 늘 다툼과 분쟁으로 이어졌기 때문이었다.

바울(Paul)은 그리스도가 세례(洗禮)가 아니라 복음(福音)을 전하기 위해서 자신을 사용하고 있으며 자신의 소명은 "인간의 지혜로운 말로 하라는 것이 아니라 그리스도 십자가 능력을 잃지 않게 하려는 것"(1:17)이라 고백하고 있다.

호서대학교를 설립한 강석규박사는 95세에 외국어를 배우러 학원에 나가면서 '10년 뒤 105세 생일 때 하고 싶은 일을 미루다 후회한 인생으로 슬퍼하지 않기 위해서'라고 말했다.

그는 103세에 평안히 소천하셨으며 주님이 부르시기 전까지 온 힘을 다하여 주신 사명을 잘 감당하였다.

그에게 힘과 용기를 준 말씀이 고린도전서에 있다. "내가 내 자의로 이것을 행하면 상을 얻으려니와 내가 자의(自意)로 아니한다 할지라도 나는 사명을 받았노라"(9:17).

오늘날 사회적인 명성과 경제적 안정을 누리면서 능력자로 인정받는 이들이 있는 교회, 사회의 오피니언 리더들이 다니고 있는 오늘의 교회에서 그들에게 과연 구원이 있고 나아가 '주 내게 부탁하신 소명을 정말 다하고 있을까?'를 생각해 볼 때가 있다.

지금 사회 일부에서는 교회와 믿는 이들을 그저 '무엇인가를 나눠주고 봉사하며 친교를 나누는 착하게 살려는 사람들이 모인 좋은 곳' 정도로만 알고 있다.

바울은 "하나님의 어리석음이 사람의 지혜보다 더 지혜로우며, 하나님의 약함이 사람의 강함보다 더 강하다(1:25)"고 하면서 우리가 "십자가에 달려서 (우리들의 죄를 위하여) 돌아가신 예수의 십자가의 고통을 너무나도 짧고 빠르게 망각한 채 오직 영광(榮光)만을 기다리고 있는 것이 아닌지를 되돌아보라"고 기록하고 있다.

영적 전쟁에서 승리를 결단하는 이들은 '치욕에서 능력으로의 십자가(The Cross ; from Humiliation to Power!)'를 결코 잊지 말아야 한다(영락교회 김운성목사, 2020. 3.8).

고린도전서(哥林多前書)에서는 사랑의 '지고지순(至高至純)과 진정성(眞情性)'을 말하고 있다.

널리 알려진 사랑에 관한 최고의 애송시(愛誦詩)인 13장은 "믿음, 소망, 사랑은 항상 있어야 하나 그 중 제일은 사랑"이라 하면서 "사랑이 없으면 소리 나는 구리와 울리는 꽹과리(鳴的鑼 響的鈸一般)"라며 '아무리 큰소리가 나도 그 자체로는 아무런 의미도 전달할 수 없다'고 하였다.

세상에서는 '사랑하는 것은 사랑을 받느니보다 행복하느니라'(행복, 유치환)고 노래하지만 바울은 뜨겁고 애절한 사랑을 뛰어 넘는 교회 안에서의 진정한 사랑을 호소하고 있다.

그는 "내가 사람의 방언(speak in the tongues)과 천사의 말을 할지라도 사랑이 없으면 아무것도 아니요"와 "교만하지 아니하고 무례하게 행하지 아니 한다"는 사랑의 필요조건도 제시하고 있다.

사람의 온도, 체온은 36.9℃로 어린이들은 좀 높으나 어른들은 낮게 측정된다. 새벽에는 내려가지만 저녁에는 약간 오르는데 정상 체온은 36.5℃(35.8~37.2℃)이다.

만일 35℃ 이하로 내려가게 될 경우 생명이 위급하고 42℃를 넘게 되면 단백질 성질이 변하여 치명적인 상황에 이르게 된다.

요즘 코로나 팬데믹(Pandemic)의 위력은 '대단하다'의 정도가 아니라 가정과 교회는 물론 정치와 경제까지를 겁박(劫迫)하고 있다.

이러한 코로나의 감염 여부는 체온으로 결정된다. 즉 감염 여부를 결정하는 온도인 37.5도를 넘어서면 안 된다.

그렇다면 13장에서 언급한 '사랑의 온도(溫度)'는 어느 정도, 몇 도나 될까?

한때 젊은이들이 열광했던 드라마 〈사랑의 온도〉(SBS, 2017.9~11월)에서는 '신발 사주면 도망간다잖아 그래서 샀어. 나한테 도망오라' 등과 같은 대사들이 청춘들을 오글거리게 한 적이 있었다.

사랑에도 온도가 중요하다. 드라마는 사랑에 빠지거나 빠지고 싶은 이들에게 이렇게 묻는다. '당신에게 가장 따뜻했던 온도는 몇 도인가요?'라고.

세상에서는, TV드라마에서는 사랑의 온도에 대하여 '두 사람이 같은 온도일 때 이뤄진다'고 하지만 바울의 사랑에 대한 정의는 무엇일까?

바울이 말하는 사랑은 세상 사람들 특히 지금 사랑을 하거나 하려는 사람들의 온도와는 간극(間隙)이 크고도 넓다.

13장 1~3절까지는 알 것 같지만 4~7절까지는 실천하기 어렵다. 8~11절은 그런 것도 같다. 12절은 그래야만 할 것 같다.

다만 우리가 신앙생활을 하면서 '믿고 소망하며 사랑'을 하지만 비록 현재 가지고 있거나 누리고 있는 것들이 좀 부족하다고 할지라도 '가려주고 채워 줄 것은 오직 사랑'이라는 것을 확신시켜 주고 있다.

그러므로 바울이 말하는 사랑은 세상 사람들의 사랑, 세상에서의 사랑과 전혀 다른 것이다.

바울은 그가 겪는 고통과 아픔을 다들 잘 알고 있음에도 지치지 않고 "내가 이미 얻었다 함도 아니요 온전히 이루었다 함도 아니라 오직 내가 그리스도 예수께 잡힌 바 된 그것을 잡으려고 달려가노라 형제들아 나는 아직 내가 잡은 줄로 여기지 아니하고 오직 한 일 즉 뒤에 있는 것은 잊어버리고 앞에 있는 것을 잡으려고 푯대를 향하여 그리스도 예수 안에서 하나님이 위에서 부르신 부름의 상을 위하여 달려가노라"(빌립보서3:12~14)고 말하면서 사랑의 완성을 위해서는 끊임없이 노력하여야 한다는 것을 강조하고 있다.

바울이 말하는 사람은 Erich Fromm(1900~1980)이 '절대적인 사랑은 어린이들만이 아니라 모든 사람들이 가장 깊이 열망하는 것들의 하나다'라고 한 것이나 '사랑은 존경하는 것이다'라고 한 것을 훨씬 뛰어넘는 그리스도인들의 '사랑에 대한 궁극(窮極)의 총정리'이다.

바울은 또한 "마땅히 우리를 그리스도의 일군이요 하나님의 비밀을 맡은 자로 여길 지어다~맡은 자들에게 구할 것은 충성이니라 ~ 그가 어두움에 감추인 것들을 드러내고 마음의 뜻을 나타내시리니 그 때에 각 사람에게 하나님께로부터 칭찬이 있으리라"(4:1~5)고 했다.

즉 '어떤 일을 계획(planning)하는 것 이상의 좋은 결과에 대한 평가(seeing)를 얻기 위해서는 모든 일에 충성스럽게 수행할 것(doing)'을 충고하고 있는 것이다.

Planning	Doing	Seeing
기도로 준비하며 철저하게 준비	그리스도의 일군이요 하나님의 비밀을 맡은 자로 여기며 실행	진정한 평가는 나중에 하나님이 평가하고 심판 후에는 상벌이 있게 됨

마지막으로 바울은 우리들에게 묵직하고도 '짠하게(청년들은 이런 경우 울컥하다고도 한다) 고백'을 하고 있다.

"만일 그리스도 안에서 우리가 바라는 것이 다만 이 세상의 삶뿐이면 모든 사람 가운데 우리가 더욱 불쌍한 자이리라."

"If our hope in Christ is only for this life, we are more to be pitied than anyone in the world."(15:19).

고린도후서

주후 56년경에 바울이 마케도니아 빌립보에서 디도 등에 있는 교회 지도자들에게 보낸 서신이다. 그는 고린도전서를 통해서 고린도교회(哥林多教會)에 편지를 보낸 이후에 회개하고 더욱 신실하게 믿는 이들도 있지만 이미 침투한 거짓 교사들과 이단세력들로 인하여 믿음생활이 흔들리는 이들도 많아 그들이 다시 되돌아오기를 바라는 마음으로 편지를 썼다.

이 서신의 화두(話頭)는 '바울의 사도권(使道權)'에 대한 도전이다.

"너희를 대면하면 유순하고 떠나 있으면 너희에 대하여 담대한 나 바울은 이제 그리스도의 온유와 관용으로 친히 너희를 권하고 또한 우리를 육신에 따라 행하는 자로 여기는 자들에 대하여 내가 담대히 대하는 것 같이 너희와 함께 있을 때에 나로 하여금 이 담대한 태도로 대하지 않게 하기를 구하노라 우리가 육신으로 행하나 육신에 따라 싸우지 아니하노니 우리의 싸우는 무기는 육신에 속한 것이 아니요 오직 어떤 견고한 진도 무너뜨리는 하나님의 능력이라 모든 이론을 무너뜨리며 하나님 아는 것을 대적하여 높아진 것을 다 무너뜨리고 모든 생각을 사로잡아 그리스도에게 복종하게 하니 너희의 복종이 온전하게 될 때에 모든 복종하지 않는 것을 벌하려고 준비하는 중에 있노라 너희는 외모만 보는도다 만일 사람이 자기가 그리스도에게 속한 줄을 믿을진대 자기가 그리스도에게 속한 것 같이 우리도 그러한 줄을 자기 속으로 다시 생각할 것이라 주께서 주신 권세는 너희를 무너뜨리려고 하신 것이 아니요 세우려고 하신 것이니 내가 이에 대하여 지나치게 자랑하여도 부끄럽게 아니하리라 이는 내가 편지들로 너희를 놀라게 하려는 것 같이 생각하지 않게 함이라 그들의 말이 그의 편지들은 무게가 있고 힘이 있으나 그가 몸으로 대할 때는 약하고 그 말도 시원하지 않다 하니 이런 사람은 우리가 떠나 있을 때에 편지들로 말하는 것과 함께 있을 때에 행하는 일이 같은 것임을 알지라 우리는 자기를 칭찬하는 어떤 자와 더불어 감히 짝하며 비교할 수 없노라 그러나 그들이 자기로써 자기를 헤아리고 자기로써 자기를 비교하니 지혜가 없도다 그러나 우리는 분수 이상의 자랑을 하지 않고 오직 하나님이 우리에게 나누어 주신 그 범위의 한계를 따라 하노니 곧 너희에게까지 이른 것이라 우리가 너희에게 미치지 못할 자로서 스스로 지나쳐 나아간 것이 아니요 그리스도의 복음으로 너희에게까지 이른 것이라 우리는 남의 수고를 가지고 분수 이상의 자랑을 하는 것이 아니라 오직 너희 믿음이 자랄수록 우리의 규범을 따라 너희 가운데서 더욱 풍성하여지기를 바라노라 이는 남의 규범으로 이루어 놓은 것으로 자랑하지 아니하고 너희 지역을 넘어 복음을 전하려 함이라 자랑하는 자는 주 안에서 자랑할지니라 옳다 인정함을 받는 자는 자기를 칭찬하는 자가 아니요 오직 주께서 칭찬하시는 자니라"(10:1~18)고 하면서 복음 내지 '복음의 생활화'에 대하여 길고 자세하게 풀이하여 주고 있다.

한편 그가 고린도전서에서 고린도 교회의 잘못을 지적하고 회개를 촉구하자 대부분은 곧 회개를 하고 순종하였으나 거짓 교사들은 여전히 그의 사도권(Paul's apostolic right)에 대한 이의를 제기하였다.

그리하여 바울은 이를 분명히 하지 않으면 앞으로 그가 감당할 선교사역에 큰 걸림돌이 될 수 있다고 판단하고 '십자가의 도(福音)'만을 전파한다고 주장하면서 그동안 받았던 자신의 고초(苦楚)를 생생하게 소개하고 있다.

"그들이 그리스도의 일꾼이냐 정신없는 말을 하거니와 나는 더욱 그러하도다 내가 수고를 넘치도록 하고 옥에 갇히기도 더 많이 하고 매도 수없이 맞고 여러 번 죽을 뻔 했으니 유대인들에게 사십에서 하나 감한 매를 다섯 번 맞았으며 세 번 태장으로 맞고 한 번 돌로 맞고 세 번 파선하고 일주야(晝夜)를 깊은 바다에서 지냈으며 여러 번 여행하면서 강의 위험과 강도의 위험과 동족의 위험과 이방인의 위험과 시내의 위험과 광야의 위험과 바다의 위험과 거짓 형제 중의 위험을 당하고 또 수고하며 애쓰고 여러 번 자지 못하고 주리며 목마르고 여러 번 굶고 춥고 헐벗었노라"(11:23~27)고 기록하고 있다.

그러나 자신은 "늘 이 외의 일은 고사하고 아직도 날마다 내 속에 눌리는 일이 있으니 곧 모든 교회를 위하여 염려하는 것이라 누가 약하면 내가 약하지 아니하며 누가 실족하게 되면 내가 애타지 아니 하더냐 내가 부득불 자랑할진대 내가 약한 것을 자랑하리라"(11:28~30)고 고백하고 있다.

고난은 좌절(挫折)이 아닌 희망의 보루(堡壘)이다. 반드시 하나님의 사랑으로 이겨내야 할 승리의 대상인 것이다.

다음은 서울 후암교회에서의 목회 이후에도 왕성한 선교활동을 수행하셨던 조동진목사(1924~2020.6.19)의 회고록이다.

신학교를 졸업하고 손양원목사와의 약속을 지키기 위해 전남 여수와 순천 지역으로 내려가 애양원 근처인 여수군(현 여천군)의 무교회(無教會) 면인 쌍봉면에서 목회를 시작하였다.

그가 동네 면장에게 부탁하여 30여 명을 모아 전도를 하였으나 그들은 말로는 '믿어야지요' 하면서도 교회에는 오지 않았다.

신학교 시절 열심히 공부하여 우등생이 되기도 했던 나의 열정과 믿음은 한 달이 지나도록 아무 성과를 얻지 못하여 어느 주일 저녁에는 자신을 한탄하며 울고 회개를 했다. 사랑으로 전도하지 않고 내 힘으로 할 수 있다고 생각한 것이 부끄러웠다.

목회는 물론 가정생활도 어려워 사모가 목공소에서 황토 색칠을 한 앉은뱅이책상을 가져왔는데 그것이 결혼 후 마련한 첫 가구였다. 1949년의 겨울은 추웠으나 돈도 땔감도 양식도 없었다.

김장철이 되어도 배추 한 포기 살 돈이 없었다. 밤중에 나간 사모가 배추를 사왔을 때 차가운 아내 손을 방바닥에 대줬는데 손을 펴지 않았다.

가만 보니 손가락에 있어야 할 결혼반지가 없었다. 아내는 소리 내어 울었다. '당신 반지를 팔았구만…'. 나 역시 울었다. '주님, 너무하십니다.' 그날 우리는 눈물로 밤을 지새웠다.(한국교회 선교북한사역의 산증인 조동진목사, 국민일보, 2018.5.21).

비록 배를 타고 태풍이 몰아치는 바다를 건너기도 하고 태장(笞杖)을 맞기도 하고 감옥에 갇힌 적은 없지만 오직 주를 위하여 열심히 기도하고 애를 쓴 결과나 열매가 맺혀지지 못할 때의 심정은 바울이 감당하였던 노력과 헌신에 비해서도 조동진목사의 전도 사역은 참으로 귀한 역정이며 거룩한 발자취였다.

최근 방한한 세계적인 신학자 Miroslav Volf 예일대 석좌교수는 실천신학대학원대학교와 새문안문교회에서의 특강에서 〈고난을 이긴 승리:고난에 대한 사도바울의 입장에 대하여〉를 주제로 강연을 하였다(실천신학대학원대학교,제11차국제실천신학심포지엄, 2018.5.13).

그는 욥과 사도바울을 통해 '고난의 극복' 방법을 제시하면서 고난은 피할 수 없는 인간의 숙명이라고 하면서 인간은 '깨지기 쉬운 질그릇이고 부패하기 쉬운 존재'(4:7)라고 하면서 고난이 세상을 지배하는 이유는 개인 및 집단 간 도덕적 일치가 산산이 부서졌기 때문'이라고 하면서 이에 따라 억울하게 고난을 당할 뿐 아니라 심지어 의롭기 때문에 고난을 당하는 것이 현실이라는 바울의 말을 인용했다.

그는 바울이 '고난을 부정하지 않고 삶의 일부로 받아들였음'을 강조하면서 이는 평소 신앙이 좋은 사람들도 하나님의 살아계심을 믿고 있으면서도 시련이 닥치게 되면 믿음의 딜레마에 빠지게 된다고 지적하였다.

볼프 교수는 이러한 삶의 모습을 '욥의 신앙'으로 설명하고 있다. 대개의 경우 누군가가 견딜 수 없는 고통을 당할 때 첫째로는 '하나님의 실재를 부인'하거나, 죄를 지었으니 당연하게 고통받는 자를 비난하거나, '하나님에게 불평'을 하게 되지만 우리는 진정한 하나님의 자녀였던 욥처럼 '침묵을 택하여야 한다'고 한다.

그는 바울은 고난 당한 욥의 진면목을 '침묵의 태도'에서 찾았다고 하면서 욥의 침묵에 대하여 고난 이후 받을 하나님의 깊은 뜻, 즉 풍성한 축복을 믿는 동시에 이는 십자가와 부활의 그리스도가 '고난을 이긴 하나님의 사랑인 것을 확신하는 태도'라고 설명하고 있다.

그러면서 '바울도 기도의 응답이 없어도 그리스도를 위하여 자신의 약함과 궁핍, 박해와 고난을 기뻐하기로 했다'고 하면서 궁극적으로 '고난을 극복하는 디딤돌'(stepping stone)로 '그리스도 십자가 죽음과 부활 사건'을 예로 들고 있다.

볼프 교수는 '부활은 십자가 희생으로 보이신 하나님의 승리'를 확증한 사건이라고 설명하고 있다.

그는 부활 이후를 사는 우리는 여전히 탄식하면서 살고 있지만 그 탄식에 성령이 함께 계셔서 고난은 좌절이 아닌 희망의 보루라는 확신을 갖고 승리의 삶을 살아야 한다고 강조했다.

대다수 사람들의 경우 고난은 '하나님의 사랑을 무효화'하고 있지만 바울의 경우에는 하나님의 사랑이 고난을 이기는 '승리의 원천'이라고 하면서 이러한 신학은 '하나님의 본성(本性)이 아니라 하나님의 구체적인 구원의 행위(行爲)에 근거를 둔 것'이라고 하였다.

바울은 고난은 정의로우신 또는 주된 속성이 '사랑이신 전능한 신(deity)에게서 우리를 떼어놓을 수 없다'는 정도가 아니라 고난은 우리를 위해 예수 그리스도 안에서 고통스럽게 죽을 정도로까지 우리를 사랑하셨던 '하나님에게서 우리를 떼어놓을 수 없다'는 것이다.

그는 또한 고난이 없는 세상을 만들 수 있다는 추정은 인류학적 오류라고 지적하였다.

볼프교수는 이를 '세속적 유토피아 신앙'(A secular utopian faith)이라고 부르면서 여전히 '유대교의 메시야 기대, 그리스도교의 종말론적 기대는 현대 사회에서도 희망으로 남아 있는 것'이며 이는 또한 현대의 기술력과 인류학적 낙관주의와 결합한 결과임을 지적하고 있다.

그리하여 그는 '지식과 선함, 고통이 없는 행복한 세계를 향해 나가는 것이 인류의 비전이다'라고 하면서 고난을 제거하는 것이 인류가 계속 나아가야 할 방향이라고 설명하고 있다.

마지막으로 그는 우리들은 '겸손한 목표를 가지고 나아가야 한다'고 주장하면서 그렇기에 우리가 고난을 제거할 수 있다고 확신하면 할수록 고난과 함께 할 수 있는 자원은 더 고갈될 공산이 커지기 때문이라고 설명하고 있다.

우리는 죄의 영향 아래 있는 세상에서 죄를 범하는 '인간은 죄 때문에 필연적으로 세상에서 고난을 완전히 제거할 수 없고 고난은 세상에서 삶의 일부'이기 때문이라는 것이다.

그는 바울의 '고난 신학'을 설명하면서 탄생과 죽음이 삶의 일부이듯 고난도 그렇다. 산다는 것은 고난 받는 것이다(물론 그렇다고 해서 창조와 우리 삶의 선함이 모든 악에 우선하며 더 근본적임을 부인하는 것은 아니다)라고 했다.

물론 바울 역시 자기 육체의 가시를 놓고 제거해 달라고 하나님께 세 번이나 간청하면서도 그는 회중들이 '장차 겪게 될 숱한 고통을 견뎌낼 수 있을까?'를 걱정했었다.

그리하여 볼프 교수는 바울은 '고난이 크거나 작거나, 벗어났거나 계속되거나 간에 이는 인간, 특히 그리스도인이 되는데 있어 요구되는 조건의 일부'로 고난을 받아들였다고 설명하고 있다.

그렇다면 바울은 '무고한 자들이 겪는 고난'을 어떻게 보고 있을까? 그는 고난에 대한 분노를 온당하게 여겼음에도 격분하지 않았다고 하는데 이는 이미 고통의 가해자 경험이 있었으며 이의 고난도 충분히 예상하고 있었던 것과 연관이 있다.

그는 아울러 바울이 살았던 세상의 한계도 감안해야 한다고 하면서 '바울은 권력자들이 폭행을 가하지 못하도록 무고한 사람들을 효과적으로 보호해줄 질서체계를 도입하기에는 자신과 자신이 섬겼던 그리스도인 공동체가 너무 주변적이고 미미한 세상에 살았기 때문이었다'고 설명하고 있다.

바울은 이러한 한계 속에서 탄식하는 자들에게 공감하면서 다음과 같은 결론을 우리에게 말하고 있다.

"너희를 박해하는 자를 축복하라 축복하고 저주하지 말라"고 하면서 "우는 자들과 함께 울어야"(로마서 12:14~15)할 것과 그들이 도울 수 있는 자를 도와야 한다고 주장한다.

이는 바울이 욥기의 구절을 인용하여 '세상의 도식(圖式)'과 '하나님의 도식'의 부조화를 설명할 때 두드러지게 나타난다고 하면서 우리는 결코 우리들의 권선징악적(勸善懲惡的)인 '세상의 도덕 법칙으로 하나님을 가둘 수 없다'고 설명한다.

즉 이 세상의 지혜는 하나님께 어리석은 것이고, 하나님의 지혜-바울에게는 십자가에 못 박히고 고난을 받는 그리스도-는 어리석게 보이기 때문이다.

바울에게 있어 예수의 십자가에서 달려 죽는 고난은 하나님의 완전한 사랑의 화신'이며 그 사랑이 고난을 이기는 승리의 원천이 되었기에 그는 '박해 받는 것을 그리스도의 고난에 참여하는 것'으로 이해하였다(4:10~12).

그는 '그리스도의 파루시아(Parousia)' 즉 영광 가운데 오시는 그리스도의 재림(再臨)은 현재의 시간에서 아직 오지 않은 파루시아를 '소망하는 때(時間)'라고 보았다.

바울은 이 소망의 때에 파루시아를 맛보며 살아갈 수 있다고 말한다. 그리하여 그는 비록 힘들고 또한 언제일지를 모른 채, 우리가 종일 죽임을 당하는"(로마서 8:36) 시대를 살고 있지만 '넉넉히 이기는 자(로마서 8:37)가 될 수 있다'고 믿는다.

예수는 십자가 위에서 여섯 시간을 기다린 후에 두 번이나 처절하게 '왜?'를 물은 물음에, 하나님은 침묵으로 일관하는 것처럼 보이지만 사실은 '응답'을 하셨다.

언뜻보면 예수는 묵묵부답의 하나님 앞에서 죽은 것 같으나 하나님의 응답은 다음과 같다.

예수가 "나의 하나님, 나의 하나님, 어찌하여"로 시작하는 질문의 마지막 말인 "버리셨나이까"를 외치며 마지막 숨을 거두던 바로 그 순간 "성소 휘장이 위로부터 아래까지 찢어져 둘이 되었다. 땅은 진동했고, 바위가 터졌으며, 무덤들이 열리고 잠자던 성도의 몸이 많이 일어났다"(마태복음 27:51~52절).

"나의 하나님, 나의 하나님, 어찌하여 나를 버리셨나이까"라는 질문에 적절한 대답은 그 어떤 장담하는 말이나 합리적인 설명이 아닌 구원(성소 휘장이 찢어짐)과 부활(무덤의 열림)이었다.

그러므로 하나님은 그리스도를 버리신 게 아니라 하나님은 고난이 가지고 있는 '세상을 바꾸는 특별한 종류의 능력'으로서 그리스도안에 계신 것임을 기억해야 한다(고난에 대한 사도바울의 입장, 고독서원, http://m.goscon.co.kr//news/article).

요즘 들어 대부분의 신앙인들은 경제적 안정과 문화적인 풍요로움으로 여유와 함께 편리한 생활로 인생을 여유있게 보낼 수 있게 되면서 하나님을 멀리하고 있다.

신앙생활의 깊음에서 벗어나 교회를 멀리할 뿐만 아니라 그동안 자연스럽게 해왔던 성경 읽기와 기도, 찬양 등을 게을리 하고 있지만 그 어떤 부족함이나 불편함을 전혀 느끼지 못하며 살아가고 있다.

드디어는 아예 주님을 전혀 모르고 있거나 또는 교회에 다니지 않고 있는 사람들 못지 않은 모습으로 살아가고 있다.

그리하여 하나님과 교회에 대한 무관심은 '하나님의 존귀하고 귀하심을 깊이 깨닫지 못하는 신앙'으로 이어지면서 나와 우리 가족만의 안전과 행복만을 추구하는 가운데 쉽고 안이하게 살아가게 되었다(차원 높은 삶의 길, 전덕영목사, 쿰란, 2006).

이제 우리들은 스스로 다음과 같은 질문을 할 수 있어야 한다.

첫째, 기쁨의 경건한 믿음 생활을 하고 있는가?

둘째, 하나님의 능력, 신비함을 잊고 지식적으로만 이해하고 있는가?

셋째, 영원함이나 죽음에 대하여 생각해 본 적이 있는가?

바울은 다음과 같이 기록하고 있다.

"항상 우리를 그리스도 안에서 이기게 하시고 우리로 말미암아 각처에서 그리스도를 아는 냄새를 나타내시는 하나님께 감사하노라 우리는 구원 받는 자들에게나 망하는 자들에게나 하나님 앞에서 그리스도의 향기니 이 사람에게는 사망으로부터 사망에 이르는 냄새요 저 사람에게는 생명으로부터 생명에 이르는 냄새라"(2:14~16)고 한다.

그러므로 우리들은 '그리스도의 향기(香氣)를 전할 수 있어야 한다'고 강조하면서 경건한 믿음생활의 필요성을 설명하고 있다.

이러한 그에게도 안타까운 기도 제목이 있었으며 이는 육체의 가시였다.

성경에는 삼불청(三不聽)의 기도가 있다. 첫째는 바울의 기도(12:7~10)이며, 둘째는 가나안에 들어가지 못한 모세의 비스가산 기도(신명기 34:1~4)이고 셋째는 예수의 겟세마네 동산 기도(마태복음 26:36~46)이다.

비록 그들의 기도는 거부되었으나 주님은 다른 방법을 통하여 더 크고 위대한 일, 역사를 이루셨다.

바울은 "누구든지 그리스도 안에 있으면 새로운 피조물이라(若有人在基督裏, 他就是新造人的人) 이전 것은 지나갔으니 보라 새 것이 되었도다" / "舊事已過, 都變成新的了(5:17)"고 하였다.

그러므로 "우리가 그리스도를 대신하여 대사(大使)가 되어 하나님이 우리를 통하여 너희를 권면하시는 것 같이 그리스도를 대신하여 간청하노니 너희는 하나님과 화목하라"(5:20)고 강조하고 있다.

마지막으로 바울이 들려주는 마지막 인사말은 이렇다.

"하늘에 있는 영원한 집이 우리에게 있는 줄 아느니라 참으로 우리가 여기 있어 탄식하며 하늘로부터 오는 우리 처소로 덧입기를 간절히 사모하노라 이렇게 입음은 우리가 벗은 자들로 발견되지 않으려 함이라 참으로 이 장막에 있는 우리가 짐 진 것 같이 탄식하는 것은 벗고자 함이 아니요 오히려 덧입고자 함이니 죽을 것이 생명에 삼킨 바 되게 하려 함이라 곧 이것을 우리에게 이루게 하시고 보증으로 성령을 우리에게 주신 이는 하나님이시니라"(5:1~7).

그는 마음 저 깊은 곳으로부터의 진정한 위로와 함께 믿음으로 사는 자들을 위하여 예비하여 주신 '하늘의 축복'을 전하고 있다.

갈라디아서

갈라디아서(加拉太書)의 필자는 사도 바울이며 고린도나 안디옥에서 50~52년 경에 기록된 것으로 알려지고 있다.

바울과 그의 절친 동역자인 실라가 기원 후 49년에 이 지역을 본격적으로 전도를 하면서 그들의 "믿음이 더 굳어지고 수가 날마다 더 하여"지게 되었다(사도행전 16:5).

그러나 두 사람이 그곳을 떠난 다음에는 거짓 선생들이 다시 등장하여 할례를 지키고 모세의 율법을 따라야 한다고 유혹하면서부터 이들의 믿음은 또 다시 흔들리게 되었다.

이에 그들은 마케도니아와 그리스를 거쳐 고린도에서 18개월 이상을 지내고 52년에 에베소를 경유하여 안디옥으로 가게 되었다.

바울은 자신이 '참 사도'임을 말하면서 '의롭다 함'은 율법의 행위로서가 아니라 그리스도 예수에 대한 믿음에 의한 것임을 강조하고 있다.

그는 베드로가 안디옥을 방문하였을 때 할례를 받은 유대인(circumcised Jews)들이 오자 두려워하는 마음에서 먼저 그 자리를 피하고 함께 동행을 하였던 바나바조차도 동행을 하자 바울은 "복음의 진리를 따라"행하지 않는 것에 대하여 그를 책망(2:11)하면서 "믿음으로 의롭게 된다"고 선언(2:16)을 하였다.

그는 또한 '우리는 그리스도와 연합하여 살며 하나님의 뜻을 행하기 위하여 믿음으로 사는 것이라'고 하면서 "만일 의롭게 되는 것이 율법으로 말미암으면 그리스도께서 헛되이 죽으셨느니라"(2:21)는 말로 강변하였다.

1:1~10	복음(福音)의 정당성 주장
1:11~2:21	이신득의(以信得義)의 변증(辨證)
3:1~4:31	바울이 전하는 복음의 내용
5:1~6:10	바울의 윤리관(倫理觀)
6:11~18	바울이 전하는 교훈의 핵심

열렬한 복음의 전도자이며 신학자였던 바울은 유대인들의 할례(circumcision)나 무할례(無割禮)에 대한 논증은 의미 없는 것(5:6)이며 정말로 중요한 것은 '사랑을 통하여 작용하는 믿음'이라고 설명한다.

그러므로 율법의 완성은 "네 이웃을 네 자신과 같이 사랑하라"(마태복음 22:39)에 있고 "우리가 성령으로 살면 또한 성령으로 행할"(5:25)것을 역설하고 있다.

그는 사라와 하갈, 이삭 등 구약에 나타난 증거를 인용하면서 자신의 설명, 논증은 율법을 무시하거나 무효화(無效化)하는 것이 아니라 새롭게 부가된 것으로 오직 '그리스도인들의 믿음을 세워주기 위한 것'임을 밝히고 있다(4:21~30).

또한 그는 "선을 행하되 낙심하지 말찌니 피곤하지 아니하면 때가 이르매 거두리라.", "착한 일을 하되 더욱 믿음의 가정들에게 할찌니라."(6:9~10) "그리스도께서 우리로 자유케 하려고 자유를 주셨으니 그러므로 굳세게 서라" 와 힘 있는 말씀으로 우리들에게 새로운 명령과 더불어 사명을 주고 있다.

복음의 강력한 지지자이며 전도자인 바울은 비록 그는 가정을 이루지는 못했으나 '늘 함께 살며 한상에서 둘러서 밥을 먹는 가족과 이웃들과 신앙공동체들에게 우아하고 고매한 철학이나 주장이 아닌 지극히 현실적인 태도와 말로서 '믿음의 반석을 든든히 하라'(찬송가 559)고 요청하고 있다.

사도 바울은 살아가는 동안 마땅히 해야 할 육체의 일을 습관적으로 행하는 자들에 대하여 "하나님의 나라를 유업으로 받지 못할 것"(5:21)이라고 강력하게 경고하였다.

그러면서 그는 "세상의 더러운 것과 분쟁에서 완전히 돌아서서 성령의 열매를 맺는 일"에 전심하라(5:20~26)고 권면하고 있다.

끝으로 그가 자신 있게 선포하는 말씀은 갈라디아서의 요절이 되고 있다.

"오직 성령의 열매는 사랑과 희락과 화평과 오래 참음과 자비와 양선과 충성과 온유와 절제니 이 같은 것을 금지할 법이 없느니라."

"But the fruit of the Spirit is love, joy, peace, patience, kindness, goodness, faithfulness, gentleness and self-control. There is no law against these things"(5:22~23).

에베소서

바울이 기록한 옥중서신(빌립보서 · 골로새서 · 빌레몬서)의 하나로 61~63년에 로마에서 기록한 것이다.

소아시아의 중심지였던 에베소교회의 교인들(Ephesians)에게 "주님도 한분, 믿음도 하나, 세례도 하나"라며 연합의 중요성을 강조하는 동시에 선택(選擇)과 화해(和解) 그리고 구원(救援)과 교회(教會), 교리(教理) 등을 자세히 설명하고 있다.

전반부(교리편, 1~3장)	후반부(교훈편, 4~6장)
하나님의 선민을 구원하려는 예정과 선택/사죄와 성령 인 치심	구원받은 이후의 삶(성도로서의 바람직한 생활)

당시 소아시아(Asia Minor/그리스어 *Μικρά*)는 아시아와 유럽 대륙이 만나는 서쪽 지역으로 로마의 지배를 통해 아나톨리아로 불리면서 발전과 번영을 이루는 등 다양한 민족들이 지나는 교차로(交叉路)가 되어 아시아와 유럽을 연결하는 문화적 요충지(要衝地) 역할을 감당했던 지역이었다.

에베소서(以弗所書)는 '그리스도의 몸인 교회'와 '지체인 성도들'의 관계를 잘 설명하고 있어 후세에 이르러서는 기독교의 신학적 발전을 이루는 밑바탕이 되었다.

중세 기독교(590~1517)의 중심이었던 카돌릭의 정치적이고 세속적인 것들에 대해 반기(反旗)를 들고 Martin Luther와 함께 종교개혁을 이끌었던 'Jean Calvin의 5대 교리'는 개혁교회(Reformed church)의 근거가 되고 있다.

1610년에 네덜란드의 신학자인 James Arminius의 사후(死後)에 국제적인 종교회의가 네덜란드의 의회에서 무려 7개월 동안이나 계속되었다.

길고 열띤 회의를 통하여 알미니안주의자(Arminianists)들의 주장에 반대하는 칼빈주의적(Calvinism)인 입장은 5개항으로 정리가 되었으며 이후 '칼빈주의 5대 교리'로 널리 알려지게 되었다(1618.11. 13).

칼빈의 튤립교리(the Doctrine of TULIP of Calvin)로 널리 알려진 내용을 요약하면 다음과 같다.

① 인간의 전적 부패 또는 타락(Total Depravity),

② 무조건적 선택(Unconditional Election),

③ 제한 속죄(Limited Atonement),

④ 불가항력적 은혜(Irresistible Grace),

⑤ 성도의 궁극적 구원(Perseverance of the Saints)

이 내용을 간략하게 살펴보면 다음과 같다.

① 인간의 전적 부패는 인간이 전적(全的)으로 타락(墮落)했고 부패하여 스스로 구원 받기에는 아무 것도 할 수 없는 무능력 상태에 있어 성령의 은혜의 역사 없이는 거듭 날 수 없고 구원받을 수도 없다는 것이다. 믿음 그 자체가 하나님의 구원의 선물이기 때문이다(4:17~24/5:8, 로마서 3:23).

② 이는 '하나님의 주권적 의지로 특정한 사람들을 선택하여 은혜로 믿음과 회개를 허락한다고 믿는 것'이다. 하나님의 선택은 인간의 덕이나 예지할 수 있는 행위에 근거한 것이 아니라 하나님의 은혜에 의한 선택으로만 이뤄져 결국 구원은 무조건적 하나님의 은혜의 선물이다(1:5, 요한복음 6:37~39).

③ 이는 그리스도의 구속은 선택된 자들만을 구원하려는 것으로 오직 그들만의 구원을 보증한다고 믿는다. 그리스도의 죽음은 선택된 자들만의 구원을 보증하며 누구든지 자유의지를 따라 믿으면 구원을 받는다(2:15~18, 히브리서 10:12~14).

④ 이는 '모든 선택된 자들은 성령의 역사로 궁극적으로 구원을 받는다'고 본다. 선택된 자들을 부르시는 성령의 내적 소명은 거절될 수 없는 것으로 택한 자들의 구원을 적용시키는데 있어 누구의 도움이나 어떤 제약도 받지 않는다(2:8~10/4:4).

⑤ 성도의 궁극적(窮極的)인 구원은 하나님의 은혜로운 선택으로 그리스도의 구속으로 구원받은 자는 영원히 구원을 받는다(1:5~6, 요한1서 2:19).

히포 아우구스티누스(Augustinus Hipponensis) 또는 성(聖) 아우렐리우스 아우구스티누스 히포넨시스(SanctusAurelius Augustinus Hipponensis)로 불리는 그는 354~430년의 기간 동안을 살면서 4세기 북아프리카인 알

제리 및 이탈리아에서 활동한 기독교 보편교회 시기의 신학자였고 성직자와 주교와 개신교 및 로마 가톨릭교회 등 서방 기독교에서 교부(敎父)로 존경받는 인물이다.

그의 이름은 '좋은 징조의' 또는 '덕망 있는'이란 뜻의 라틴어 아우구스툼(Augustum)에서 유래하였으며 후에 Luther나 Calvin등의 종교개혁가들에게 큰 영향을 주었다.

그는 'Qui fecit nos, non salvabit nos sine!'('인간 없이 인간을 만드신 하나님은 인간 없이 인간을 구원하시지 않는다!')는 말로 '아무런 노력도 없이 그저 쉽게 또는 누구나 구원을 받아 천국에 갈 수 있는 것'이 아니라고 설명하였다.

그리하여 그는 "주 안에서 갇힌 자 된 내가 너희에게 간청하노니 너희는 너희를 부르실 때에 허락하신 그 부르심에 합당하게 행하여 모든 겸손과 온유와 오래 참음으로 사랑 안에서 서로 참아주며 화평의 매는 띠로 성령이 하나 되게 하신 것을 힘써 지키라"(4:1~3)는 말씀처럼 '할 수 있는 대로 애를 쓰고 노력하는 가운데 모든 수단을 기울여 선한 능력을 행사할 것'을 강조한 바 있다.

6장에서는 "자녀들아 주 안에서 너희 부모에게 순종하라 이것이 옳으니라 네 아버지와 어머니를 공경하라 이것은 약속이 있는 첫 계명이니 이로써 네가 잘되고 땅에서 장수하리라"(6:1~3)고 하면서 부모에 대한 공경을 명령하면서 그렇게 할 경우 '세상에서 장수를 약속하신다'는 큰 상급을 약속하셨다.

언제인가 인터넷에서 아름다운 영어 단어로 10개를 선정한 것을 본 적이 있다.

이들은 평온(Tranquility), 자유(Freedom), 운명(Destiny), 환상적인(Fantastic), 영원(Eternity), 사랑(Love), 미소(Smile), 열정(Passion), 어

머니(Mother), 운명(Destiny) 등이었다.

그리고 여기에서도 사람들이 가장 아름다운 단어로 기억하는 것은 어머니, Mother였다.

"어머니의 넓은 사랑 귀하고도 귀하다 그 사랑이 언제든지 나를 감싸줍니다. 내가 울 때 어머니는 주께 기도드리고 내가 기뻐 웃을 때에 찬송 부르십니다~"(찬송가 579장).

온 우주 만물을 창조하신 하나님은 모든 사람들에게 다 손과 발이 되어 줄 수 없어 어머니를 창조했다.('God could not be everyway, there he made mother.')는 말이 있다.

에베소서는 농경사회에서 산업사회로 바뀌면서 기업들이 끼치는 영향력의 범위가 경제는 물론 정치와 사회분야에 있어서도 절대적인 21세기의 지금에도 큰 의미의 메시지를 전하고 있다.

제품의 생산(Producing)과 생산된 제품을 고객과 연결시키는 마케팅(Marketing), 제품의 생산과 관리 및 행정에서의 일(業務)을 연결시키는 인적자원관리(Human Resource Management) 그리고 이 모든 과정에서 소요되는 자본(Financing) 등 기업의 기본적 경영활동에 관여하는 관계 당사자들이(concerned parties) 경청해야 할 말씀들이 있다.

특히 "종들아 두려워하고 떨며 성실한 마음으로 육체의 상전에게 순종하기를 그리스도께 하듯 하라 눈가림만 하여 사람을 기쁘게 하는 자처럼 하지 말고 그리스도의 종들처럼 마음으로 하나님의 뜻을 행하고 사람들에게 하듯 하지 말라 이는 각 사람이 무슨 선을 행하든지 종이나 자유인이나 주께로부터 그대로 받을 줄을 앎이라"(6:5~8)의 충고는 대부분의 기업 연수(硏修)에서 늘 강조하고 있는 내용의 신앙적 버전(version)이라 할 수 있다.

각자 맡은 업무(Job doing)나 직무기술서(Job description)에 명시된 업무에 충실하면서 보이던지 안 보이던지, CCTV가 있든지 없든지 간에 FM대로 생산하고 판매하며 관리하는 것은 직장인의 기본적인 할 일(Requirements)이다.

요즘 코로나19로 재택근무가 많아지고 길어지면서 회사 본부와 재택근무자들 간의 일(業務)에 대한 성취도와 만족도에 대한 간격(gap)이 급격하게 커지고 있다고 한다.

그들 모두에게 해당되는 말씀, 도움말(tip)이 있다.

"기쁜 마음으로 섬기기를 주께 하듯 하라."

"Serve wholeheartedly, as if you were serving the Lord"(6:7).

또한 이 말씀은 그저 일할 때 "기쁜 마음으로 하라!"는 정도가 아니다. 오히려 그 이상이다.

공장이라면 생산량(Productivity)을 올려야 하고 영업 분야라면 매출액(Market share)을 증대시켜야 한다. 즉 기업의 어느 분야 혹은 부서를 막론하고 '최대의 성과(achieving maximum results)'를 올려야 한다는 것이다.

그러므로 우리들은 마태복음의 달란트 비유(25:14~30)에서와 같은 "착하고 충성된 종"(마태복음 25:21/23)처럼 '칭찬받은 이들(Well done, good and faithful servant)'이 되어야 한다.

대부분의 기업에서는 신입 내지 중견직원들을 위한 연수는 많아도 CEO나 임원들을 위한 연수는 드물다.

또한 어쩌다 열린다고 해도 호텔 등에서 조찬을 겸하여 정치인이나 장관급 인사들이 와서 국내 및 국제의 정세나 시장상황에 대한 브리핑을 요약해서 설명하고 서로 간의 교제를 돈독히 하는 친목과 단합의 시간으로 채워지고 있다.

그러나 바울은 그들을 향하여 다음과 같이 강하게 언급하고 있다.

"상전(上典)들아 너희도 그들에게 이와 같이 하고 위협을 그치라 이는 그들과 너희의 상전이 하늘에 계시고 그에게는 사람을 외모로 취하는 일이 없는 줄 너희가 앎이라."

"Masters, treat your slaves in the same way. Do not threaten them, since you know that he who is both their Masters and yours is in heaven, and there is no favoritism with him"(6:9).

그는 이들에 대하여 거침없이 권면을 하는 정도가 아니라 위협을 하는 수준의 경고를 하고 있는 것이다.

직장인들을 위한 연수에서는 흔히 ABC를 언급하며 강조하고 있다. 즉 '또 다시 한번(Again) 시작하자(Begin) 그래서 변화를 하자(Change)'는 것이다.

회사 내에서의 '진정한 변화!'와 신속하게 제대로 변화할 수 있는 빠른 길이 있다. 그것은 '위로부터의 변화'로 사장 또는 경영진인 이른바 '갑(甲)의 변화'이다.

그러나 회사는 '내 것'이라는 오너십(Ownership)과 '나 없으면 안된다'는 생각으로 기업 내의 모든 일을 챙기고 결정을 하고 있다.

이런 기업들의 경우 급여나 직원들의 복지 여건도 높지 않아 '해외연수나 여행 등은 꿈에만 있는 것'이라 생각하면서 종업원들의 복지환경은 '냉장고와 전자레인지가 있고 온수를 공급'만 하면 되는 줄로 알고 있다.

주먹구구식의 인사제도는 채용 단계(staffing)에서부터 개인적인 관계로 이뤄지고 있어 승진(promotion)과 업무분담(work sharing)은 조화를 이루지 못하고 있다.

또한 성과를 유도하는 동기부여(motivation)도 없기에 업무에서의 효율성은 떨어지고 있으며 실력이나 업무능력 보다는 혈연·지연·학연 등으로 연결되어 있어 결과적으로는 높은 업무의 피로도(疲勞度)를 야기시키고 있다.

너무도 쉽게 상사들이 하는 말인 '요즘 것들은 왜 그래?', '헝그리 정신이 없어!', '끈기와 책임감이 없다!'고 하고 심지어는 '너 말고도 일할 사람 많아!'라며 직원들을 탓하고 있다.

나아가 건설적이고 창의적인 '제안과 대안의 공유나 상달(上達) 대신에 모든 업무와 지시는 하달(下達)'만 있는 수준에 머무르고 있다.

그러므로 진정한 기업의 성장을 위한 대안, 즉 기업의 존속(存續)이 아니라 계속기업(Going concern)으로서의 성장과 CEO의 성공을 위한 대안(alternatives)은 '힘(人事權 등)이 없는 아래가 아니라 힘(影響力)을 가지고 있는 위로부터'이다.

사도 바울은 이를 간파(看破)하고 위에서부터의 진정한 변화를 벼랑 끝에 선 심정으로 격(激)하게 호소하고 있다.

바울은 "믿음으로 말미암아 구원을 얻었나니 이것이 너희에게서 난 것이 아니요 하나님의 선물(2:8)"임을 강조하고 있다.

그러면서 자신 또는 자신의 가족만을 위한 것에 머무르고 있는 기도를 언급하면서 "모든 기도와 간구로 하되 무시로 성령 안에서 기도하고 이를 위하여 깨어 구하기를 항상 힘쓰며 여러 성도를 위하여 구하라"(6:18)고 권면하고 있다.

Count your blessings(Ephesians 1:3~19)

The Bible, the book of all books, says this : "In the beginning, God created heavens and the earth.(Genesis 1:1)".

And this words of God is truth from that day to until this time. Yes, we were all created by God's words.

And all creatures including people could be divided in several different ways.

When we were young, we easily divide the world and the people in a certain categories. For example, man and woman, the rich and the poor, a tall man or not and so on.

There are people who treat us well and some people who didn't treat us well.

Of course, there are people who praise us but someone condemn us.

Sometimes, we'd like to divide everyone into 2 groups like good people and bad people.

A teacher or a professor who has been teaching for a long time might divide his students into those who study well and those who do not.

When we're in junior middle or high school, we divide our peers into group well - those who are athletic and play games well, those who don't.

An the season of the World Cup is coming, we'll divide

countries into those who play soccer well, and those who do not.

Have you ever heard or read the book?, "The Justice'

which is written by Michael Sandel, Harvard professor.

There was a time when the world was divided into communist and democratic countries.

After we graduating from universities and venture into the real world, we divide people those who are successful and those who fail.

Even a pastor divides into churchgoers and those who do not attend and doctors divide people into those who are healthy and those who are sick.

This morning of Lord's day, I have a message to all of you as a title of "Count your blessing."

we, believers also divide Christians into two groups -the blessed and the ones who not blessed.

Firstly, let's consider what term means. Blessings are fundamentally great. They ignite, lead to happy and make people joyful and grateful. We are always happy because of them, in spite of raising children, doing chores at work, and every unresistable engagement between friends and colleague.

Secondly, feeling blessed make us positive. It is opposite of being negative. Positively triggers an active attitude and undivided attention.

Even when we face difficult challengers, It's possible to think beyond. When there is a dreadful pouring rain, we know it will stop eventually and we can focus on the beautiful rainbow after the rain.

This thought process leads us onto the road to comfort and success.

Thirdly, it is very contagious, so the blessings expand to others and finally come back to us. Namely, everything around us gets blessed at end.

If a member in our family has blessings, our entirely family gets the same blessings. It goes the same way to our meetings, to committees, and to our company. According to the Old Testament, Sodom and Gomorrah perished because there were no righteous peoplc.

If there is a truly blessed person in our church, we will become a happy and blessed spiritual community in name of Ashburn Korean United Methodist Church.

Now, let us count blessings and name them one by one. Didn't I tell you that they make us feel good, that they make us positive?

This whole process are spreading and developing as a handful yeast makes a yummy bagel or bread and something to eat.

Will there be 'only one blessing to you?' Or 'two'? Or 'three'?

In one ancient African tribe, they have counted, "one, two, and more.

Instead of "four." more than three blessings you have got. That is the reason why we say great blessings and uncountable blessings, Even if we can count just one blessing, it is still something to be thankful for.

If we count a couple, then we could believe there will be another, and we can reach three, we can share those blessings with others. As the Bible teaches us, there will be abundant blessings.

Why don't we be thankful counting the blessings imparted to our family and to our church?

We can be very happy when someone gives us a present - why can't the overflowing blessings from God also make us happy?

I pray for God's blessings to come to you, your life, and to your family and to Ashburn Korean Church, and to your community.

* 위의 설교는 2009년 버지니아의 애쉬번교회(강현식목사)에서 에베소서를 본문으로 하여 전한 말씀이다.

빌립보서

빌립보서(腓立比人書)는 바울이 A.D. 60~62년에 로마의 감옥에 갇혀 있으면서도 빌립보 교인들에게 보낸 서신(書信)이다.

옥중서신(에베소서 · 골로새서 · 빌레몬서)중의 하나로 총4장으로 이뤄져 있으며 키워드는 '기쁨과 복음의 전도'이다.

"아무 일에든지 다툼이나 허영으로 하지 말고 오직 겸손한 마음으로 자기보다 남을 낫게 여기고 자기 일을 돌볼 뿐더러 또한 각각 다른 사람들의 일을 돌보아 나의 기쁨을 충만하게 하라"(2:3~4).

"주 안에서 항상 기뻐하라 내가 다시 말하노니 기뻐하라 너희 관용을 모든 사람에게 알게 하라 ~ 아무 것도 염려하지 말고 오직 모든 일에 기도와 간구로 너희 구할 것을 감사함으로 하나님께 아뢰라"(4:4~7)는 것이다.

바울은 지금 감옥에 투옥되어 고생을 하고 있음에도 '기쁨'을 강조하고 있다.

그는 "내게 능력 주시는 자 안에서 내가 모든 것을 할 수 있느니라"(4:13).

"我靠着那加給我力量的 凡事都能做".

"I can do all this through him who gives me strength",

또한 그는 "내가 궁핍(窮乏)하므로 말하는 것이 아니니라 어떠한 형편에든지 나는 자족하기를 배웠노니 비천(卑賤)에 처할 줄도 알고 풍부(豊富)에 처할 줄도 알아 모든 일 곧 배부름과 배고픔과 풍부와 궁핍에도 처할 줄 아는 일체의 비결을 배웠노라(4:11~12)."고 한다.

지난 UN 산하 기관 중의 하나인 SDSN(지속가능발전해법네트워크)

에서 발표한 〈2020 세계행복보고서〉는 GDP(국내총생산), 사회적 지원, 기대수명, 사회적 자유, 관용, 부정부패 등을 기준으로서 행복지수를 산출하여 순위를 매겼다.

1위는 7.809점의 핀란드, 2위는 7.6467의 덴마크, 3위는 7.560의 스위스였다.

우리나라는 5.872로 전체 153개국 중 61위로 이는 2019년보다 7단계나 하락한 것이었다.

또한 한국 직장인들의 행복지수를 '직장에서의 만족도, 타인에게 현 직장을 추천할 것인지, 타 직장으로 옮길 의사' 등을 기준으로 조사한 스웨덴의 유니버섬(Universumglobal.com)의 발표에서는 57개국 중 19위였다.

서울대학교 행복연구센터에서 조사(대한민국 행복지도 2020)한 결과에서는 한국인의 평균 행복지수는 10점 만점에 5.18이었으며 20대는 5.06으로 전 세대 중 가장 낮았고 여성 20대는 4.98로 더 낮아서 그나마 행복한 세대는 40~50대였다.

흔히 행복은 '상대적(相對的)이다'라고 말하고 있지만 너무나 낮은 결과이다.

'행복은 무엇인가?'에 대한 정의를 걷기·먹기·놀기·말하기로 설명한 전문가(서울대 최인철교수)도 있지만 결국 '걷기는 건강'을, '먹기는 의식주'를, '놀기는 취미활동'을, '말하기는 소통'을 말하는 것이다.

이는 사람이 살아가는 동안 소유하고 즐기는 것에 관련한 것들이기에 결국 행복은 '무엇에 대한, 어떻게'의 문제이다.

다시 말해 행복은 '주어진 현실이나 상황에 대한 마음의 문제이며 신념의 문제이고 나아가 신앙의 문제'이다.

행복하기 위해서 또는 행복의 조건은 '사랑할 사람이 있어야(Someone to love)' 하고, '해야 할 일이 있어야(Something to do)' 하며, '이뤄지기를 바라는 그 무언가가 있어야(Something to hope for~) 한다'는 것이다.

그렇게 되면 '누구와 무엇인가?'의 문제가 남는다.

그런데 바울은 우리들이 보기에는 하나도(요새 젊은이들은 '1도 없다!'고 한다) 행복할 것 같지 않은 데도 이렇게 말하고 있다.

"항상 기뻐하라 내가 다시 말하노니 기뻐하라 너희 관용을 모든 사람에게 알게 하라 주께서 가까우시니라 아무 것도 염려하지 말라"(4:4~6) 고 하면서도 여기에는 조건이 뒤따른다.

그는 우리들에게 "주 안에서 하나님께"(4:6절) 아뢰어야 한다고 권면하고 있다.

'어찌 이럴 수 있을까? 어떤 생각이, 어떤 믿음이 그를 이렇게 한 것일까?'

지금은 투옥되어 있어 우리들이 보기에도 안타깝기 짝이 없고 정말로 한심해 보임에도 불구하고 그는 굳센 믿음과 소망을 갖고 있었다.

"우리의 시민권은 하늘에 있는지라 거기로부터 구원하는 자 곧 주 예수 그리스도를 기다리노니 그는 만물을 자기에게 복종하게 하실 수 있는 자의 역사로 우리의 낮은 몸을 자기 영광의 몸의 형체와 같이 변하게 하시리라"(3:20~21).

요즘 여행은 국민적인 대세로 '죽기 전에 꼭 가봐야 할 100곳'도 있고 '죽기 전 반드시 가야할 10 곳'이라는 책도 있다.

하지만 '어디까지나 그 여행은 여행일 뿐 떠나면 다시 돌아와야만 한다'.

바울은 우리에게는 '하늘나라의 관광 Visa가 아닌 영주권(Green card), 그 이상인 시민권(Citizenship)이 있다'고 말한다.

그의 확신은 바로 여기에 있다. 그는 '흔들리지 않는 굳건한 믿음!'을 소유하고 있었기 때문이다.

우리가 먼저 자신에게 즐겁고 기쁜 일이 있어야 남에게도 그 기쁨을 말할 수 있다.

"푯대를 향하여 그리스도 예수 안에서 하나님이 위에서 부르신 부름의 상을 위하여 달려가노라"(3:14)는 그의 권면은 신앙생활에서는 물론 세상에서도 필요한 ABCDE로 성취된다.

먼저 명확한 목표(Aim)를 세우고 나서 기본적인 활동(Basic) 내지 과업에 충실을 다하는 가운데 기회(Chance)가 오면 이를 잘 활용할 수 있어야 하고 경쟁 대상인 남들과는 다른 방법과 전략(Differentiation)으로 치열하게 노력하고 움직이는(Energy) 활동을 하여야 한다.

우리들은 복음 전도가 귀(貴)한 줄은 알고 있기에 급한 불을 끄고 숨을 돌리고 나서 만사가 순조롭고 평안해져야 "저 북방 얼음산과 대양 산호섬 수많은 백성들에게 전하자(507장)"라는 찬송을 부를 수 있다고 생각하고 있다.

그러나 투옥(投獄) 중인 바울은 '힘들고 어려워도 해야 한다'고 한다.

이는 '역설의 믿음(paradox in belief)'인 동시에 '여기 이 정도의 수준에서 멈추는 것이 아니라 한 걸음 더 앞으로 내딛는 더하기의 신앙(Plus Faith)'이다.

"오 리를 가게 하거든 십 리를 동행하고 오른 뺨을 때리는 세상에 왼 편도 돌려 대는 자들"이다(마태복음 5:38~41).

"If anyone slaps you on the right cheek, turn to them the other cheek also"(마태복음 5:38)이 바로 우리들이어야 한다.

바울은 우리들에게 비록 '이 세상에 살아도(in the world) 세상과는 달리 살아야만(not of the world)한다'는 생각과 모습들이 '복음의 승화(昇華)이고 진보(進步)'라고 말한다(성경배경주석, IVP, 2008).

그러므로 우리는 반드시 이렇게 기도할 수 있어야 한다.

기도는 "찬양 · 회개 · 감사 · 소원의 간구"라고 들어왔다. 여기에 하나를 더해야 한다. "결심과 확신"이 있어야 한다.

그러므로 이렇게 간구해야 한다. "하나님 아버지 오늘 주신 삶에 자족(自足)하게 하시고 주님 안에서 일체의 비결을 터득한 멋진 그리스도인으로 살게 하옵소서."

그러므로 다음과 같이 기도할 수 있어야 한다.

시계가 망가졌다, 고장이 난 것이다. 즉 시계가 '안 간다!'

대개는 금방 이렇게 기도한다. '시계를 고쳐주세요?' 아니다. '시계(를 고쳐서) 가게 하는 법 알게 해주세요!'

학생들은 이렇게 기도한다.

'1등을 하게 해주세요!' 그러나 이렇게 기도해야 한다. '공부 잘하는 법을 알려주세요!'(생명의 열쇠, 장요셉, 올리브나무, 2019).

골로새서

골로새서(歌羅西書)는 바울이 로마에 투옥(A.D. 57년)이 되면서 그가 전도하여 세웠던 여행지 인근 교회에 이단세력들이 침투하여 분란을 일으키고 점차로 세력화되는 것을 배격하기 위하여 보낸 옥중서신이다.

특히 이 서신에서는 신비주의·금욕주의 사상 등의 침투에 대한 염려와 이에 대한 지침(guideline) 그리고 '만물의 으뜸이신 그리스도, 그리스도 안에서 누리는 참된 자유, 거룩한 삶' 등과 같은 기독교의 교리를 자세히 설명하고 있다.

에베소로부터 남동쪽으로 약 200km 떨어진 골로새는 바울의 고향인 다소에서 400km 정도 떨어진 곳이다.

소아시아에 위치한 작은 도시로 무역과 최상급의 양모를 생산하는 직물산업의 중심지이기도 했으며 북서쪽 24km지점(원형극장 Hierakopolis, 빌립보교회, Pamukkale 등)에 라오디게아가 건설(3 BC)되면서 쇠락을 거듭하더니 골로새서가 전해진 1세기 중반에는 사회·정치·경제적으로 열악한 여건에 놓이게 되었다.

골로새서의 핵심 주제는 '예수가 누구인가?'에 관련한 기독론이다. 그런데 바울은 '교회 안에 모세의 율법을 따르는 자들이 오히려 교회를 힘들게 하고 있다'고 기록하고 있다.

이들은 할례(割禮)를 주장하면서 '예수의 가르침'을 비하(卑下)할 뿐 아니라 성육신(成肉身)을 부정하고 '영지주의(靈智主義)'의 이단으로 유혹하려고 하였다.

바울은 '예수는 하나님인 동시에 사람'이라고 하면서 그리스도는 '참 사람이요 참 하나님'이시기에 '참된 인성(人性)과 참된 신성(神性)'을 지니셨다고 설명하였다.

우리들은 자주 그리고 쉽게 '말씀대로 살아간다'고 하면서도 오직 '믿는 이들 간에만' 또는 '교회 안에서만' 그렇게 해서는 안 된다.

그는 "내가 육신으로는 떠나 있으나 심령으로는 너희와 함께 있어 너희가 질서있게 행함과 그리스도를 믿는 너희 믿음이 굳건한 것을 기쁘게 보면서"(2:5) 복음을 전해 들은 모든 사람들이 열매 맺기를 간구하고 있다.

바울이 '믿음이 굳건하다'고 한 것은 거리에서의 교통질서, 이웃들과의 신의 성실(utmost good faith) 등처럼 견실하게 흔들리지 않는 성숙한 그리스도인의 생활을 요구하는 것임을 잊지 말아야 한다(119 대작전, 영락교회, 2020).

최근 유행되고 있는 유머 가운데 〈순악질 10계명〉이 있다. 제목을 10계명이라고 한 것을 보면 '성경의 십계명'(The 10 Commandments)을 흉내를 내어 '지켜라 내지 중요하다'는 뜻에서 붙인 것 같다.

1. 내가 침묵하면 생각이 깊은 것이고, 남이 침묵하면 생각이 없는 것이다.
2. 내가 늦으면 사정이 있기 때문이고, 남이 늦으면 게으름 때문이다.
3. 내가 자리를 비우면 바쁜 만큼 유능한 것이고, 남이 자리를 비우면 어디서 놀고 있는 것이다.
4. 내가 화를 내면 소신이 뚜렷한 것이고, 남이 주장하면 고집 불통이다.
5. 내가 통화를 하면 업무상 긴급한 것이고, 남이 통화 중이면 사적인 일이 너무 많은 것이다.
6. 내가 아프면 아픈 만큼 쉬어야 하고, 남이 아프면 기본적인 체력마저 의심스러운 것이다.
7. 내가 사무실에 가족사진을 걸어 놓으면 가정의 화목이 자랑스러운 것이고 남이 사무실에 가족사진을 걸어 놓으면 직장에서도 집 생각만 하는 것이다.
8. 내가 회의 중이면 남은 잠깐 기다려야 하고, 남이 회의 중이면 나는 잠깐이라도 나가서 만나야 한다.
9. 내가 남의 말을 들으면 폭이 넓은 사람이고, 남이 남의 말을 들으면 줏대가 없는 사람이다.
10. 내가 이성과 사귀면 로맨스이고, 남이 이성과 사귀면 스캔들이다.

이 글을 읽으면서 실소(失笑)를 하게 되지만 그래도 공감이 가는 것은 바로 우리들 자신이 여기에 해당이 되거나 이미 그런 상황에 처(處)했었기 때문일 것이다.

우리들은 늘 입으로는 '말씀대로 살아가기'를 기도하고 그리고 교회 안에서는 그런대로 좀 그럴 듯하게 살아가는 것 같지만 직장은 물론 시장 등에서도 역시 '믿는 사람으로서의 열매'를 맺을 수 있어야 한다.

시장 안에 있는 단골 가게 사장에게서 들은 말이다. '나가시는 교회, 새 목사님 오셨다지요? 좋은 목사님이 오셨나 봐요!' '예. 왜요?' '그 교회 나가는 분(집사님인가?)이 우리 가게 외상을 다 갚았어요!'

또한 그는 "복음이 이미 너희에게 이르매 너희가 듣고 참으로 하나님의 은혜를 깨달은 날부터 너희 중에서와 같이 또한 온 천하에서도 열매를 맺어 자라는도다"(1:6)라며 전도의 중요성을 강조하고 있다.

"복음의 열매"를 맺기 위해서는 수시의 안부 전화로 관계 형성, 한 달에 두 번 정도의 식사, 주말 취미 생활 공유, 구체적인 도움, 애조경사(哀弔慶事) 관심, 수시의 작은 선물, 쇼핑 동반, 대화 중의 칭찬과 공감, 중보기도 등의 지속적인 관심과 노력, 헌신이 절대적으로 요구된다(전도는 삶이다, 이상만 백석대교수, 오이코스, 2015).

사람들은 누구나 부자가 되고 싶어 한다. 그러면 어떻게 해야 '부자가 될까?' 또는 '어떤 사람이 부자가 되는 것일까?'

아래의 글은 재미로 만든 것 같지만 곰곰이 읽어보면 정말로 부자가 되고 싶어 할 경우에는 곰곰이 생각해 볼만 하다.

1. TV 홈 쇼핑보다 직접 매장을 이용한다.
2. 물품 구매 시 반드시 깎는다.
3. 기본적 세금 상식이 있어 절세법을 안다.
4. 아내가 열심히 아끼고 열심히 모은다.
5. 목돈 마련을 위해 저축한다.

6. 수입의 50%를 저축한다.
7. 구매할 때마다 3번은 생각한다.
8. 좋은 차 구입이 부럽지 않다.
9. 부자라고 돈쓰기 이해가 안된다.
10. 원천징수가 얼마인지 알고 있다.
11. 종합소득세는 철저히 납부한다.
12. 은행의 이자율을 안다.
13. 절약을 미덕으로 아는 부모가 있다.
14. 가정의 행복을 위해서 돈을 번다.
15. 부자를 알고 있다.
16. 일찍 자고 일찍 일어난다.
17. 성실하다는 말을 자주 듣는다.
18. 아껴 쓴다.
19. 원칙을 지킨다.
20. 주식투자의 기대 수익율은 20~30%이다.

위의 20가지 중 17개 이상이면 이미 부자가 된 것이며, 10~16개면 상당한 가능성이 있어 부자의 길목에 들어선 것이고, 5~9개면 부자에 눈을 뜨고 있으며, 3개 미만이면 부자의 길과는 다른 길로 가고 있지만 정말 원한다면 '아직도 늦지 않으니 지금부터 시작하라!'고 한다.

그러면 성경에서는 '어떻게 해야 부자가 된다고 했을까?' 부자가 되는 비밀 내지 지혜의 말씀이 여기 있다.

"여호와께서 의인의 영혼은 주리지 않게 하시나 악인의 소욕은 물리치시느니라 손을 게으르게 놀리는 자는 가난하게 되고 손이 부지런한 자는 부하게 되느니라 여름에 거두는 자는 지혜로운 아들이나 추수 때에 잠자는 자는 부끄러움을 끼치는 아들이니라"(잠언 10:3~5)고 기록되어 있다.

실천적 또는 아주 세부적인 지침으로는 “술을 즐겨 하는 자들과 고기를 탐(貪)하는 자들과도 더불어 사귀지 말라 술 취하고 음식을 탐하는 자는 가난하여질 것이요 잠자기를 즐겨 하는 자는 해어진 옷을 입을 것임이니라”(잠언 23:20~21)라고 까지 한다.

바울이 “누구든지 자기 친족 특히 자기 가족을 돌아보지 아니하면 믿음을 배반한 자요 불신자보다 더 악한 자니라”(디모데전서 5:8)라고 한 것은 위의 부자가 될 수 있다는 20개 항목에서 ‘가정의 행복을 위해서 돈을 번다’고 한 것의 다름 아니다.

부자가 되어 행복한 가정을 꾸려 나갈 수 있는 것은 ‘가화만사성(家和萬事成)을 이룬 자의 진정한 즐거움’이라 할 것이다.

한편 바울이 말하는 진정한 부자가 되는 방법은 “무슨 일을 하든지 마음을 다하여 주께 하듯 하고 사람에게 하듯 하지 말라 이는 기업의 상(賞)을 주께 받을 줄 아나니 너희는 주 그리스도를 섬기느니라”(3:23~24)는 부자가 되기 위한 방법이라기보다는 ‘부자학(富者學)의 결정판’ 내지 ‘부자도(富者道)의 완성’이다.

그는 세상의 부자들과는 완전히 아니 차별화를 이루는 가운데 ‘부자들의 세상을 향(向)한 소명’(vision)을 강력하게 제시하고 있다.

골로새서의 요절은 다음과 같다.

“무슨 일을 하든지 마음을 다하여 주께 하듯 하라.”

“with sincerity of heart and reverence for the Lord”(3:23) 그리고 “기도를 계속하고 기도에 감사함으로 깨어있으라”(4:2)는 것이다.

이렇듯 “주께 하듯 하라”고 강조하였음에도 교회 안에서 ‘주님 아닌 사람과 일(행사)’에만 집중하면서 서로 간에 힘들게 하고 있는 경우를 종종 보게 된다.

바울은 쉽고 작은 일에서부터 시작하는 '믿음 생활에서의 기본적인 것'을 강조하고 있다.

Hallesby목사는 '우리는 하루 세 번의 식사를 하지만 호흡은 밤낮 쉬지 않고 하여야만 한다. 아침에(또는 이전에) 기도한 것으로 낮, 저녁(지금)까지 갖고 갈 수는 없다'라고 하였다.

이는 우리들이 평소에 입으로만 '기도할께요!', '기도합시다!처럼 너무도 쉽게 언급(Lip service)을 하는 것에 대한 경고의 말씀이다(O. Hallesby, 기도, 생명의말씀사, 2014).

데살로니가전서

데살로니가전서(帖撒羅尼迦前書)는 바울이 실루아노, 디모데와 함께 고린도에 머물면서 데살로니가의 교인들에게 쓴 서한(書翰)으로 선교여행 중에 겪었던 일에 대한 보고와 데살로니가 교회의 성장에 따라 발생하고 있는 이단(異端)에 대한 대비책 그리고 앞으로의 계획에 대한 기록이다.

바울은 즉시 데살로니가로 가고 싶어 했으나(2:17~18) 여의치 않게 되면서 동역자인 디모데를 파송(3:2)하였고 그곳에서 그를 향한 믿음과 사랑에 대한 확인과 여전히 그들이 그를 '사모하고 있다'는 것을 알게 되었다.

이에 용기를 얻은 바울은 전도의 이유를 오직 '하나님을 기쁘시게 하기 위한 것'이며 방법은 '하나님께서 옳게 여기시는 방법대로 하는 것'이라고 고백하고 있다(2:4).

1장	첫 인사와 감사
2장	데살로니가교회의 갈등과 문제 / 바울의 지속적인 관심
3장	데살로니가교인들을 한번 더 보고 싶어하는 바울의 마음
4장	윤리적 측면에서의 권면 / 예수재림에 관련한 권면
5장	데살로니가교인들에게 전하는 신앙생활과 삶에 대한 교훈 / 끝 인사와 권면

바울은 선교여행 중에 배의 난파, 투옥, 매를 맞는 등의 고초를 당하면서도 복음 전도에 대한 헌신으로 오직 '구약만을 믿고 따르려는 유대교인들'을 기독교인으로 재탄생시켰으며 이스라엘이라는 변방(邊方) 국가의 종교였던 기독교를 세계만방에 전하는 '기독교 세계화의 선봉(herald)'이었다. 그는 오직 하나님을 기쁘시게 하기 위해 사람들에게 영광을 구하지 않았으며 때로는 직접 텐트를 제작하여 선교비로 충당하는 등 '자비량(自費糧) 선교'로 고난의 사역을 수행하였다.

러시아에서 선교 활동에 헌신하고 있는 선교사의 간증이다.

'그곳에 선교하러 갔을 때 마침 도착한 동네에는 도로를 포장할 일이 생겼다. 그 동네에는 포클레인은 있으나 이를 운전할 기사가 없었다. 하지만 나는 관광 비자를 소지하고 있었기에 일을 할 수 없었고 더군다나 운전 면허증이나 포클레인 운전 자격증도 없었다. 그때 여권 등을 소지 여부 등을 감시 수색하는 공무원이 나를 찾아와 일을 '도와달라'고 하였으며 나는 그 작업을 잘 마무리해 주었다.

이후 나는 지역 공무원들과 동네 사람들에게서 칭찬을 받게 되었고 본래 내가 러시아선교를 위해 기도하며 꿈꿨던 선교센터도 잘 지을 수 있었다. 바울은 천막제조 기술이 있었다고 하지만 선교사인 나는 건설장비를 움직이는 기술이 있었다'(생명의 열쇠, 전계서, 장요셉, 전게서).

바울은 "사람을 기쁘게 하려 함이 아니요 오직 우리 마음을 감찰하시는 하나님을 기쁘시게 하려 함이라"(2:4)고 하면서 교회가 열망하고 있는 부흥과 성장에서의 첫 출발(stepping)은 '세상과는 분명히 달라야 한다'는 것을 강조하고 있다.

세상에서의 목표관리(MBO:Management By Objectives)와는 달리 차별화(差別化)된 관점과 목표, 구체적인 실천방안을 세운 후에는 기도로 준비하고 시작하여야 한다. 효율적 인적자원관리를 위한 리더십

(Leadership)과 멤버십(Membership)의 조화와 균형은 MBO의 성공요인이다.

교회는 천하보다 귀한 생명을 감화, 감동시키면서 '오직 하나님께만 영광'을 위한 목표(Object)로 구체적인 방안들이 도입(By)되고 실시(Management)되어야만 한다(MBO가 교회성장에 미치는 영향에 관한 연구, 김성호, 감리교신학대학원석사논문, 2006).

바울은 교회 안의 "마음이 약한 사람들, 힘이 없는 사람들과 화목하게 지내며 사랑을 보여 주어야할 것"(5:11~14)과 "굳세고 단단한 믿음으로 살면서 재림을 기다려야 한다"(5:23)고 하면서 데살로니가 교회가 그러했듯이 '믿음 위에 굳게 서서 그날을 준비하며 살아가야 한다'고 역설하고 있다.

끝으로 그는 우리에게 이 모든 것을 이루기 위한 준수사항이 필요함을 강조한다.

"항상 기뻐하라 쉬지 말고 기도하라 범사에 감사하라 이것이 그리스도 예수 안에서 너희를 향하신 하나님의 뜻이니라 성령을 소멸하지 말며 예언을 멸시하지 말고 범사에 헤아려 좋은 것을 취하고 악은 어떤 모양이라도 버리라"(5:16~22).

우리들이 범사에 감사할 이유는 ① 모든 것은 하나님이 섭리하시기 때문이다 ② 거저 받은 것이기 때문이다 ③ 죄를 대속(代贖)해 주셨기 때문이다 ④ 장래의 소망을 위해서다.

범사(凡事)에 감사를 하면 할수록 계속해서 감사할 조건들이 연이어 일어나게(developing)된다(은혜와 감사, 감사절 설교, 박신오목사, 전게서).

데살로니가후서

이 편지에서는 재림과 관련하여 당시 논쟁의 중심이 되고 있는 이단(異端)과 배교(背敎)에 대한 문제점과 대응책을 강조하고 있다.

배교자들(1:3~10)은 '굳센 믿음'(1:13~17)과 믿음생활에 나태(懶怠)한 자들(3:6~15)이니 사귀지 말고 오히려 그들을 '부끄럽게 하라'고 적극적으로 권면하고 있다.

1장	바울, 실루아노, 디모데의 첫 인사 / 환난을 이긴 것과 믿음의 성장, 풍성한 사랑에 감사 / 핍박하는 자들의 심판과 환난 받은 성도의 안식 / 주의 재림은 영광과 심판 / 부르심에 합당한 자로 믿음의 역사를 능력으로 이루며 예수 이름이 영광 얻고 성도들은 영광 속에 살도록 기도하라
2장	종말에 흔들리지 말고 두려워 말라 / 종말에는 배도(背道)와 불법(不法)이 시작된다 / 이들의 증거는 못된 능력과 표적, 거짓 기적, 불의의 속임이다 / 사탄의 역사는 멸망할 자들에게 임하며 진리를 믿지 않고 불의를 좋아하는 모든 자들에게 심판/ 그러므로 믿음 위에 굳게 서서 가르침을 지키라
3장	주 말씀 영광되기를 기도하라 / 너희를 굳게 하시며 위로를 주신다. '하나님은 주무시지도 졸지도 아니하시고 지키신다' / 성도들에게 명한 모든 말씀을 행하신다 / 규모있게 행하는 자들이 되라 / 수고하고 애써 일하여 누를 끼치지 말라 / 남의 일을 간섭하며 방해하는 자들을 경계하라 / 끝 인사

배교(Apostasy)는 공격, 반격의 뜻인 그리스어 아포스타시아(*α π ο σ τ α σ ι*)에서 유래한 라틴어 apostasia에서 비롯된 것으로 어떤 종교로부터 탈퇴하여 그 종교를 버리거나 포기하여 다른 종교로 바꾸거

나 무종교인을 말하지만 근본적으로는 만유의 주재자인 하나님의 창조와 위대한 역사를 거스르는 반역적인 것이다.

주님께서도 “거짓 선지자가 많이 일어나 많은 사람을 미혹하겠으며”(마태복음 24:11)라고 하면서 “불법이 성하며 많은 사람의 사랑은 식어지나 끝까지 견디는 자는 구원을 얻는다”(마태복음 24:12~13)고 하셨다.

또한 그리스어 hairesis에서 파생된 이단(heresy)은 승인하지 않은 것의 뜻으로 ‘정통의 가르침에 어긋나는 교의(教義) 또는 특정의 교파(教派)를 적대시하며 기존의 질서나 학설의 정통성과 권위에 도전하는 생각이나 주장을 가진 사람 또는 그러한 집단’을 말한다.

교회에서는 ‘그리스도교의 가르침이 오염(汚染)되어서는 안 된다’고 하면서 신앙의 규율을 강조하는 가운데 교리에서의 이탈 여부를 기준으로 삼아 정죄(定罪)를 하였으며 나중에는 ‘공식적인 해석과 다른 해석’이라는 뜻으로도 쓰이면서 경멸(輕蔑) 내지 비하(卑下)하는 의미를 갖게 되었다.

최근에 이르러서도 이단(異端)과 배교(背教)는 ‘신앙이 있다, 없다’를 넘어 정통성(正統性)과 통전성(統全性)을 가늠하는 기준이 되고 있어서 교단(教團)이나 교파(教派)를 구분하는 근거가 되고 있다.

통전성(統全性)은 ‘다양한 것을 하나로 묶는다’는 의미로 전체성(全體性) 또는 온전성(穩全性)의 뜻을 갖고 있다.

파스칼은 그의 〈내기〉(Pascal's wager)를 통해 ‘하나님을 믿으면 천국 또는 무익(無益, 損害)이지만 믿지 않으면 지옥 또는 무익이므로 하나님을 믿는 것이 믿지 않음보다 낫다’고 하였다.

	신이 있을 경우	신이 없을 경우
신을 믿을 경우	천국 (+∞)	(세속적인) 약간 손해
신을 믿지 않을 경우	지옥 (-∞)	이득 없음 (대신 손해도 없음

우리들이 신앙생활하는 동안 손익(損益)을 따지는 것도 바람직하지 않지만 무조건 '믿어야 하느니라'로 직진(直進)하면서 이웃과 공동체에 덕(德) 내지 선(善)한 능력(能力)은 보여주지도 않으면서 '우리들만의 천국(天國)'을 만들고 기뻐한다면 이 또한 바람직한 모습이 아니다.

"하나님과 사람을 대하여 항상 양심에 거리낌이 없이"(사도행전 24:16) 또한 "할 수만 있는 대로 힘써 일"(찬송가 330장)하면서 "무슨 일을 하든지 마음을 다하여 주께 하듯"(골로새서 3:23)하여 예수의 이름만이 영광을 받으시고 우리들은 그 안에서 영광을 얻어야 할 것이다.

'복음의 세계화(Globalization)'를 꿈꾸는 바울은 역경과 고난으로 세운 주님의 교회들(교인들)이 꽃을 피우려는 때에 기존의 유대교와 희랍을 중심으로 한 영지주의(Gnosticism)와 이들에 편승해 혼란을 가중시키는 거짓 선생들의 등장을 크게 염려하였다.

비록 자신은 가족이 없음에도 형제자매처럼 사랑하는 성도들을 향해 그동안 갈고 닦은 학문적 · 신학적 논리와 지식으로 '강력하게 저항하고 거부하라'는 메시지를 힘써 전달하고 있다.

디모데전서

바울이 디모데(Timothy)와 함께 거짓 교리를 배격하며 지속적으로 부흥하고 있는 에베소교회의 감독과 지도를 위하여 기록한 것이며 이의 주요 내용은 다음과 같다.

1	성경을 왜곡시키는 사람들과 훼방자(blasphemers)들에 대한 교훈	1:1~20
2	간구(懇求,petition) · 기도(祈禱,prayer) · 도고(禱告,intercession) · 감사(感謝,thanksgiving)의 예배에 대한 교훈	2:1~15
3	지도자들이 가정과 자녀, 공동체로부터의 존경(3:4~5)받는 생활에 대한 교훈	3:1~16
4	믿음에서 떠나 미혹하는 영(deceiving spirit and things)과 귀신의 가르침을 전하는 거짓 교사에 대한 교훈	4:1~16
5	교회 안의 다양한 계층에 대한 권징(勸懲)의 교훈	5:1~25
6	물질주의, 바른 생활, 부유한 자들에 교훈	6:1~21

바울(保羅)은 특히 디모데(提摩太)에게 말과 행실과 사랑과 믿음과 정절에 있어서 '믿는 자에게 본이 될 것'(4:12)과 '읽는 것과 권하는 것과 가르치는 것에 전념하라'(4:13)는 강조와 함께 격려와 위로의 말씀을 전하고 있다.

"하나님의 지으신 모든 것이 선하매 감사함으로 받으면 버릴 것이 없나니(For everything God created is good, and nothing is to be rejected if it is received with thanksgiving., 4;4)"라고 하면서 축복의 비밀(Secret of blessing)이 되는 적극적이고 긍정적인 자세의 믿음생활을 권면하고 있다.

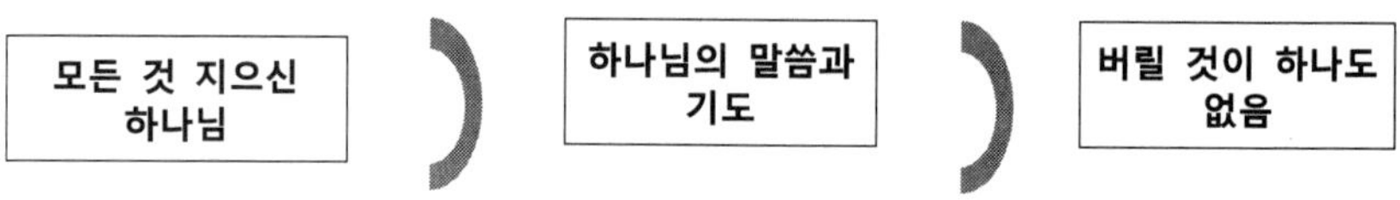

그러나 이때 유념할 것은 '버릴 것이 하나도 없나니'에만 방점(傍點)을 찍어 '세상적인 것 나아가 악한 것조차 버릴 것이 없다'는 것은 결코 아니다.

요즘 '선한 능력(good influence)'이라는 말이 유행되면서 선(善)한 능력(能力)에 의한 '선한 바이러스'(happy virus)라는 말이 널리 회자(膾炙)되고 있다. 버릴 것이 없다고 하였으나 '지으신 모든 것이 선하매 감사함으로 받으면'을 기억해야 한다.

즉 선한 것으로 만드셨다는 것이다. 재료(input)가 선하니 그 결과물(output)도 선한 것이다. '그래서', '그렇기에', '그러니까' 선(善)한 것이어야만 한다.

그런데 '어째서?, 왜? 좋은 것인가를 모르겠다면 어찌해야 할까?' 위의 그림에서와 같이 중간에 '하나님의 말씀과 기도'라는 단계가 있다.

버릴 것(拋棄)과 취(取)할 것은 하나님의 말씀인 성경을 상고(詳考)하면 알게 되고 기도를 하면 잘 알 수 있게 된다.

진정으로 선한 능력은 '우리들의 매일하는 행동으로 선한 사람이 되는 것'이다.

우리들은 입으로는 "나 비록 가진 것 없으나 내 힘만으론 살 수 없으나 나의 주 하나님 크신 그 사랑으로 나 영원히 누리리~"라는 복음송을 부르고 있다.

그러나 다른 한편으로는 '있어야 주지!', '정말 가진 게 없어'하는 경우도 많다. 여전히 아직은 믿음이 너무 작고 적으며 옅다.

세상 사람들도 받아야 주며(Take&Give) 또한 어떤 사람들은 내가 먼저 주었으니 다음에는 나도 받을 것(Give&Take)으로 알고 있다.

그러면 우리들은 어떻게 해야 할까? '안 받았어도 주며 없어도 주어야 하고 다시 또 주어야'(Give&Give)한다.

바울은 간구(懇求), 도고(禱告), 감사(感謝)의 기도를 언급하고 있다. 한편 한문 성경에서는 도고(intercession)를 간구(petition), 기도(prayer), 대구(代求), 감사(thanksgiving) 등으로 번역하고 있다.

이러한 기도는 왜 하는 것일까? 사람들은 누구나 행복하고 싶어 한다.

행복해지려면 먼저는 '사랑할 사람'(對象)이 있어야 하고 다음에는 '해야 할 일'이 있어야 하고 끝으로는 '이뤄지기를 바라는 그 무엇'이 있어야 한다.

이런 경우 여러 가지로 애를 쓰고 땀을 흘려가며 노력을 한다. 그리고 우리들(신앙인, 교인, 신자)은 기도를 한다.

기도하는 자세는 무릎을 꿇고(열왕기상 8:54, 에스라 9:5, 누가복음 22:41, 사도행전 9:40), 엎드려 절하고(출애굽기 34:8, 느헤미야 8:6, 시편 72:11), 서기도(느헤미야 9:5, 마가복음 11:25, 누가복음 18:13) 하며, 손을 들기도(역대하 6:12, 시편 63:4, 디모데전서 2:8) 하고 걷기도(열왕기하 4:35)하며, 완전히 엎드려서(여호수아 7:6, 에스라 10:1, 마태복음 26:39, 마가복음 14:35) 하기도 하지만 가장 중요한 것은 '온전(穩全)한 마음으로' 정성껏 드리는 것이다.

코로나가 우리를 힘들게 하면서 처음 읽으면 재미(fun?)있는 것 같지만 뒤끝을 씁쓸하게(pathos) 했던 높은 열독률의 기도문이 있다.

"하나님, 우리가 얼마나 서로 거짓과 막말들을 했으면 주둥이를 마스크로 틀어막고 살라 하십니까?

하나님, 우리가 얼마나 서로 다투고 싸우며 시기하고 사랑을 안했으면 서로를 거리 두어 살라 하십니까?

하나님, 우리가 얼마나 죄를 짓고 손으로 나쁜 짓을 했으면 어디가나 소독제와 물로 씻게 하십니까?

하나님, 우리가 얼마나 화를 내게 했으면 일 년 가까이 그 흉한 얼굴을 사람들에게 보이지 말고 살라 하십니까?

하나님, 우리가 얼마나 주 없이 예배를 드렸으면 성도끼리 얼굴도 못 보게 듣도 보도 못한 비대면 예배를 드리게 하십니까?

하나님, 우리가 얼마나 그동안 주를 실망시켜 드렸으면 이 나라를 하나님 없는 공산 사회주의로 가도록 내버려 두시나이까?

하나님, 우리가 얼마나 주의 교회를 좌파, 우파, 대파, 쪽파, 양파로 나누었으면 세상에서 혐오집단(嫌惡集團)으로 만들어 가게 하시나이까?

전지전능하신 하나님, 이제 그만 노를 푸시고 이 백성과 교회를 긍휼히 여기사 회개하게 하시고 회복시켜 주소서!"

누군가는 이러한 기도에 대하여 경건(敬虔)치 못하다고 할지도 모르지만 언제 끝날지도 모르는데다 치료하는 마땅한 방법이나 대안도 없으니 지금으로서는 그저 온 몸으로 견뎌내야만 할 뿐이다.

어떻게든 코로나를 이겨보려는 안타까운 심정에서 드리는 기도라고 생각해보면 가슴이 뭉클하고 먹먹해져 오는 기도문이다.

끝으로 기도의 의미심장한 의미와 능력을 굳게 믿으며 기도하고 있는 이들이 반드시 기억해야 할 것이 있다. '기도의 결과는 기도하는 이에게 전혀 달려있지 않다'는 사실이다.

늘, 언제나 우리들이 신앙생활을 하면서 가장 부러운 것, 부러운 사람들이 있다면 응답받는 이들의 응답기도이다.

하늘에 간구하는 것들이 상달되어 반드시, 꼭 응답을 받는 '기도의 달인(達人)'이 되자!

디모데후서

디모데전 · 후서(提摩太前 · 後書)는 디도서와 함께 바울이 쓴 목회서신이다.

그는 자신의 제자들인 목회자들에게 편지를 보내면서 '교회 안에서 일어나는 다양한 문제들에 대한 치리(治理)와 신자들의 교육, 거짓 가르침에 대한 대처 방법' 등을 설명하고 있다.

하지만 바울은 자신이 예수의 정통 제자(직접 부르신 12제자)가 아니라는 이유와 그가 젊었을 때 '예수를 체포하려했던 열혈단원이었다는 것'이 알려져 따돌림을 당했음에도 불구하고 디모데와 함께 '거짓교리의 배격과 초대교회의 기초를 세우는 일'에 전력을 다했다.

성경에는 많은 여인들이 등장한다.

구약에는 자기 합리화를 통해 죄를 덮으려한 아브라함의 아내 사라(창세기 16:1), 편애(偏愛)를 일삼던, 이삭의 아내 리브가(창 26:1), 사사로서의 직분을 버리고 고향을 떠난 엘리멜렉의 아내 나오미(룻기 1:1), 우상숭배에 앞장을 섰던 이세벨(열왕기왕 상 21:1), 늘 기도하는 여인이었던 한나(사무엘상 1:9), 지혜로운 여인 아비가일(사무엘상 25:2) 등의 많은 여인들의 이름이 기록되어 있다.

신약에는 거짓말로 성령을 시험한 아나니아의 아내 삽비라(사도행전 5:1)가 등장한다.

디모데후서의 마지막인 4장에는 "브리스가(Priscilla)와 아굴라(Aquila), 오네시보로(Onesiphorus)의 집에 문안하라"(4:19)는 인사말에서 보듯이 남편보다 이름이 먼저 언급되는 브리스가가 등장되고 있다.

그녀는 남편과 자녀 그리고 교회의 부흥에 앞장을 섰던 훌륭한 아내이며 어머니였고 교회의 직분자였다.

신실한 아내의 자리는 한 가정의 평안과 축복을 이끄는 귀한 '가문(家門)의 운명'을 좌우하게 된다(예안교회, 이명훈목사, 2018.3.2).

바울은 비교적 짧은 편지(총 4장 83절)인 이 책에서 하나님의 말씀인 성경에 대하여 "하나님의 감동으로 된 것으로 교훈과 책망과 바르게 함과 의로 교육하기에 유익하니".

"All Scripture is God-breathed and is useful for teaching, rebuking, correcting and training in righteousness, 3:16)."라고 하면서 명쾌하게 요약하여 주고 있다.

이어서 그는 "하나님의 사람으로 온전하게 하며 모든 선한 일을 행할 능력을 갖추게 하려 함이라"(3:17)는 말로 교육의 중요성을 강조 한 후 "어릴 때부터 네가 성경을 알았으니, 성경은 너로 그리스도 예수 안에 있는 믿음으로 인하여 구원에 이르도록 지혜롭게 할 수 있느니라"(3:15) 하면서 '가정에서의 기독교 교육의 힘', '교회학교에서의 기독교 교육의 효과', 나아가 '기독교 교육의 효과는 빠르면 빠를수록 좋다'는 점을 언급하고 있다.

이는 "마땅히 행할 길을 아이에게 가르치라 그리하면 늙어도 그것을 떠나지 아니하리라"(잠언 22:6)는 말씀과도 연결된다.

그리하여 급변하는 이 시대에서 교회가 마땅히 감당해야할 3대 사명은 '전도와 교육 그리고 실천봉사' 인 것이다(기독교 교육의 효과, 박신오목사, 주일학교 진흥주일 설교, 전게서).

성경은 교회 다니지 않아도 누구나 '아는 책', '좋은 책' 세상에 널리 알려져 있기는 하지만 또한 '가장 많이 읽히지 않는 책'이기도 하다.

성경은 1,600여년에 걸쳐 36명의 필자들에 의하여 씌여진 책으로 "모세와 모든 선지자의 글로 시작하여 모든 성경에 쓴 바 자기에 관한 것을 자세히 설명하시니라"(누가복음 24:27)처럼 '예수님에 관한 하나님의 말씀'이다.

성경을 세상에서는 다음과 같이 이해하고 있다.

① 다른 어느 책에서도 찾아 볼 수 없는 놀라운 지혜의 보고(寶庫)가 가득한 최고의 우량 교양서이다.

② 영적(靈的)인 지식으로 사색(思索)의 세계와 사상(思想)의 높이, 넓이를 확장시킨다.

③ 단순히 인생의 교훈을 주는 교훈서나 인생의 미래세계를 설명하는 종교적 설명서가 아니다.

④ 인간의 창조부터 인간이 살아온 모습을 하나님의 관점에서 적나라하게 기록한 책이다.

그러나 '하나님의 말씀'인 성경은 세상에서의 시각이나 관점과는 크게 다른 차이점을 갖고 있다.

① 인간의 일거수일투족(一擧手一投足)을 따뜻한 시선으로 바라보는 하나님의 뜻이 들어있는 책이다.

② 성경을 통해서 '하나님의 마음을 알게 되고 감화되어 자신 협소한 생각과 의식에서 벗어나 이웃과 세계를 향한 눈이 열리고 세계를 보는 눈'이 열린다.

③ 하나님의 감동으로 된 것으로 교훈과 책망과 바르게 함과 의로 교육하기에 유익하다(3:16).

④ 하나님의 사람으로 온전하게 하며 모든 선한 일을 행할 능력을 갖추게 한다(3:17).

성경은 인간의 죄와 하나님의 사랑, 부패한 인간성과 그리스도의 십자가를 통한 구원'의 메시지로 "예언은 사람의 뜻으로 낸 것이 아니요 오직 성령의 감동하심을 받은 사람들이 하나님께 받아 말한 것임이라"(베드로후서 1:21)처럼 하나님의 감동으로 이뤄진 것이다.

구약에는 "나 여호와가 말하노라 나는 가까운데 하나님이요, 먼데 하나님은 아니냐"·"Am I only a God nearby declares the Lord, not a God far away?"(예레미야 23:23)와 "여호와가 말하노라~보라 내가 새 일을 행하리니~너희가 그것을 알지 못하겠느냐(이사야 43:17~19)"처럼 "여호와 하나님이 직접 말씀 하신다"는 표현이 2,000번이나 나온다.

바울은 자신의 죽음이 임박하고 있는 상황 속에서도 지금 헌신하고 있는 젊은 동역자들에게 오늘날의 신학자 못지않은 논리로 〈기독교의 핵심 7가지〉를 전하고 있다(전덕영, 기독교 7대 핵심 진리, 쿰란출판사, 2006).

① 하나님의 말씀인 성경(3:15~17).

② 그리스도(1:9~10).

③ 회개와 믿음(3:1~7).

④ 그리스도인의 삶(2:22~26).

⑤ 교회(3:18~21).

⑥ 말씀과 기도(1:3~8/4:18).

⑦ 전도의 중요성(4:2/17).

디도서

디도서(Titus)는 바울이 그레데에서 그가 사랑하던 제자인 디도에게 보낸 권면의 편지, 곧 목회서신이다.

로마의 감옥에서 석방된 바울은 전도 여행에 동행했던 디모데는 에베소에, 디도는 그레데(Crete · 克里特)에 남겨 교회를 지도하게 하였다. 그는 '디도를 몹시 사랑하여 아들(my true son in our common faith)'이라 부르기도 하면서 가족처럼 아끼고 사랑하였다.

목회서신은 다음과 같은 몇 가지의 특징을 갖고 있다.

첫째는 사적(私的)인 서신이지만 교회가 가지고 있는 문제들 및 이에 대한 해결책을 제시하여 함께 읽고 그대로 준행하기를 바라고 있는 공적(公的)인 편지라는 점이다,

둘째는 문체와 용어가 비슷하고 사상이 공통되는 부분이 많아 동시대에 기록된 것으로 보이게 한다는 것이다.

셋째는 바울의 다른 서신에 비해 평범하여 장엄미(로마서)나 전투적 자세(갈라디아서) 및 심오한 교리(옥중서신) 등이 보이지 않는다는 것 등이다.

또한 디도서는 디모데 전·후서와 문체와 내용이 비슷할 뿐만 아니라 특히 디도서의 경우에는 디모데전서의 축소판이라고 불릴 정도로 내용도 유사하다.

디도(提多)가 사역하는 그레데 섬은 지중해에서 네 번째로 큰 섬으로 소아시아와 유럽을 연결하는 요충지가 되어 평소 로마에 대한 적대감이 높고 폭동이 자주 일어나는 곳 이었다.

또한 무절제하고 부도덕하며 거짓을 일삼으면서 자신들만이 '제대

로, 잘 믿는다'고 자만(自慢)하는 할례당과 같은 율법의 준수자들도 다수 있었다.

그리하여 바울은 "훔치지 말고 오직 선한 충성을 다하게 하라"(not to steal from them)고 까지 권면하고 있다(2:10).

이러한 상황과 여건을 잘 알고 있는 바울은 교회 안에 난무하는 거짓 교사들에 대한 대처법 등 교회 질서를 바로 세워 온 성도들이 "은혜를 받고 의롭다함을 얻어 영생의 상속자"가 되기를 바라면서(3:6) 편지를 작성하게 되었다.

그러므로 디도서의 핵심이 될 키워드는 '순결(純潔)과 상속자(相續者)'이다.

그는 비록 험하고 힘든 세상이라고 할지라도 세상과 짝하여 살면서 부화뇌동(附和雷同)하면서 '어쩔 수 없다!, 세상이 다 그렇다!, 다들 그렇게 살고 있다'라는 말을 하기 보다는 순결하게 힘들고도 어렵더라도 '세상과 달리 영생을 따라 사는 상속자가 되라'(gave us confidence that we will inherit eternal life)는 준엄한 명령을 내리고 있다(3:7).

디도서는 특히 교회에서 장로(Presbyter/Elder), 안수집사(Ordained deacon), 권사(Senior deaconess) 등의 장립이나 취임 예배 때에 많이 읽혀지고 있다(1:5~7).

이는 축하를 받는 직분자들은 물론 이들을 축하하는 성도들과 하객들에게 바울이 진정으로 권면하고자 하는 축하의 뜻과 사명을 전하기 위해서이다.

이어서 바울은 수고하고 헌신하여 할 이들, 곧 교회의 어른들이 교회 일을 행정하고 관리를 하는 경우에 그들이 감당해야 할 태도나 자세에 관련한 직무 관련의 내용(Job description)도 언급하고 있다(2:1~14).

그러므로 디도서가 교회들, 특히 오늘날의 교회들에게 주는 시사점은 매우 크다.

이제 21세기의 교회들이 양적인 성장을 이루고 경제와 문화 등에서의 여건도 풍요로워졌다.

그렇지만 요즘은 교회 내에 거짓 선지자와 이단의 종교 단체들이 가시적으로 범람하고 활개를 치면서 교회와 신앙의 근본을 흔들고 성도들을 혼란 속에 방황하게 하는 시대이다.

이 책은 목회자들은 물론 성도들에게도 교회와 사회생활에 있어서 '정도(正道)로 인도하는 안내서(guide book) 내지 지침서'(manual)가 되고 있다.

그는 디도에게 아래와 같은 인사로 편지를 끝내고 있다.

"열매 없는 자가 되지 않기 위하여 필요한 것을 준비하는 좋은 일에 힘쓰기를 배우게 하라."

"Our people must learn to devote themselves to doing what is good, in order to provide for urgent needs and not live unproductive lives"(3:14).

빌레몬서

신약에서 가장 짧은 편지(1장)에서 바울은 복음의 진수(眞髓)인 '용서와 사랑'을 잘 전하고 있다.

그는 먼저 빌레몬(Philemon)에게 도망을 쳤던 종(從)인 오네시모를 로마의 법 등에 상관없이 용서하라고 한다.

이어서 그는 그리스도를 영접한 이후에는 이전과 다른 관계로 맺어지는 새로운 '한 지체로서의 믿음생활'을 요청하고 있다.

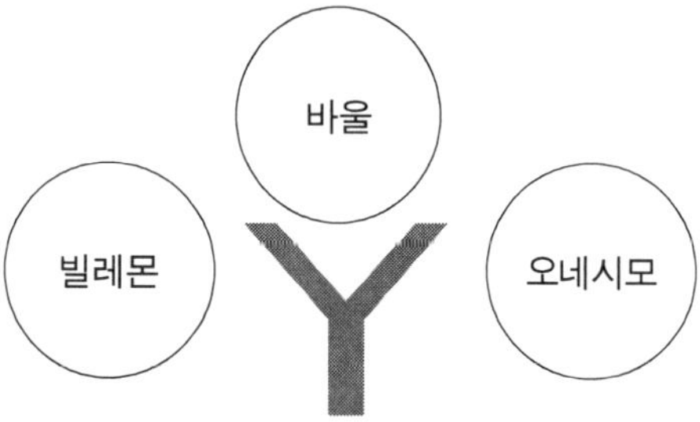

바울(保羅)은 빌레몬(腓利門)을 향하여 오네시모(阿尼西謨)에게 인정을 받을 수 있는 기회를 주라고 하면서 "전에는 네게 무익(無益)하였으나 이제는 나와 네게 유익하므로~"(1:11)라는 표현으로 그의 마음을 움직이는 전환점이 되게 하고 있다.

그는 오네시모가 '새사람이 되어 돌아왔다'고 하면서 믿을 만한 사람이라고 강력하게 추천하고 있다.

즉 '아크레스토스'하던 오네시모가 '유크레스토스'한 사람으로 변했었다고 한다. 아크레스토스는 무익하다는 뜻으로 '아'를 뗀 '크레스토스'는 '쓸만하다'는 뜻이다.

더 이상 해(害)를 끼치거나 마음을 상(傷)하게 하는 사람이 아니라 이제는 '쓸만하고 필요한 사람'이 되었으니 '종과 같이 대하지 말고 사랑받는 형제처럼 대하라'(16절)고 요청하면서 그는 변화되어 '귀(貴)하고 복(福)된 사람이 되었고 교회에서도 유익한 존재가 되었다'고 강력하게 추천하고 있다.

바울은 "그가 나와 함께 있는 것은 빌레몬이 나와 함께 있는 것과 다를 바 없다"(14절)고 말하고 있지만 이에 못지않게 '그의 권면을 믿고 수용한 빌레몬의 믿음'도 역시 크다.

그는 후에 골로새 교회의 감독으로 큰 일군이 되었다. 빌레몬서의 메시지는 '회심한 자는 하나님과 사람 앞에서, 무익하던 자에서 하나님과 사람에게 유익한 자로 변해야 한다'는 것이다.

S 로마 시민권자 / 지식인 / 논리의 저술가 / 어학적 재능(히브리어 · 헬라어 · 라틴어 · 아람어) / 수사학	W 열혈당원(불같은 성격,다메섹 사건 이전에는 예수 체포조) / 고질적 질병(간질)/13번째 제자(굴러온 돌) / 초라한 직업(세리 등이 아닌 텐트 제조업자) / 죄수 / 사도권 의심(비정통성)
O 세계 초강대국 로마의 절정시대(정치 · 문화 · 군사) '모든 길은 로마로 通한다' (All roads lead to Rome.) '로마에 가면 로마법!' (When in Rome, do as the Romans do.!	T 속국 · 식민지(빌라도총독) / 변방국가

바울은 예수를 체포하려고 추적까지 하였던 열혈청년이었으나 스데반의 순교(사도행전 7:59~60)를 보고 회심한 후 주님을 영접(30세)하고 따르면서 복음의 전도자로 헌신하게 되었고 이후에는 야고보와 베드로에게서 사도로 인정을 받게 되었다(44세).

그는 길리기아지방 다소의 유대인 가정에서 태어났고 히브리어, 헬라어, 라틴어와 아람어 등 4개국 언어에도 능통한 논리적인 지식인이었다.

글은 잘 쓰지만 어눌한 말, 비호감의 신체적인 조건(대머리에 못생긴 눈썹과 안짱다리), 지병(간질)도 있었으며 '예수님의 12제자가 아니다'라는 이유로 사도권(使徒權)을 의심받고 조롱도 당했다.

하지만 그의 열정적인 믿음과 해외선교에 대한 도전정신은 성령 충만 그 자체였다.

위의 표는 세계 선교의 막중한 미션을 수행한 바울의 강점(strength)과 약점(weakness) 그리고 당시의 시대적 환경에서의 기회(opportunity)와 위협(threat)을 요약한 것이다.

그러므로 기독교의 세계화(globalization)는 '바울에서 시작되었으며 그 기초가 다져졌다'고 할 수 있다(교회의 국제화과정에 관한 연구-사도바울의 선교여행을 중심으로, 김성호, 한국로고스경영학회, 2010).

히브리서

이 편지는 네로황제(A.D. 64)에 의하여 기독교 박해로 순교자가 생기기 시작하기 전에 누군가에 의해 기록되었으며 인사말이나 발신자, 수신자도 없이 회당의 설교 형식을 취한 권면의 글이다.

저자는 입으로만 '그리스도인'이라고 하면서도 여전히 전통적인 방식을 버리지 못한 유대기독인들에게 '그리스도 예수 안에서 온전한 믿음으로 자라가기'를 간절하게 요구하고 있다.

그리스도인들은 세상을 살아가는 동안 강단에서 외쳐지는 말씀(설교)을 평균 6,000번을 이상 듣고 18만 8,000번 이상의 기도와 120,000번 이상의 찬송을 부른다고 하지만 주께서 맡기신 사명(mission)인 "전도의 열매"는 많이 맺지 못하고 있다.

이는 아직 성화(聖化 · Justification)가 이뤄지지 않았다는 증거이다. 그 이유는 "그들과 같이 우리도 복음 전함을 받은 자이나 들은 바 그 말씀이 그들에게 유익하지 못한 것은 듣는 자가 자기 믿음과 결부시키지 아니함이라"(4:2)처럼 말씀을 생활과 결부시키지 못했기(they did not share the faith) 때문이다.

세상(사람들)은 성도들의 행동을 보는 것이지 그들이 들고 다니는 성경이나 교리, 교회를 보는 것이 아니다.

B. 프랭클린은 '크리스천은 다른 사람들로 하여금 하나님을 볼 수 있게 하는 열쇠 구멍'이라고 했다. 늘 "행함이 없는 믿음은 죽은 것이라"(야고보서 2:17)는 말씀을 기억하여 이행득의(以行得義 · Justification by doing)의 믿음으로 생활하여야 한다.

이 책에서는 기독교의 핵심적인 교리를 잘 정리하여 주고 있다.

"믿음은 바라는 것들의 실상이요 보이지 않는 것들의 증거니 선진들이 이로써 증거를 얻었느니라 믿음으로 모든 세계가 하나님의 말씀으로 지어진 줄을 우리가 아나니 보이는 것은 나타난 것으로 말미암아 된 것이 아니니라 믿음으로 아벨은 가인보다 더 나은 제사를 하나님께 드림으로 의로운 자라 하시는 증거를 얻었으니 하나님이 그 예물에 대하여 증언하심이라 그가 죽었으나 그 믿음으로써 지금도 말하느니라 믿음이 없이는 하나님을 기쁘시게 하지 못하나니 하나님께 나아가는 자는 반드시 그가 계신 것과 또한 그가 자기를 찾는 자들에게 상 주시는 이심을 믿어야 할지니라~믿음으로 아브라함은 부르심을 받았을 때에 순종하여 장래의 유업으로 받을 땅에 나아갈 새 갈 바를 알지 못하고 나아갔으며 믿음으로 그가 이방의 땅에 있는 것 같이 약속의 땅에 거류하여 동일한 약속을 유업으로 함께 받은 이삭 및 야곱과 더불어 장막에 거하였으니 이는 그가 하나님이 계획하시고 지으실 터가 있는 성을 바랐음이라 믿음으로 사라 자신도 나이가 많아 단산하였으나 잉태할 수 있는 힘을 얻었으니 이는 약속하신 이를 미쁘신 줄 알았음이라~믿음으로 모세가 났을 때에 그 부모가 아름다운 아이임을 보고 석 달 동안 숨겨 왕의 명령을 무서워하지 아니하였으며 믿음으로 모세는 장성하여 바로의 공주의 아들이라 칭함 받기를 거절하고 도리어 하나님의 백성과 함께 고난 받기를 잠시 죄악의 낙을 누리는 것보다 더 좋아하고 그리스도를 위하여 받는 수모를 애굽의 모든 보화보다 더 큰 재물로 여겼으니 이는 상 주심을 바라봄이라 믿음으로 애굽을 떠나 왕의 노함을 무서워하지 아니하고~믿음으로 유월절과 피 뿌리는 예식을 정하였으니 이는 장자를 멸하는 자로 그들을 건드리지 않게 하려 한 것이며 믿음으로 그들은 홍해를 육지 같이 건넜으나 애굽 사람들은 이것을 시험하다가 빠져 죽었으며 믿음으로 칠 일 동안 여리고를 도니 성이 무너졌으며 ~ 믿음으로 그들은 나라들을 이기기도 하며 의를 행하기도 하며 (중략) 믿음으로 말미암아 이 사람들은 다 증거를 받았으나 약속된 것을 받지 못하였으니 이는 하나님이 우리를 위하여 더 좋은 것을 예비하셨은즉 우리가 아니면 그들로 온전함을 이루지 못하게 하려 하심이라"(11장)고 하면서 담대하게 세상에 외치고 있어 일명 '믿음의 장'(By Faith Chapter)으로 알려져 있다.

우리들은 세상을 이끌어 온 핵심적인 것들이 원칙 · 신조 · 성명 · 법률 · 윤리규정이라고 알고 있지만 실은 정직(honesty) · 기능(workmanship) · 야망(ambition) · 자선(charity) · 교육(education) · 책임(responsibility) · 용기(courage) 그리고 믿음(faith)인 것을 기억해야 한다(Gray Matters, United Technologies Co., 신해진역, 한겨레, 1989).

히브리서(希伯來書)는 뛰어난 수사(修辭)와 문학적인 표현(Parenesis)으로 히브리인들에게 옛 언약의 전통적인 믿음 대신 새 언약인 '그리스도 안에서 온전해지기'를 바라면서 '예수 그리스도는 우리의 구원'이고 '멜기세덱과 같은 제사장'이며 '죄를 대속하신 제물'임을 선포하고 있다(7:11~28).

저자는 구약의 인물과 사건들을 구체적으로 언급하면서 '천사보다 뛰어난 아들' (1:4)이며 '모세보다 크고'(3:3) 또한 '새 언약의 대제사장(2:17)이심에도 죄 없으시나 단 한 번 희생하신 우리 주 예수 그리스도'(10:14)를 간절하게 기다리면서 인내하여 끝내는 '믿음으로 승리하라'(10:32~39)고 강권하고 있다.

야고보서

공동서신(베드로전 · 후서/야고보서/유다서/요한1 · 2 · 3서)의 하나인 야고보서(雅各書)는 기독교교리를 잘 설명하고 있는 바울서신(골로새서/에베소서/히브리서/목회서신(디모데전 · 후서/디도서)과는 달리 구원 받은 자의 행위(삶), 곧 믿음의 실천적 측변을 강조하는 서신이다.

저자는 예수의 동생인 야고보로 그의 생전에는 믿지 않았으나 주님의 부활 이후의 뜨거운 믿음생활로 초대 예루살렘 교회의 감독을 맡기도 했다.

당시의 예루살렘 교회가 극심한 박해로 성도들이 흔들리고 특히 배교(背敎)의 위험에 있었기에 그는 '믿음으로 의롭다 함을 받고 구원의 은총을 입은 자들'은 이미 구원을 '믿음으로 받았으나 이러한 믿음은 행위로 나타나야 한다'고 강조하고 있다.

시험은 기쁨을 가져 온다(1:2)	기도를 통한 지혜(1:5)	부를 뛰어넘는 가난(1:10)
⇩	⇩	⇩
시험은 복을 가져 온다(1:12)	순전한 말에 분노는 없다 (1:19~20)	순종에는 자비가 필요(1:22)
⇩	⇩	⇩
부를 통한 시험(5:1)	순전한 말의 요구(4:11)	가난과 자비의 탁월성 (4:14~17)
	⇩	

시험 때 인내가 필요하다 (5:7~11)

맹세하는 일의 경고(5:12)

기도와 용서로 서로 돕는다(5:16)

야고보서는 위와 같이 행함이 있는 믿음의 역할을 잘 보여주고 있다(IVP성경주석, 1994).

최근 '안 나가 교인'들의 증가 추세가 한국 교회의 화두가 되고 있다. 특히 청년들이 교회를 떠나는 이유는 자유로운 신앙생활을 원하여(30.3%), 목회자에 대한 불만(24.3%), 교인들에 대한 불만(19.1%), 신앙에 대한 회의(13.7%) 등이다(목회사역연구소, 2017).

결국 "들을 귀 있는 자는 들을지어다"(마태복음 11:15)라고 하였음에도 "너희는 말씀을 행하는 자가 되고 듣기만 하여 자신을 속이는 자가 되지 말라"(1:22)라는 권면을 망각하고 있는 것이다.

통계 수치에 연연해하기보다는 젊은 세대들의 추세, 생각 또는 요즘의 표현대로 트랜드를 읽을 수 있어야 한다.

기도에 대한 야고보의 비결이 있다. "너희가 얻지 못함은 구하지 아니하기 때문이요"(4:2)는 책망이 아니라 기도하지 않으면서 그저 바라기만 하여 "주님과의 관계가 끊어지면서 영적 생명이 시들고 죽어가게 된다"는 안타까움의 발로(發露)이다.

만물을 창조하시고 소유하시지만 이를 우리에게 선물로 주시려 하지만 구하지 않고 기도하지 않은 채 '시간이 없다, 바쁘다'며 기도를 잊고 드디어는 영적으로 쇠약하게 된다(기도, O. Hallesby, 전게서).

기도의 연습이 필요하다. 다른 이들의 '응답받는 기도'를 부러워만 할 것이 아니라 '자신만의 기도 훈련'이 있어야 한다.

야보고서의 요절은 "내 형제들아 만일 사람이 믿음이 있노라 하고 행함이 없으면 무슨 유익이 있으리요 그 믿음이 능히 자기를 구원하겠느냐 만일 형제나 자매나 헐벗고 일용할 양식이 없는데 너희 중에 누구든지 그에게 이르되 평안히 가라, 덥게 하라, 배부르게 하라 하며 그

몸에 쓸 것을 주지 아니하면 무슨 유익이 있으리요 이와 같이 행함이 없는 믿음은 그 자체가 죽은 것이라"(2:14~17)이다.

이신득의(以信得義)를 강조한 M.루터는 야고보서를 '짜투리 복음'이라고 했다.

입으로만 아니 더 나아가 머리로만 믿고 행함이 없는 신앙인들은 '이행득의(以行得義)의 실행신화'을 잊지 말아야 한다.

그가 말하는 '믿음과 지혜, 부자가 되려고 하는 이들에 대한 청부(淸富), 말할 때의 유의점(controlling the tongue)' 등 세상 특히 신앙인으로서 살기가 힘든 세상에서의 삶에 힘을 주는 팁(tip)이 있다.

"너희 중에 고난당하는 자가 있느냐 그는 기도할 것이요 즐거워하는 자가 있느냐 그는 찬송할지니라"(5:13)의 말씀이 그 어느 때보다 돋보이고 요구된다.

베드로전서

베드로(彼得)가 폭군 황제였던 네로의 핍박으로 고통당할 소아시아의 성도들을 위해 쓴 서신이다.

하지만 그가 저자가 아니라는 주장은 이는 사용한 헬라어의 수준이나 그리스도인이 되는 것은 범죄였던 시대임에도 이름을 밝힌 점, 에베소서 지역의 묘사나 분위기, 예수의 활동에 대한 언급의 부족 등 때문이다.

그를 저자로 보는 것은 본인을 밝히고 있는데다(1:1) "너희 염려를 다 주께 맡기라~근신하라 깨어라~믿음을 굳건하게 하여 그를 대적하라 이는 세상에 있는 너희 형제들도 동일한 고난을 당하는 줄을 앎이라"(5:7~9)고 담대하게 전하고 있기 때문이다.

우리는 베드로가 고난을 언급하면서도 곧 있을 영광과 기쁨을 전하는 그의 권면과 열정에 위로를 받고 감동하게 된다.

1	첫 인사 / 거룩한 자가 되라(1:15~16)
2	산 돌과 택한 백성(2:4~8) / 버린 돌의 모퉁이 머릿돌(Corner stone)
3	선을 행하다 고난 받음(3:8~12) / 부부사이에 대한 권면(3:1~7)
4	변화 받은 삶(4:2~6) / 하나님의 선물(4:10)
5	교회 내의 질서 유지와 교제에 관련한 권면(5:1~11) / 마지막 인사

예수께서 베드로(Peter)를 보시고(요한복음 1:41) 지금은 "시몬(갈대라는 뜻)이지만 장차 게바라 하리라" · "You are Simon son of John. You will be called Cephas"(게바는 아람어로 돌(石)이며 그리스어 · 헬라어 · 希臘語로는 베드로)고 하셨다.

여기에서 '보시고'는 헬라어의 '엠블레포'로 나이 · 출생지 · 외모 · 성격 · 은사 · 학력 · 과거 · 허물 · 과오 · 재산 · 직업과 같은 '세상적인 눈높이'가 아니라 자세히 마음속까지를 꿰뚫어 보는 것'을 의미한다.

베드로는 예수가 "너희는 나를 누구라 하느냐?"고 질문하였을 때 "주는 그리스도시오. 살아 계신 하나님의 아들이시니이다"(마태복음 16:16)라고 대답하였다.

이때 예수는 "시몬아! 네가 복이 있도다~또 내가 네게 이르노니, 너는 베드로라. 내가 이 반석 위에, 내 교회를 세우리니, 음부의 권세가 이기지 못하리라"(마태복음 16:17~18)는 칭찬을 받았다.

물론 시몬 베드로는 후에 '예수를 모른다'(마태복음 26:72)고 했던 우유부단(優柔不斷)하고 무책임(無責任)한 면도 있지만 주님은 그의 놀라운 가능성을 첫눈에 알아보셨다.

우리가 어떤 특정인에게 일을 맡기거나 할 때 대개는 '종이에 씌여진(paper working) 스펙'에 함몰되곤 한다.

과거보다는 지금, 현재보다는 미래의 발전 가능성(availability & possibility in the future)에 방점을 찍고 포커스를 맞춰야 한다.

'좋아요!, 최고에요!, 멋져요!, 응원해요!, 기대해요! 힘내요!, 짜요(加油)!'가 우리 믿는 이들의 입에 익숙해져야할 세월이고 시대이다.

성경에는 시몬처럼 개명(改名)한 인물들이 있다. 아브람은 아브라함, 사래는 사라, 야곱은 이스라엘, 사울은 바울로 바뀠다.

하지만 이름이 바뀌는 것이 아니라 성격과 버릇이 바뀌고 나아가 믿음과 생활이 바뀌는 것이 더욱 중요하다.

특히 베드로는 “예수께서 보시고 이르시되 네가 요한의 아들 시몬이니 장차 게바라 하리라 하시니라(게바는 번역하면 베드로라)”처럼 주님이 직접 이름(別名)을 지어주셨다(요한복음 1:42).

그는 이제 요한의 아들 시몬에서 베드로가 되어 주님이 사랑하는 제자 12명 가운데 대장(隊長)이 되었다.

“근신하라 깨어라 너희 대적 마귀가 우는 사자 같이 두루 다니며 삼킬 자를 찾나니 너희는 믿음을 굳건하게 하여 그를 대적하라 이는 세상에 있는 너희 형제들도 동일한 고난을 당하는 줄을 앎이라 모든 은혜의 하나님 곧 그리스도 안에서 너희를 부르사 자기의 영원한 영광에 들어가게 하신 이가 잠깐 고난을 당한 너희를 친히 온전하게 하시며 굳건하게 하시며 강하게 하시며 터를 견고하게 하시리라”(베드로전서 5:8~10)고 하면서 강하고 굳건한 믿음으로 이 세상에서 승리하라고 강변하고 있다.

교회 안에서만의 믿음이 아니라 세상에서의 힘 있고 단단한 믿음이 필요하다.

나아가 성경을 하나님의 말씀으로 알고 읽고 묵상하는 것도 중요하지만 ‘말씀대로 살아가는 것’이 더 중요하다. 그 말씀에 순종하며 실천하며 살아 갈 수 있어야 한다.

그렇게 할 수 있는 ‘힘과 능력을 달라’고 끊임없이 기도해야 한다.

Billy Graham목사는 ‘기도는 아침의 열쇠이고 저녁의 자물쇠’라고 하였다. 이는 종일토록, 그야말로 때를 얻든지 못 얻든지 간에 기도하여야 한다는 뜻이다.

개과천선(改過遷善)이라는 말도 있지만 '내가 쓰면 자화자찬(自畵自讚)의 농담'일 뿐이며 다른 이들이, 많은 사람들이 그렇게 불러주어야 한다.

주님이 '보시기에 좋았더라, 참 기뻐하셨더라'고 하셔야 한다.

전도의 파급력은 이런 말들이 회사, 동네, 시장 등 곳곳마다에서 들릴 때 놀라운 역사와 영향력을 발휘한다.

주님의 승천 이후 그동안 주님을 따라 다니며 천국의 복음을 전하던 일, 그동안의 사역들을 추억하면서 전역(轉役)한 군인처럼 '고향 앞으로!' 로 돌아가 편하게 생활(餘生)할 수 있었으나 그는 '할 일이 더 많아지고 분주하게' 되었다.

이제 그에게는 '산 소망'을 주시는 믿음과 구원의 확신을 얻고 이를 더 널리 전파(傳道)하려는 열정이 생겨났기 때문이다(1:3~9).

우리들의 힘든 상황들이 여전할지라도 '산 소망과 기쁨으로' 더 분주하게 헌신적으로 '예루살렘과 유다와 만천하 모든 세상 끝까지 복음을 전하는 귀한 사명'을 감당할 수 있어야 한다(부활 먼지 우리 안에서, 김운성목사, 영락교회, 2020.4.12).

베드로후서

예수의 부활 이후에 교회 안에는 거짓 선지자들과 선생들이 우후죽순(雨後竹筍)처럼 나타나 초대교회 기독교인들이 그리스도의 재림을 애타게 기다리는 것에 편승하여 말다툼과 분쟁을 일으키는 등 불협화음(不協和音)의 원인이 되고 있었다.

베드로는 이를 진정시키고 '예언자들이 언급했던 말씀들과 주님께서 전해주신 계명'들을 되새기면서 위로와 권면을 주기 위한 편지를 쓰게 되었다.

그는 "거짓 선지자들이 일어났었나니 이와 같이 너희 중에도 거짓 선생들이 있으리라 저희는 멸망케 할 이단을 가만히 끌어들여 자기들을 사신 주를 부인하고 임박한 멸망을 스스로 취하는 자들이라"(2;1)고 선언한다.

그러면서도 "주께서 경건한 자는 시험에서 건지시고, 불의한 자는 형벌 아래 두어 심판 날까지 지키시며 육체를 따라 더러운 정욕 가운데서 행하며 주관하는 이를 멸시하는 자들에게 특별히 형벌하실 줄을 아시느니라"(2:9~10)고 위로한다.

베드로는 "이로써 그 보배롭고 지극히 큰 약속을 우리에게 주사 이 약속으로 말미암아 너희가 정욕 때문에 세상에서 썩어질 것을 피하여 신성한 성품에 참여하는 자가 되게 하려 하셨느니라"(1:4)는 말씀으로 '핵심적 구원론인 신성화(神聖化)'를 언급하고 있다.

신성화(Deification)는 알렉산드리아 교부 클레멘트(Clement of Alexandria)가 처음으로 사용한 용어로 그는 '말로 할 수 없는 분, 즉 하나님은 말씀(Logos)'으로 우리에게 계시되었다.

'말씀으로부터 나왔고'라는 말씀은 '예수 안에서 성육신(成肉身)되었다'는 것으로 '그리스도는 천상의 교리로 성부로부터의 양도할 수 없는 유산, 우리를 신성화시킨다'고 하였다.

'니케아 신조(Nicene Creed)를 지키기 위해 전 세계를 대항하여 홀로 싸웠다'(Unus Athanasius contra orbem)는 교부 아타나시우스는 '성자(聖子)는 인간(人間)이 되었다가 하나님이 되신 것이 아니라 하나님이셨으며 우리를 신성화(神聖化)시키려고 인간이 되셨다'고 설명하였다.

존 웨슬리의 성화론(Sanctification)은 '선재적 은총~회개~의인화(Justification)~거듭남~성화~완전한 성화~영화'의 단계로 이뤄진다.

즉 '은총(恩寵) 속에 회개하여 그리스도 속죄(贖罪)의 십자가를 믿어 의롭게 된 후 중생(重生)을 경험하게 된다'는 것이므로 둘은 대립이 아닌 교부적 전통에 입각한 기독교의 전통성을 지니고 있다(동방교회의 구원론과 개신교 구원론의 비교-요한 웨슬리의 성화론과 관련하여, 주승민, 한국선교 KMQ, 2013).

허물 많고 죄 많은 신자들의 삶에 대하여 '의(義)롭다고 선언하시고 인정'하여 주시는 칭의(稱義)를 통해 의인화(義人化)된다.

이어서 있게 되는 성화(聖化)는 '신자들의 삶 가운데서 신자들을 실질적으로 거룩하게 만드시는 계속적인 하나님의 사역'을 통해 성령이 그들의 삶 가운데 거(居)하시는 것이다.

따라서 칭의가 '순간'이라면 성화는 '그리스도인들의 전 생애를 통하여 반드시 필요한 과정'으로 이러한 단계를 통하여 그리스도를 닮아가는 절차 또는 단계인 것이다.

그러므로 이렇게 성화(聖化)된 성도들의 삶은 '교회 안에서 말씀 듣고 평안을 얻는 것'에만 머물러서는 안 된다.

우리들이 받은 '구원의 증거는 열매의 증거'(야고보서 1:18)가 있어야 한다.

이 열매들은 "사랑과 희락과 화평과 인내와 자비와 양선, 충성과 온유와 절제"(갈라디아서 5:22~23)와 같은 구체적인 것이어야 한다.

언행심사(言行心事)를 통하여 지금 나가는 교회와 살고 있는 동네, 일하는 직장에서의 모습들이 이전과 같은 악에게 종노릇 하는 것이 아니라 '의로운 삶에서의 변화'(로마서 6:6~7)로 나타나야 한다.

칭의가 있은 후에 영화(榮華)가 있기 전의 단계인 견인(牽引)이 있다.

이는 구원이 '영구적이라는 확신 가운데 신자들을 안전하게 믿음 안에 거(居)하여 살게 하는 것'으로 "그 어떤 피조물도 그리스도인을 그리스도의 사랑으로부터 결코 끊을 수 없다"(로마서 8:39)는 말씀처럼 고백적인 신앙의 증거가 되어 신자들은 영생(永生)에 대한 소망을 누릴 수 있게 된다.

이러한 과정을 통하여 신자들은 영화롭게 되면서 마지막 단계인 구원(救援)의 완성을 이루게 된다.

이를 통하여 신자들의 궁극적인 소망과 목표인 하나님의 영광을 힘입어 우주만물을 새롭게 하시는 하나님의 완전함 속에 영원히 살게 하신다는 것이다.

신앙은 '죄 사(赦)함과 하나님의 자녀라는 믿음에서 출발하여 하나님은 우리 삶의 주관자이시고 그분의 도움이 없이는 살아갈 수 없다'는 고백과 함께 하나님의 말씀인 성경에 대한 확신이 있어야 한다.

이를 통하여 우리들은 비로소 그리스도가 주님이신 것을 확신하며 영생에 대한 소망을 갖게 되는 것이다.

이러한 그리스도인들의 삶은 언제나 슬픔과 절망이 아니라 교회는 물론 가정과 사회에서도 늘 주님이 동행하시며 힘과 지혜를 주시는 가운데 반드시 승리할 수 있다는 긍정적인 삶의 태도로 긍휼, 은혜 가운데 살아갈 수 있게 하는 것이다.

그러므로 “네가 만일 네 입으로 예수를 주로 시인하며 또 하나님께서 그를 죽은 자 가운데서 살리신 것을 네 마음에 믿으면 구원을 받으리라 사람이 마음으로 믿어 의에 이르고 입으로 시인하여 구원에 이르느니라”(로마서 10:9~10)는 사도 바울의 말씀은 그리스도인들의 믿음생활에서 첫 단계가 되는 것이다.

그리고 구원에 까지도 이르게 하는 뮈스테리온(Mysterion)이 되어 늘 의심하고 회의(懷疑)하는 이들에게는 ‘하나의 비밀이 될 것이지만 온전히 믿는 이들에게는 은혜’가 되는 것이다.

베드로는 당시 교인들 초미(焦眉)의 관심사인 재림(再臨)에 대해 “사랑하는 자들아 주께는 하루가 천 년 같고 천 년이 하루 같은 이 한 가지를 잊지 말라”(3:8)고 하면서 “주의 약속은 어떤 이의 더디다고 생각하는 것같이 더딘 것이 아니라 오직 너희를 대하여 오래 참으사 아무도 멸망하지 않고 다 회개하기에 이르기를 원하시느니라”(3:9)고 위로하고 있다.

또한 “그러나 주의 날이 도적같이 오리니 그 날에는 하늘이 큰 소리로 떠나가고 물질이 뜨거운 불에 풀어지고 땅과 그 중에 있는 모든 일이 드러나리로다”(3:10)라고 하면서 “우리는 그의 약속대로 의가 있는 곳인 새 하늘과 새 땅을 바라보도다”라고 위로해 준다.

이제 우리들에게 필요한 것은 베드로의 간절한 요청인 “오직 우리 주 곧 구주 예수 그리스도의 은혜와 저를 아는 지식에서 자라가라”(“You must grow in the grace and knowledge of our Lord and

Savior Jesus Christ" · 3:18)는 말씀 그대로 지속적으로 성장하는 믿음의 생활을 이어가야만 한다.

그러므로 우리는 베드로가 요청한 '믿음-덕-지식-절제-인내-경건-형제우애-사랑' 의 단계대로 성장하여 가면서 마지막 날, 곧 '재림'(再臨)의 바로 그날에 주께서 약속해 주신 '정의가 있는 새 하늘과 새 땅의 약속'이 이뤄질 것을 믿으면서 기다려야 하는 것이다.

요한 1서

요한(約翰) 1서는 기독교 신앙의 근본적인 것에 대한 설명과 함께 이단에 대한 반론 및 이의 추종자들에게 경종(警鐘)을 주기 위해 저술되었다.

영지주의(Gnostocism)자들은 신적(神的) 그리스도를 폄하 내지 부인(2:22, 4:1-3)하고 '육체는 태어나면서부터 악(惡)하여 영(靈)에 합일(合一)될 수 없다'고 주장하고 있다.

또한 예수에 대하여 '오직 신성한 것으로만 나타난다는 가현설(假現說)로 물질은 악(惡)하고 영은 선(善)하며, 오직 구원은 영지(靈智)를 통해서만 얻을 수 있다'고 주장하였다.

그들은 예수는 초림(初臨) 즉 이 세상에 처음 오실 때의 육신은 '가짜 인간 예수의 육신으로 진짜 신성의 주님은 가짜 인간 예수의 육신 안에 숨어있는 진짜 예수'라는 이단 사설을 신뢰하였다.

그리하여 그들은 '영의 세계에 속한 자들은 물질세계에 영적으로 영향을 받지 않기에 부도덕한 행위도 탐닉할 수 있다'는 주장 등으로 기독교 공동체에 위협적인 존재가 되었다.

요한은 생명의 말씀이 그리스도 안에서 성육신(incarnation) 되신 사실은 이미 '자기 자신과 다른 사람들이 경험하였다'고 하면서 예수가 '세례와 십자가의 죽으심'(5:6~8)에서 보여 준 것처럼 '참 인간'(4:2)이신 것을 주장하였다.

그는 성도들에게 "하나님은 사랑이시다"(3:1,16)라고 하면서 "서로 사랑하는 것이 마땅하도다(4:11) 그러므로 하나님과 예수 안에 거하라"(2:24)고 권면하고 있다.

이어서 그는 “사랑하는 자들아 우리가 지금은 하나님의 자녀라 장래에 어떻게 될지는 아직 나타나지 아니하였으나 그가 나타나시면 우리가 그와 같을 줄을 아는 것은 그의 참모습 그대로 볼 것이기 때문이니”(3:2)라는 확신을 피력하고 있다.

다음 그림은 하나님의 형상대로 창조되었으나 타락하여 심판받으며 회개를 통하여 거듭나고 변화되어 새 창조되기까지의 하나님의 은혜와 경륜(經綸)을 잘 보여주고 있다.

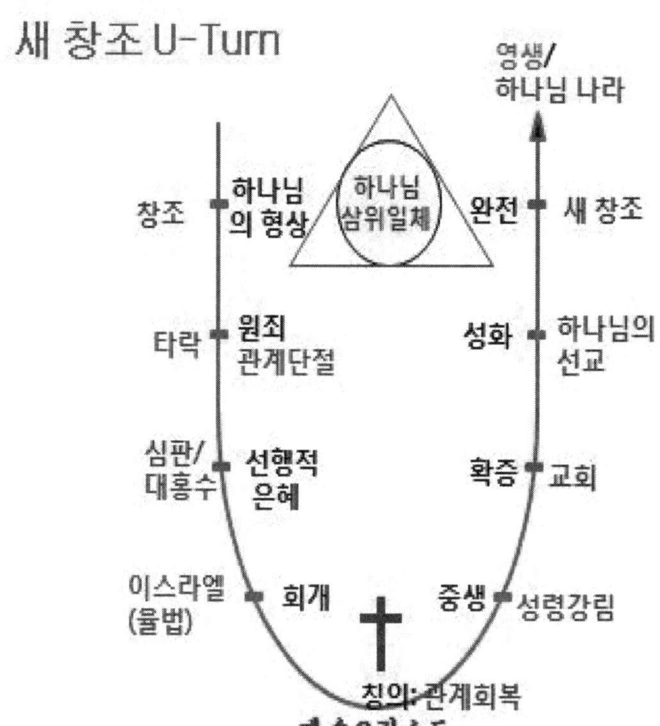

〈새 창조의 U-턴〉은 우리들이 하나님의 형상대로 창조되었으나 원죄(原罪)로 인해 타락하여 하나님과 단절되고 죄 값으로 대홍수의 심판을 받지만 선행적 은혜(先行的 恩惠)로 회개를 하고 성자이신 예수 그리스도의 십자가 죽음으로 거룩하게 되는 칭의(Justification)를 통해 하나님과의 관계는 비로소 회복되고 거듭나게 됨을 보여주고 있다.

그리하여 은혜로 중생(重生)되고 확증(Confirmation)이 되어 거룩하게 되는 성화(Sanctification)를 거친 후 완전해지는 새 창조의 역사가 이뤄져 '하나님의 나라에 들어가는 영생의 기쁨과 축복을 누리게 된다'는 것이다.

즉 주를 믿는 우리들은 오직 그리스도의 죽으심과 부활로 칭의(稱義)되고 성화(聖化)되며 새롭게 되는 U턴의 단계를 거치는 은혜(恩惠)를 입게 된다는 것이다.

그러므로 이제 우리들은 "그가 빛 가운데 계신 것 같이 우리도 빛 가운데 행하면~그 아들 예수의 피가 우리를 모든 죄에서 깨끗하게 하실 것이요"(1:7)라는 말씀처럼 '빛의 자녀'로 살아가야 한다.

여기 요한의 마음을 잘 전해 주는 찬송가 있다.

"태산(泰山)을 넘어 험곡(險谷)에 가도 빛 가운데로 걸어가면 주께서 항상 지키시기로 약속한 말씀 변치 않네 하늘의 영광 나의 맘속에 차고도 넘쳐 할렐루야를 힘차게 불러 영원히 주를 찬양하리"(찬송가 445장).

태산(1545m)은 중국에도 있고 전남 고흥(198m)에도 있다. 서울의 남산은 262m이고 계양산은 395m이다. 더 높은 백두산 2750m, 한라산 1947.3m, 설악산 1707m도 있으나 찬송가의 산들은 높이가 아니라 '힘들고 험한 인생'을 뜻한다고 보아야 한다.

영어 찬송은 'Walking in the sun light all of my journey, Over the mountains through the deep vale~'로 되어 있다.

요한 1서의 요절(要節)은 꼭 기억하고 지켜야 할 말씀으로 다음과 같이 기록되어 있다.

"사랑하는 자들아 우리가 서로 사랑하자 사랑은 하나님께 속한 것이니 사랑하는 자마다 하나님으로부터 나서 하나님을 알고 사랑하지 아니하는 자는 하나님을 알지 못하나니 이는 하나님은 사랑이심이라".

"Dear friends, let us love one another, for love comes from God. Everyone who loves has been born of God and knows God. Whoever does not love does not know God, because God is love(4:7~8)."

요한 2서

짧은 책 요한 2서는 당시 널리 사용되었던 편지의 형식을 따르고 있다는 점에서 요한복음과 매우 유사하여 요한의 기록임을 알 수 있다.

일반적으로 서신은 처음 인사(Salutation)~본문(Body of the Letter)~끝인사(Complimentary)의 형식을 취하고 있다.

또한 편지의 내용은 명료성(Clearness)과 단순성(Simplicity), 간결성(Conciseness)을 지켜야 한다.

그렇지 않을 경우 중언부언(重言復言)하면서 가장 중요한 내용(message)을 빠뜨리게 되어 결국에는 문서 상의 실수를 하게 되고 결례(缺禮)를 하게 되어 수령인(Receiver/Reader)에게 보낸 이에 대한 오해와 반감(mistaking&misunderstanding)을 불러올 수 있다.

첫인사 Salutation	본문 Body of the Letter	끝인사 Complimentary
1~3	4~11 거짓선생을 돕지말라	12~13

이 편지는 요한이 에베소에서 그가 눈물과 헌신으로 세운 교회 안에 이단세력들이 침투하여 문제를 일으키고 분란(紛亂)을 일으키게 되자 '열심을 내어 충성스럽게 신앙생활을 하려고 하는 성도들에게 거짓 선생들과 지도자들에게 대한 대응책과 이에 대한 대안(alternative)의 제시와 부탁과 권면(advice)'을 위하여 쓴 것이다.

따라서 이 편지에서는 명료성이나 단순성, 간결성을 보이면서도 안타깝고 두려운 마음으로 위로를 하고 나아가 지금 비록 힘들더라도 '서로 사랑과 은혜 가운데 믿음을 잘 지켜나기를 바라는 긍휼(矜恤)한 마음'으로 기록되어 있다.

학자들 가운데는 이 책의 필자가 요한이라는 점에 의문점을 제기하기도 한다.

그러나 예수가 사랑한 제자는 요한이었고 그 역시 예수를 사랑했다는 점과 그는 예수 이후에 베드로와 함께 초대 교회를 이끌어온 지도자라는 점 그리고 바울이 죽은 이후에 아시아 지역 교회들의 감독이었다는 사실에 방점(傍點)을 찍어야 한다.

요한은 85~90경에 1, 2, 3서를, 96년에는 밧모섬(the Isle of Patmos)에서 마지막 책인 요한계시록을 기록으로 남겼다.

그는 분량에 있어 비교적 짧은 이 책에서 독자 또는 수신자들에게 간절한 마음으로 하나님의 자녀가 된 성도들이 믿음생활을 '어떻게 하여야 할 것인가'를 구체적으로 알려주고 있다(1서).

나아가 '진리 안에 살면서(living in the truth) 거짓 선생(many deceivers)에 대한 환대를 삼가야 한다'고 충고하고 있다(2서).

그러나 '진실한 복음의 교사들에게는 환대하라'(caring for the Lord's workers)고 부탁하고 있다(3서).

그는 '계명'(6)이나 '적그리스도' 등과 같은 단어나 구절을 수차례 반복하여 요한 1서와 유사하게 보이게 한다.

"누군가가 이 가르침 이 외의 것을 가지고 여러분을 찾아오거든 그 사람을 집에 맞아들이지도 말고, 인사도 하지 마십시오. 만약 그 사람을 받아들이면, 그가 하는 악한 일을 여러분이 돕는 셈이 됩니다."

"If anyone comes to your meeting and does not teach the truth about Christ, don't invite that person into your home or give any kind of encouragement. Anyone who encourage such people becomes a partner in their evil work.(1:10~11)."

이제 요한 1서, 2서, 3서의 내용을 요약하면 아래의 표와 같다.

요한 1서	요한 2서	요한 3서
진리(2)·사랑(5)·계명(6)·적그리스도(7) 하나님의 자녀가 된 성도들이 믿음생활을 어떻게 하여야 할까?	진리·사랑·계명·적(敵)그리스도(antichrist) 강조 진리 안에 살 것 거짓 선생들에 대한 환대 금지 자신이 보낸 선생(선교사) 접대 영지주의 선교사 거절	복음의 교사들을 환대하여 함께 일하는 자가 되라(8)

요한 3서

요한은 자신을 장로(作長老的寫信)고 부르면서 책을 쓰고 있다. 장로(Elder)는 구약의 경우 백성들의 어른으로 이스라엘의 각 지파에서 높은 위치를 가진 자였으며 신약에서는 사도들을 장로라고 불렀다.

요한이 가이오(Gaius・該猶)에 대하여 '나의 참으로 사랑하는 자'라고 하면서 그에 대한 뜨거운 사랑을 보이고 있다.

그는 "'가이오가 진리 안에서 행한다'는 증거를 형제들에게서 들었기(1)에 "사랑하는 자여 네 영혼이 잘 됨과 같이 네가 범사에 잘 되고 강건하기를 내가 간구하노라"(2)고 축복하였다.

하지만 "으뜸 되기를 좋아하는 디오드레베가 우리를 접대하지 아니하니"(9)라고 하면서 그가 "형제들을 접대치도 아니하고 접대하고자 하는 자를 금하여 교회에서 내쫓는도다"(10)는 말로 '교회 안에서의 갑질'도 폭로하고 있다.

이러한 모습들은 초대교회 뿐 아니라 지금도 그런 사람들, 그런 교인들은 여전히 '교회 안에 있다 정도가 아니라 많이' 있다.

그리하여 주님은 "보라 내가 속히 오리니 내가 줄 상이 내게 있어 각 사람에게 그의 일한 대로 갚아 주리라."

"I will coming soon! My reward is with me, and I will give to each person according to what they have done."(요한계시록 22:12)고 하시며 제대로의 바른 믿음생활을 명령하셨다.

첫 인사 Salutation	본문 Body of the Letter	끝인사 Complimentary
1~4	5~12 진리 전하는 그리스도인을 도우라	13~15

그럼에도 불구하고 교회 안과 밖에서 믿는 사람들 중에 "네 영혼이 잘 됨같이 세상일에서도 잘되고 강건하기를 바란다"고 하지만 '말로만의 치하'(lip service)로 끝나는 것을 종종 보게 된다.

이제 교회에서는 3P가 실현되어야만 한다. 즉 우선은 Physical evidence로 '삶에서의 구체적인 기쁨, 하나님의 임재를 체험하는 증거'를 보여야 한다.

다음에는 영혼 이전의 육신, 곧 사람을 사랑하고 키우는 People이며 마지막으로 교회 안의 모든 모임과 행사는 체계화된 Process에 따라 질서있게 이뤄져야 한다(묵상으로 여는 시대 창문, 김성진목사, 2020).

미국 시애틀에서 개점(launching)하여 세계 곳곳에서 승승장구하고 있는 스타벅스(Starbucks) 커피는 마케팅의 기본인 4P(Product · Price · Place · Promotion)에 P(People)를 도입하여 성공하였다. People은 지나가는 어떤 사람이 아닌 커피숍에 오는 고객으로 기업을 성장시키는 최고의 동력(動力)이다.

세상의 기업들이 사람의 마음을 움직이려고 애쓰고 노력하는 것을 보면서 '잘하고 있네, 열심이구만' 할 것이 아니라 지금 교회 앞을 지나가는 사람들이나 지금 교회 안에서 함께 성도의 교제를 나누는 이들 모두가 "네 영혼이 잘되고 범사에 강건하기"를 소망하여야 한다.

"You may enjoy good health and that all may go well with you, even as your soul is getting along well."

우리들이 살아가는 사회는 물론 교회는 그 어느 때보다도 전심전력의 진정성으로 임해야 할 때이다.

누구나 좋아하고 애송하고 있는 "사랑하는 자여 네 영혼이 잘됨 같이 네가 범사에 잘 되고 강건하기를 내가 간구하노라"(1:2)를 '구원의 삼박자'라고 하면서 기복(祈福)의 말씀으로 믿고 있지만 이는 '결과에 해당하는 축원(blessing) 이전의 원인(cause)'임을 잊지 말아야 한다.

가이오(Gaius)는 교회 안에서 남 섬기기를 좋아하는 신실한 일꾼이며 봉사자였다. 세상에서도 사업을 시작하거나 가게를 열 때 "범사에 잘되고 강건하기를 내가 간구 하노라"(1:2)의 말씀을 선물하고 좋아하지만 이는 그냥 되는 것이 아니라 지속적인 노력과 희생으로 이뤄진다.

누구든지 '선물과 축복', '보람과 성공' 그리고 '헌신(獻身)과 공덕(功德)'을 요구하고 있다, 끝내 잘되고 성공하게 하시는 하나님의 역사는 마지막에 주어지는 열매인 것을 잊지 말아야 한다. 결코 누구에게나, 모든 일에 적용되는 것이 아니기에 믿는 이들의 성공 공식(KSF)으로 맹신하는 것을 경계해야 한다.

오히려 "믿음은 바라는 것들의 실상이요 보이지 않는 것들의 증거니 선진들이 이로써 증거를 얻었느니라~믿음이 없이는 하나님을 기쁘시게 하지 못하나니 하나님께 나아가는 자는 반드시 그가 계신 것과 또한 그가 자기를 찾는 자들에게 상 주시는 이심을 믿어야할찌니라"(히브리서 11:1~6)를 기억해야 한다.

유다서

야고보의 형제인 유다(Jude · 猶大)가 기록한 이 책은 여러 지역에 흩어져 있는 그리스도인들에게 "교회에 가만히 기어들어온 자들"(secretly slipped in among you · 有些人偷着進來, 1:4) 곧 영지주의자(靈智主義者)들을 조심하라고 권면하고 격려하는 편지이다.

그는 바울처럼 논리적이고 신학적이지는 못하지만 '가만히 들어온 자' 등의 구체적인 표현으로 격하게 기록하고 있다.

첫인사 Salutation	본문 Body of the Letter	끝인사 Complimentary
1~2	3~23 불경한 자들의 죄와 파멸/인내로 자신을 지키라	24~25

유다는 "사랑하는 자들아 우리가 일반으로 받은 구원에 관하여 내가 너희에게 편지하려는 생각이 간절하던 차에 성도에게 단번에 주신 믿음의 도를 위하여 힘써 싸우라는 편지로 너희를 권하여야 할 필요를 느꼈노니"(3)라고 하면서 '하나님의 창조와 예수그리스도를 부정하는 적(敵)그리스도인들을 뿌리치라'고 권유하고 있다.

그는 하나님은 한 분이시며 거침없이 보호하실 능력과 흠(欽)없이 서게 하실 능력을 가진 '구주(25)이시며 아버지(1)이시기에 하나님의 영광은 성도들이 바라보아야 할 궁극적인 목표(25)가 된다.'고 설명한다.

또한 유다는 성도들과 대적자의 차이점은 '성령 소유에서 드러난다'

고 하면서 대적자(對敵者)들은 '성령을 가지지 않은 자들'이라고 한다(19). 이에 반하여 성도들은 '성령을 가진 자들'이며, 성령의 이름으로 기도하는 것은 그들이 '성령을 가지고 있음을 보여주는 분명한 표식'이라고 한다.

성도들은 "단번에 주신 거룩한 믿음"(3) 위에 자기를 건축해야 하고 믿음과 행위의 조화 속에서(3:20,22~23) 현재의 구원을 기초로 믿음의 도(道)를 위하여 "힘써 싸우며"(3) "구원에 이르기까지 계속해서 자라야 한다"(21)고 강력하게 권면하고 있다.

그는 '말씀과 믿음위에 굳게 서서 나아가는 경건한 성도들'(찬송가 545장)과 이와는 반대로 허랑방탕(虛浪放蕩)하게 세상과 벗하여 '주의 뜻과는 다르게 살아가는 이들'을 아래와 같이 구체적으로 구분하고 있다.

경건한 자들	방탕한 자들
방탕한 자들과는 반대의 모습	소돔과 고모라 / 가인의 길 / 흑암(黑暗)에 거하는 자들/하나님의 영광을 부인 / 예수그리스도를 부인(否認) / 불(火)의 형벌(刑罰) / 음란(淫亂) / 짐승의 본능 / 암초(暗礁) / 물 없는 구름/고난(苦難)의 패역(悖逆) / 거친 물결 / 완악(頑惡) / 정죄(定罪) / 아첨(阿諂) / 정욕(情慾) / 조롱(嘲弄) / 분열 획책(分裂 劃策) / 멸망(滅亡)

“어느 민족 누구에게나 결단할 때 있나니 참과 거짓 싸울 때에 어느 편에 설건가 주가 주신 새 목표가 우리 앞에 보이니 빛과 어둠 사이에서 선택하며 살리라”(찬송가 586장)고 결심할 수 있어야 한다.

“고상하고 아름답다 진리 편에 서는 일 진리 위해 억압 받고 명예 이익 잃어도 비겁한 자 물러서나 용감한 자 굳세게 낙심한자 돌아오는 그 날까지 서리라 순교자의 빛을 따라 주의 뒤를 좇아서 십자가를 등에 지고 앞만 향해 가리라”고 마치 21세기를 사는 여호수아 군대처럼 강하고 담대하게 세상에서 싸우고 승리하여야 한다.

그리하여 끝내는, 드디어는 “진리 따라 사는 자는 전진하리 언제나 악이 비록 성하여도 진리 더욱 강하다 진리 따라 살아갈 때 어려움도 당하리 우리 가는 그 앞길에 어둔 장막 덮쳐도 하나님이 함께 계셔 항상 지켜주시리”는 확고한 믿음으로 담대하게 싸워서 끝내 승리를 해야 한다.

그 무엇보다 모두를 힘들게 한 코로나는 2020년에도 여전히 끝이 보이지 않고 있으나 더욱 굳센 믿음과 신앙으로 이를 참고 견디어 내고 끝내는 승리를 얻어 내야만 한다.

“Once to every man and nation comes the moment to decide. In the strife of truth with false-hood, For the good or evil side ; Some great cause, some new decision, Offer-ing each the bloom or blight, And the choice goes by forever 'Twixt that dark-ness and that light”

이 찬송은 우리들에게 ‘어느 편에 설 것인가?’를 확실하게 결정하면서 바르고 신실하게 살아갈 것을 강력하게 요구하고 있다.

요한계시록

요한은 밧모(拔摩,Patmos)에서 64년에 예수 그리스도의 계시(1:1)에 관한 예언'(αποκάλυψις, apokálypsis · 베일을 벗기다)을 "하나님의 모든 계획에 대하여 하나님의 감동"(God breathed)으로 기록하고 있다.

묵시(黙示)의 예언서(預言書)인 계시록은 세상의 악한 음모(陰謀)가 계속 반복, 고조될 것임과 사탄은 하나님의 나라를 세우려는 주님에게 대항하지만 결국 세상의 종말(末世)은 '새 예루살렘의 도래(到來)와 영원함의 시작'으로 끝나고 다시 새롭게 시작되어짐을 예언하고 있다.

계시록을 읽는 사람들 중에는 요즘 세상 돌아가는 모습을 보면서 "때가 가까움이라"에 방점(傍點)을 찍어 '이미(already) 온 것이 아닐까?'(1:3)하는 사람들도 있고 '속히 오리라'(22:7)를 읽으며 아직 멀었다'(not yet)고 하는 이들도 있다.

그러나 "깨어있으라 그 날(日)과 그 시(時)를 알지 못 하느니라"(마태복음 25:13)고 기록되어 있어 '준비하라는 말씀'으로 믿어야 할 것이다. 그냥 말로만 '알았어'(know)하는 것과 제대로 잘 '이해하는 것'(understand)은 다르다.

특히 계시록에는 많은 숫자들이 등장하여 심오한 뜻을 가지고 있는 것으로 보면서 신학적인 해석을 넘어선 자의적인 해석으로 이해하는 경우가 많다.

요한의 계시록은 ① 재림까지의 인간 역사를 세세하게 예언하고, ② 일반적인 역사의 원리를 반영하며, ③ 요한시대에 일어난 일들에 기초하여 기록하고 있으며, ④ 종말(末世)에 대하여 언급하고 있으며,

⑤ 처음인 ①에서 ④까지를 서로 연결하여 기록되어 있는 가운데 당시 1세기말의 독자들을 이해시키기 위하여 임박한 종말의 관점에서 기록하고 있음을 기억해야 한다.

다시 말해 이 책은 하나님께 반역하는 세상이 그분의 뜻에 순종하려는 교회에 보여준 적대감, 끝내는 이기고 마는 교회와 성도들, 그리스도인들의 주를 위한 영광을 위해서는 죽음까지도 감당하여야 한다는 결단, 세상의 그 어느 것보다 귀한 영원불변한 나라에 대한 미래의 소망 등을 구약의 교리에서 시작하여 세상의 종말까지를 요한이 듣고 본 것을 기록한 예언서인 것이다(IVP성경주석, 2076~2082, IVP, 2008).

세상에서는 계시록(Revelations)에 등장하는 숫자들을 수비학(數秘學 · Numerology)으로 해석하면서 흥미(興味) 이상의 신비감(神秘感) 마저 갖게 하고 있다.

요한의 시대에도 gematria라 하여 글자를 숫자로 설명하면서 신비하게 보려는 유행이 있었다.

666은 완전 숫자 7에서 1을 뺀 6에 3을 곱한 것이고, 144,000은 지역(字譯)하여 12(지파)X3X4X10X10X10으로 해석하여 "하늘에 계신 아버지의 뜻대로만 행하여"(마태 7:21) 선택받은 자들, 곧 인(印)치심을 받은 자들만이 '새 하늘 새 땅에 들어갈 수 있다'고 주장하는 식이다.

이단자(異端者)들에 의한 자의적인 해석들은 성도와 세상 사람들을 혹세무민(惑世誣民)하고 있으나 그저 힐난(詰難)하기보다는 성경 특히 계시록에 대한 깊은 묵상이 있어야 한다.

다음의 표는 요한계시록에 나타난 여러 숫자들을 정리한 것이다.

2	11:3/11:4/12:14/20:6	7	1:16/1:20/2:1/3:1/4:5/5:1/5:6/8:1/8:2/10:4/15:1/17:8/(12:3/13:1/17:3)	1000	20:2~4
3	11:9/11:11	8	계17:11	1260	11:3/12:6
한때 · 두때 · 반때	12:14	12	12:1/21:12/21:14	16000	14:20
1/3	8:7/9:15/12:4/16:19	24	4:4/4:10/11:16	7000	11:13
1/10	11:13	42	11:2/13:5또	12000	7:5/21:16~17
4	4:6/4:8/7:1/9:15	144	21:17	144000	7:4/14:1
5	9:5/9:10	666	13:18	2만	9:16

스피노자는 '내일 지구가 멸망한다(末世) 해도 오늘 한 그루의 사과나무를 심겠다'고 하였으나 지금 살고 있는 이 세상을 만드신 하나님을 믿는 우리 자신은 "하나님의 비밀을 맡은 자들로 여기고 맡은자들에게 구할 것은 충성"(고린도전서 4:1~2)임을 굳게 믿고 있다.

얼마 전 광화문의 직장 신우회에서 말씀을 전하면서 "죽도록 충성하라 그리하면 내가 생명의 관을 내게 주리라"(2:10)의 본문을 읽은 후 아래의 〈어느 직장인의 간절한 기도문〉을 읽었을 때 많은 이들이 공감(共感)하였다.

“매일 아침 기대와 설렘을 안고 시작하게 하여 주옵소서. 항상 미소를 잃지 않고 나로 인하여 남들이 얼굴 찡그리지 않게 하여 주옵소서. 상사와 선배를 존경하고 아울러 동료와 후배를 사랑할 수 있게 하시고 아부와 질시를, 교만과 비굴함을 멀리하게 하여 주옵소서.

하루에 한 번쯤은 하늘을 쳐다보고 넓은 바다를 상상할 수 있는 마음의 여유를 주시고 일주일에 몇 시간은 한 권의 책과 친구와 가족과 더불어 보낼 수 있는 오붓한 시간을 갖게 하여 주옵소서.

한 가지 이상의 취미를 갖게 하시어 한 달에 하루쯤은 지나온 날들을 반성하고 미래와 인생을 설계할 수 있는 시인인 동시에 철학자가 되게 하여 주옵소서. 작은 일에도 감동할 수 있는 순수함과 큰일에도 두려워하지 않는 대범함을 지니게 하시고 적극적이고 치밀하면서도 다정다감한 사람이 되게 하여 주옵소서.

자기의 실수를 솔직히 시인할 수 있는 용기와 남의 허물을 따뜻이 감싸줄 수 있는 포용력과 고난을 끈기 있게 참을 수 있는 인내를 더욱 길러 주옵소서. 힘에 부치는 날들을 무사히 넘기게 해주시고 남보다 한발 앞서감이 영원한 앞서감이 아님을 인식하게 하시고 또한, 한 걸음 뒤쳐짐이 영원한 뒤쳐짐이 아님을 알게 하여 주옵소서.

자기반성을 위한 노력을 게을리하지 않게 하시고 늘 창의력과 상상력이 풍부한 사람이 되게 하시고 매사에 충실하여 무사안일에 빠지지 않게 해주시고 매일 보람과 즐거움으로 충만한 하루를 마감할 수 있게 하여 주옵소서.

그리하여 이 직장을 그만두는 날 또한 생을 마감하는 날에 과거는 전부 아름다웠던 것처럼 내가 거기서 만나고 헤어지고 혹은 다투고 이야기 나눈 모든 사람들이 살며시 미소 짓게 하여 주옵소서. 아멘!”

이를 통해 직장인들의 애환(哀歡)과 그들의 간절한 기도 제목을 알게 되었다.

이제 우리들이, 특히 교회에 다니는 이들이 반드시 잊지 말아야 할 것이 있다.

그것은 "죽도록, 죽기까지 충성을 다한다(Be faithful, even to the point of death)"는 것은 성경(요한계시록 2:10)에 기록되어 있어서 자칫하면 교회 안에서 교회 일(봉사나 선교 등)만 또는 교인들 간에만 충성하라는 것이 결코 아님을 잊지 말아야 한다.

즉 '그들만의 천' 아니 '교인들만의 천국'이 되어서는 안 된다는 것이다.

직장과 사회에서 성공하는 비결은 그가 일하는 직장과 사회에서 충성을 다하는 것'이다.

요한계시록을 읽고 나면 믿음도 변하고 생활도 변화되어야 한다.

성(聖) 어거스틴은 그가 세상에 널리 알려지면서 많은 사람들이 만나기를 원(願)하자 이렇게 질문하였다.

"당신이 찾고 있는 사람이 옛 어거스틴이요? 새 어거스틴이요?".

성경을 통독(通讀)한 지금 우리들은 나 자신이 "옛 사람 그대로인 나인가? 아니면 새 사람의 나인가?"를 곰곰이 생각해 보아야 한다.

요한의 계시록(啓示錄)은 교회와 우리에게 "마지막 날에 박해와 고난을 당하지 않을 것"이라는 말 대신 오히려 더 힘들고 더욱 고통스러울 것을 선포하고 있다.

그리고 이어서는 "심판 후의 새 하늘과 새 땅"을 약속하면서 "알파와 오메가요 처음과 나중이요 시작과 끝" 22:13)인 주님 오시니 "아멘 주 예수여 오시옵소서!"(22:20)라며 예언을 맺고 있다.

"누구든 들을 귀 있는 자는 들어야 한다(If anyone has ears to hear, let them hear, 마가복음 4:23)"는 말씀처럼 늘 말씀을 읽는 가운데 밝히 보여주시는 갈길을 가면서 그 뜻을 지혜롭게 헤아리면서 언제나 신실하게 살아가야 한다.

다음의 표는 요한계시록을 통해 깊은 묵상과 깨우침으로 '재림(再臨)의 그날'까지 신실하게 살아가려는 이들에게 7대 교회를 통해 교회 안에서는 물론 세상에도 본이 되는 '믿음 생활의 좌표와 미션'을 보여주고 있다.

이제 '어느 편에 설 것인가?', '어떻게 믿어야 할 것인가?'에 대한 답이 요구된다. '열심히 믿는 것과 잘 믿는 것은 다르다.'

"어느 민족 누구에게나 선택하고 결단할 때 있으니 참과 거짓, 빛과 어둠 사이에서, 어느 길을 선택할 것인가?"에 대한 정답을 빌라델비아 교회가 보여주고 있다.

에베소	너를 책망할 것이 있나니 너의 처음 사랑을 버렸느니라(2:4)
서머나	네 환난과 궁핍을 알거니와 실상은 네가 부요한 자니라(2:8)
버가모	네게 두어 가지 책망할 것이 있나니 거기 네게 발람의 교훈을 지키는 자들이 있도다(2:14~15)
두아디라	이세벨을 네가 용납함이니 그가 내 종들을 가르쳐 꾀어 행음하게 하고 우상의 제물을 먹게 하는도다(2:20)
사데	네가 살았다 하는 이름은 가졌으나 죽은 자로다(3:1)
빌라델비아	네가 적은 능력을 가지고도 내 말을 지키며 내 이름을 배반치 아니하였도다(3:8)/이기는 자는 내 하나님 성전에 기둥이 되게 하리니(3:12)
라오디게아	네가 차지도 아니하고 덥지도 아니 하도다 네가 차든지 덥든지 하기를 원하노라(3:15)

【성경 읽기표 신약】

마태복음	1~28장	
마가복음	1~16장	
누가복음	1~24장	
요한복음	1~21장	
사도행전	1~28장	
로마서	1~16장	
고린도전서	1~16장	
고린도후서	1~13장	
갈라디아서	1~6장	
에베소서	1~6장	
빌립보서	1~4장	
골로새서	1~4장	
데살로니가전서	1~5장	
데살로니가후서	1~3장	
디모데전서	1~6장	
디모데후서	1~4장	
디도서	1~3장	
빌레몬서	1장	
히브리서	1~13장	
야고보서	1~5장	
베드로전서	1~5장	
베드로후서	1~3장	
요한1서	1~5장	
요한2서	1장	
요한3서	1장	
유다서	1장	
요한계시록	1~22장	

한경직목사의 경천애인 사상의 실천방안에 관한 연구

- A study for expanding & bearing fruition of Rev. Han's principles, the GyungChunAein(경천애인) in the 21 century -

김성호(협성대학교 명예교수, 목사)

본 연구는 한경직목사의 삶을 간결하고도 구체적으로 요약하고 있는 '경천애인(敬天愛人)'사상의 진정한 뜻을 살펴본 후 다음으로는 오늘날에도 이를 구체적으로 계승 내지 확산시키는 가운데 "한 알의 밀이 떨어져 많은 열매를 맺는"(요한복음 12:24) 귀한 사명을 잘 감당할 수 있는 구체적인 방안들을 모색하려는데 목적을 두고 있다.

그리하여 이러한 방법 내지 방편들을 통하여 얻어진 본 연구가 세상을 향해서 '이 사람을 보라!(Ecce homo!)'와 '그의 삶을 본받으라!'고 전하는 동시에 '하나님께 영광'을 돌리고 나아가 영락교회와 교우들이 "잘 하였도다"(마태복음 25: 23)라고 칭찬을 받는 착하고 충성된 종들이 되어 주께서 맡겨주셨고 한경직목사가 평생동안 간구하셨던 기도제목들이 그대로, 잘 성취되어지기를 바라고 있다.

서론에서는 6.25동란으로 인하여 풍전등화(風前燈火)의 난세에 처한 한국의 사회와 교회에서 성직자 그 이상의 리더십을 발휘하며 이끌어 온 한경직목사의 리더십을 살펴보았다.

다음으로는 그의 신앙과 삶을 요약하고 있는 '경천애인(敬天愛人)의 사상(思想)'의 내용을 분석, 요약한 후 끝으로는 이러한 사상이 당시와는 판이하게 다른 지금, 오늘의 시대에서는 어떻게 접목하고 도입하여 제대로, 잘 실천할 수 있는가?를 모색하여 이의 구체적인 실천 방안들을 제시하려고 하였다.

리더십은 '공통된 목표달성을 지향할 수 있도록 사람들에게 영향력을 미치는 것' 또는 '주어진 상황에서 목표를 달성하기 위하여 개인 또는 집단에 영향을 주는 과정'이라고 정의되고 있는 바 본 연구에서는 크게 '세상의 것(Leadership in the world)'과 '교회의 리더십(Leadership in the church)'으로 구분하여 그 특징을 살펴보았나.

다음의 〈표 1〉은 리더십을 세상에서의 리더십(Worldly leadership)과 교회 안에서의 리더십(Godly leadership)으로 나누어 살펴 본 것이다.

〈표 1〉 세상에서의 리더십과 교회안에서의 리더십

세상에서의 리더십	교회안의 리더십
• 거래적 리더십 • 변혁적 리더십 • 권위주의적 리더십 • 자유방임적 리더십 • 참어적 리디십 • 온정적 리더십 • 조직관리형 리더십 • 동기부여형 리더십 • 비전 제시형 리더십 • 성과형 리더십	• 서번트 리더십 • 사랑의 리더십 • 섬김의 리더십 • 격려의 리더십 • 지(知)적 리더십 • 정(情)적 리더십 • 덕(德)의 리더십 • 카리스마의 영(靈)적 리더십 • 청빈의 리더십 • 겸손의 리더십 • 순종의 리더십

한국에서 교회 안의 리더인 목회자들이 성경에서 가장 존경하는 지도자는 모세로 나타났다.

이스라엘 백성들은 애급에서의 노예생활에서 벗어나 오직 고향으로 돌아가기만을 바랄 뿐 잠시라도 고난이 닥쳐오기만 하면 참고 견디기는 커녕 여호와 하나님을 망령되이 여길 뿐만 아니라 그들의 리더인 모세에 대하여 무례히 행하였다.

한국의 목회자들이 모세를 존경하는 지도자로 여기는 것은 마땅히 감당하여야 할 의무나 책임마저도 너무도 쉽게 망각(忘却)하는 이스라엘 백성들에게 그들을 이끌던 리더였던 모세는 무서운 경고와 힐책을 주면서도 때로는 어르고 달래기도 하면서 끝내 본향(本鄕), 가나안에 이르기까지 성공적으로 인도해낸 '진정한 민족의 리더'로 인식하기 때문인 듯하다.

모세 다음으로 거명된 지도자들은 여호수아, 사무엘, 아브라함, 다윗, 에스라, 느헤미야 등이었으며 신약에서는 베드로, 세례요한, 바울 등이었다.

이어서 '한국교회에서 존경하는 리더가 누구인가?'와 그 이유를 묻는 설문에서는 한경직목사와 손양원목사가 제일 많이 거명되었다.

다음으로는 주기철목사와 문익환목사, 강원용목사 그리고 김수환추기경, 조만식장로와 조덕삼장로, 김교신선생, 이현필선생, 장기려선생, 함석헌선생 등이 언급되었다.

이들의 리더십을 앞의 〈표 1〉에서 언급된 내용과 같이 구분하여 살펴보면 다음의 〈표 2〉와 같다.

〈표 2〉 교회안의 리더십의 유형별 구분

리더십 유형	교회안의 리더들
• 서번트 리더십	조덕삼(믿음의 사람,금산교회장로)
• 사랑의 리더십	손양원
• 섬김의 리더십	조만식
• 격려의 리더십	문익환
• 지(知)적 리더십	김재준/김교신
• 정(情)적 리더십	이용도/김익두
• 덕(德)의 리더십	한경직
• 카리스마의 영(靈)적 리더십	박근수(협성대학교 설립)
• 청빈의 리더십	한경직/장기려
• 겸손의 리더십	주기철
• 순종의 리더십	이현필(맨발의 성자)

교회안의 리더십은 비록 '세상 속에 살고는(in the world)' 있지만 분명히 '세상과는 달리(not of the world)' 살아가야만 하는 교인들에게 절대 요구되는 것으로 그저 '나를 따르라' 정도가 아니라 진정으로 흠모하면서 그의 말씀대로 살아가면서 경건하고 신실한 믿음생활을 하려는 이들에게는 더욱 크고 소중할 수밖에 없다.

한경직목사의 리더십에 관련해서는 그동안 학자들과 목회자들에 의하여 많은 연구들이 있어 왔다.

그의 리더십은 '서번트 리더십(Servant Leadership), 상징적 리더십(Symbolic Leadership), 겸손의 리더십(Humble Leadership), 셀프 리더십(Self-Leadership), 팔로워십 리더십(Followership Leadership), 덕(德)의 리더십'이라는 평가를 받고 있다.

또한 그는 오직 말씀으로 감동을 주고 일깨워 준 '열정의 비전 메이커'(Vision-making Leader)였으며 영혼을 감화시켜는 가운데 온전히 믿고 따르며 순종하게 하면서 신앙의 공동체를 이끌어온 '영적 리더'(Spiritual Leader)였기에 영락교회는 물론 한국의 교계와 세상의 많은 사람들로부터도 존경을 받는 '한국 목회자의 롤 모델'이라는 명성을 듣고 있다.

본 연구에서 살펴보려는 한경직목사의 〈경천애인의 사상〉은 신학적 또는 학문적 이론이나 연구 등에 의한 담론(談論)을 넘어서는 것이었다.

또한 이는 평생의 목회를 통하여 강단에서 말씀을 선포하는 동안 동거동락(同居同樂)을 해왔던 믿음의 식구들인 영락교회 교인들과의 신앙공동체생활에서 함께 꿈꿔온 간구와 기도(祈禱) 제목이었을 뿐 아니라 또한 그의 사역(使役)인 동시에 사업(事業)이었기에 그의 삶과는 '불가분리(不可分離)의 실천의 과정'이었으며 많은 노력과 기도의 시간들로 점철된 것이었다.

한경직목사(1902~2000)는 평북에서 태어났으며 오산중학과 숭실대학에서 공부를 하였고 이후에는 신학자가 되기 위하여 미국 프린스턴대학으로 유학을 하였다.

이후 예일대학교 대학원에 입학하여 공부를 하던 중에 병을 얻었으나 고침을 받은 후 귀국을 하게 되었으며 이후 영락교회(처음 이름은 베다니교회)를 세워 놀라운 부흥을 거듭하면서 한국에서는 물론 세계적인 교회의 하나로 부흥시켰다.

그는 6.25동란이라는 민족의 비극으로 정치와 경제는 물론 교육과 문화의 열악(劣惡)함 속에 살아가던 당시의 교인들과 한국의 민족과 사회에 큰 소망을 주는 '복음의 메신저'가 되어 한국과 한국교회에 결코 잊혀 질 수 없는 놀랍고 위대한 활동을 전개하였다.

얼마 전 한국의 교인들에게 생존 여부에 관계없이 역대 '한국교계에서 가장 존경하는 목회자는 누구인가'를 질문하였을 때 한경직목사(11.2%), 옥한흠목사(10.6%), 주기철목사(9.9%), 손양원목사(9.2%), 조용기(4.7%)목사, 장경동목사(4.6%), 문익환목사(2.8%) 순이었으며 한목사는 7인 중에서도 가장 많이 존경을 반고 있음이 알려졌다.

지난 1992년에 세계적으로 종교발전에 크게 기여한 이들에게 수여되는 '종교계의 노벨상'으로 알려진 템플턴상(Templeton Prize)의 심사위원회에서는 그의 공적을 다음과 같이 밝힌 바 있다.

"한경직목사는 서울에서 가장 큰 장로교회인 영락교회의 설립자이며, 피난민들과 가난한 사람들을 위한 사역을 통하여 세계의 이목을 한국의 기독교 성장에로 집중하게 한 지도자이다. 그는 아마도 20세기가 낳은 한국의 가장 뛰어난 목사로 기록될 것이다. 한목사는 한국에서 전례가 없는 많은 수의 장로교회를 성장시켰을 뿐 아니라 아시아, 아프리카, 유럽 그리고 미주 지역에 이르는 해외선교의 사역을 펼쳐나간 선교의 한 상징적 인물이었다."

한국 교계에서는 그를 '영원한 청교도', '선(善)으로 악(惡)을 녹이는 목사', '동양의 중용과 순리, 기독교의 화해, 그리고 한국의 군자, 서양의 신사가 조화를 이룬 분', '흠(欠)이 없는 것이 흠인 분', '목회자로서 영원히 기억될 분', '20세기의 위대한 성자적 목자상', '신앙은 복음주의, 교회운동은 에큐메니칼주의를 지킨 화평주의자', '주님을 가장 많이 닮은 목자', '사랑과 봉사의 사도', '참복음주의의 실천자', '인간의 영혼을 사랑하는 위대한 설교자', 그리고 '민족과 국가까지도 목양의 범위안에 포함시킨 목사'로 "좌로나 우로나 치우치지 않는 신앙인"(여호수아 1:7)이었다고 존경의 마음을 담아 언급하고 있다.

한경직목사의 복음주의적 신앙은 이론이나 전승에 의하여 절대적 가치를 부여받기보다는 '오직 성서를 중심으로 이뤄져야 한다'는 제한적이고 개신교적인 입장에서 기초한 것으로 '청교도적인 생활', '에큐메니칼 정신', '올바른 사회봉사와 사회 참여'를 통한 일관된 삶으로 나타나고 있다.

그는 설교 중에 자신의 얘기를 하게 될 경우에는 '제 이야기를 하게 되어 미안합니다.'라고 하거나 템플턴상 수상식에 입고 갈 양복이 없었던 일이나 미국행 비행기 좌석의 3등석을 고집한 것, 큰 교회를 섬기고 있음에도 불구하고 '의도적으로 가난하게 살려고 집중한 것' 등의 에피소드들은 듣는 이들에게 감동을 주는 차원을 넘어 선 몸에 밴 청빈(淸貧)과 검소(儉素)한 생활을 통해 끊임없이 '자기 동기부여'(motivation)를 부여하려는 리더십으로 나타났기에 '셀프 리더십'(Self-leadership)이라고 명명되기도 한다.

1992년 LA 폭동 시 피해를 입은 교민들을 위로하려는 일이나 사회복지기관의 건립과 교회 건립 시의 건축헌금 독려 등에서 보여준 한경직목사의 '능력 부여의 리더십', 1973년에 후임자로 젊은 목사인 박조준목사를 지목하는 등 자신을 뛰어 넘는 후임자들을 키우고 배려하는 '팔로워십의 리더십'(Followership Leadership), 자신의 뜻대로 산 것이 아니라, 하나님이 자신에게 주신 사명을 위해 살려는 '사명의 리더십' 등에서 보듯이 한경직목사의 리더십은 특정의 학설이나 주장에 제한(limited)되거나 규정되지(regulated) 않으면서 특히 목회 현장의 실천적인 면에서 다양한 프리즘으로 투영되고 있다.

1974년에 한경직목사는 〈엑스플로74운동〉을 여의도 광장에서 개최하였고 1977년에는 〈민족복음화성회〉를 개최하여 150만 여명이나 참여하게 하였으며, 1980년에는 다시 〈민족복음화성회〉를 성공적으로 개최하였는 바, 이들은 모두 그의 열정적인 '영적 카리스마 리더십'(Spiritual Charisma Leadership)의 결과이다.

또한 한경직목사의 열정적인 리더십은 군복음화운동과 학원복음화운동으로도 나타났다.

그의 뜨겁고 왕성한 복음의 열정은 국내에만 머무르지 않고 아시아와 세계복음화운동으로 까지 이이졌다.

그는 '아세아는 기필코 복음화(福音化)되어야 한다. 오늘의 실정으로 보아 아세아의 복음화는 처음부터 한국교회에 부여된 사명이라고 생각한다. 중국 산동(山東)선교를 위시한 태국선교 등 선교사업의 시도와 점차적인 확장은 이를 뜻한다'고 역설하면서 세계 선교의 열정을 지속적으로 이어갔다.

그는 자신의 마지막 소원은 민족복음화와 아세아 및 세계복음화라고 밝히면서 '온 교회가 하나 되기 바랍니다. 민족이 복음화 되고 그 힘이 합하여 공산당까지 주님 앞으로 돌아오는 평화통일이 되길 바랍니다. 그리하여 백두산에서 한라산까지 십자가가 서고 태극기가 휘날리는 이 나라가 되기를 바랍니다. 우리 모든 성도와 목회자가 정성을 다 바쳐 복음의 씨앗을 뿌려야만 하겠습니다'라고 강조하였다.

결국 한경직목사의 리더십은 '교회라는 신앙공동체에서의 몰입(commitment)을 통하여 교회 안에서의 헌신과 봉사에서의 만족(satisfaction)에 유의(有意))한 영향'을 미치는 "변혁적 리더십"(transformational leadership)의 전형이라고 할 수 있다.

특히 오직 말씀에 기초한 경건의 말씀(Sola scriptura)으로 '영적인 카리스마'와 신령한 예배를 통한 지적 자극(知的刺戟) 그 이상인 영감적 자극과 동기 부여로 교회 안에서의 예배와 헌신, 봉사는 교회 안에서만 머무르지 않고 세상에서의 삶(job doing) 속에서도 선한 영향력'(good influence)을 행사하게 할 수 있는 자존감(自尊感)을 갖게 함으로 영락교회라는 '영적 공동체(spiritual community)의 조직몰입'(commitment)에 긍정적인 영향을 끼치게 하였다고 할 수 있다.

한경직목사는 영락교회가 한국 개신교 가운데 경건한 복음주의, 성서적 생활윤리, 교회연합(에큐메니칼정신), 세상에서의 하나님 공의 실현과 같은 귀한 역사와 전통을 지속적으로 이어 갈 수 있게 하였을 뿐 아니라 영락교회와 교우들로 하여금 '경천애인 사상 실천'을 위하여 "이 때를 위함이라"(에스더 4:17)는 의연(毅然)함과 담대(膽大)한 믿음으로 거룩한 사명을 잘 감당해 낼 수 있는 기초를 단단히 쌓게 하였다.

그는 평생의 삶을 통해 그의 아호인 추양(秋陽), 곧 '가을날의 따사로운 햇볕'처럼 교회 안에서는 물론 세상의 모든 이들에게 사랑의 빛을 골고루 비추는 고귀한 삶이 되어 진정한 '교회 안의 리더십의 모델(本)'로 각인되게 하고 있다.

한목사는 그의 평생의 목표를 영락교회에서의 목회와 더불어 전도-교육-봉사를 교회의 3대 목표로 세웠으며 특히 군선교-학원교육-사회봉사에 있어서는 정부당국(정부 등의 조직이나 기관들)보다 훨씬 앞선 것으로 체계적으로도 선도(先導)였으며 결과에 있어서도 모범적이었다.

영락교회는 경제적 어려움 속에서도 더욱 부흥되면서 교인들의 정성과 미북장로교의 건축비 지원 등으로 한목사가 신의주에서 운영하였던 보린원 시절에 환상으로 보았던 '흰돌로 세운 교회'를 1950년 5월에 준공을 하게 되었다.

그러나 예배당을 준공하고 감사 부흥사경회를 마친 후 20일도 채 되지 않은 6월 25일 주일 아침에 북한 인민군이 탱크를 앞세우고 미아리 고개로 넘어온다는 말을 들은 한경직목사는 이렇게 설교하였다.

'하나님은 공의(公義)의 하나님이십니다. 어떠한 불행이 닥쳐온다 하더라도 의로운 사람에게는 그 일을 행복으로 바꾸어 주십니다. 지금 38선에서 일어나고 있는 불행도 우리 하나님의 사람들에게는 영광과 승리의 결과로 바꾸어 주실 것입니다. 여러분, 어려운 일을 당할 때일수록 더욱 단단히 주님을 붙들어야 합니다.'

이는 그가 하나님의 섭리와 인도하심을 철저하게 믿고 신뢰하는 설교자로서의 신앙고백이기도 했다.

이후 전쟁으로 전국 각지로 피난을 떠났던 영락교회 교인들은 '미래는 전적으로 하나님의 장중(掌中)에 있음'을 고백하면서 그들이 머물게 된 지역인 부산, 대구, 제주도 등지에 영락교회를 세우고 예배를 드렸다.

한경직목사는 부산 영락교회를 중심으로 사역을 하는 동안에 전국 각 지역에 생긴 영락교회들을 순회하면서 설교와 목양 사역을 계속해 가는 한편 본격적으로 구국(救國)활동의 선봉에 나서 '기독교연합 전시비상대책 위원회'를 결성하여 구호활동에 적극적으로 나섰다.

가족과 친지들은 물론 영락교회 교인들의 생사(生死)가 불투명했던 힘든 피난 시절임에도 노방(路傍) 전도대를 파송하여 전도활동을 계속하였고 전쟁 중임에도 그의 필생의 사역으로 여겼던 군복음화 운동도 지속적으로 전개하였다.

한목사는 전쟁으로 상심(傷心)에 빠진 목회자들을 위한 재교육에도 힘쓰는 한편 성도들에게는 나라 사랑의 애국심을 호소하는 등 '애국(愛國)·애족(愛族)의 구국(救國)운동'에 혼신을 다해 노력하였다.

그는 6.25 동란과 전후(戰後)를 지나면서 영락교회의 목사로서가 아니라 '한국 교회를 향해 목양하는 목회자와 하나님의 말씀을 선포하는 설교자'로 일하게 되었다.

휴전 이후 한국 사회는 정치적 혼란과 사회적 불안, 경제적 불황으로 깊은 정신적 공황에 처하게 되면서 이단(異端)과 사이비(似而非) 종파가 기승을 부리게 되었다.

한경직목사는 영락교회 교인만을 위한 것이 아닌 대규모의 전도 집회를 통해 한국 교회의 '바른 신앙 정립'을 위한 "구국 기도회"를 열기로 하였다.

이를 위해 밥 피얼스(Bob Pierls)목사와 빌리 그래함(Billy Graham) 목사를 초청하여 전도 집회(1950.3.27.~4.26.)를 열어 한국 교회 전체가 수적(數的)으로 크게 부흥하는 계기를 마련하였다.

또한 세계 선명회(World Vision)를 창립하여 전쟁, 재난, 기아에 시달리는 인류를 위한 봉사활동에 나섰으며 1955년에는 대한예수교장로회 총회장과 기독교 연합회 회장 또한 전국복음화 운동의 책임을 맡는 등 한목사의 사역활동 범위는 교육, 군선교, 병원선교, 고아원과 양로원, 개척선교, 세계선교, 산업선교, 외항선교 등으로 확장되었다.

한경직목사와 그가 섬기는 영락교회는 베다니선교교회를 시작할 때부터 교육의 중요성을 알고 이에 집중하였다.

주일예배 등 여러 예배를 드리던 처소(本堂)는 주일 등의 예배시간에는 예배당이었으나 밤에는 잠자리(宿所)였고 평일에는 칠판이 세워지고 교단으로 꾸며지면서 학교 교실이 되었다.

이렇듯 불편한 잠자리와 궁핍한 먹거리였음에도 불구하고 중구 저동 2가의 영락교회 내에 영락중 · 고등학교, 보성여자중 · 고등학교, 대광중 · 고등학교를 개교하였다.

이후 이들 학교들은 꾸준한 성장으로 한국의 교육사에 있어 귀한 자리매김을 하는 명문 기독학교가 되어 오늘날까지 명성을 이어오고 있다.

한경직목사는 '나라와 민족을 살리는 길이 기독교 교육에 있다'고 강조하면서 나라를 살리려면 사람들이 애국정신, 현대교육, 예수신앙으로 변화되어야 한다고 믿으면서 '사람을 잘 가르치면, 즉 참다운 기독교 정신에 의해 교육시키면 그들이 나라와 사회를 바르게 이끌어 가리라'는 신념을 놓지 않았다.

그는 '영락교회의 3대 목표' 가운데 하나로 교육(教育)을 내세우고 이후 교회 건물을 지을 때는 본당 다음으로 교육관(教育館)을 지었으며 그의 '경천애인(敬天愛人)'의 교육관(教育觀)은 영락교회와 영락교회가 설립한 학교들의 교훈(校訓)이 되었다.

여기에는 '하나님을 사랑하면 사람을 사랑하게 되고, 사람을 사랑하면 자연스럽게 나라를 사랑하게 된다.'는 그의 교육사상이 담겨 있다.

한목사는 학교를 통한 교육 뿐 아니라 교회 안의 장년교육을 시작하여 성경공부와 함께 당시의 열악한 사회적 문제이기도 했던 한글교육으로 문맹퇴치에도 크게 기여했다.

그는 이어서 1946년에 농아부 창설, 영어성경부, 성경반 등의 조직으로 '교회 안에서의 교육' 을 활성화시켰고 학부모회, 학부모 모임을 통해 교회교육과 가정교육이 연계를 이루도록 하였다.

이는 1965년에 대광국민학교(현 대광초등학교)를 설립한 대광학원에서 '초등학교에서 중학교를 거쳐 고등학교까지를 아우르는 전인교육(全人教育)'의 모델이 되어 획기적인 교육 프로그램으로 꽃피워졌다,

한경직목사는 새로 학교를 세우는 일 뿐 아니라 학교를 재건하는 데도 힘을 썼다.

1907년에 미국 북장로교 선교사에 의해 평안북도 선천에 세워져 나

중에 선천여자상업학교로 교명이 바뀌었다가 1946년에 공산당에 의해 폐교되었던 보성여학교는 1950년에 영락교회 부속 건물에서 보성여자중·고등학교로 재건되었다.

특히 한국 최초의 대학(1897년 설립)이었던 평양의 숭실대학을 서울 상도동에 다시 재건(1954년)하였다.

현재 숭실대학교는 8개 대학, 45개 학과에 13,402명이 재학(2019년)하는 4년제 명문의 종합대학교로 크게 발전하였으며 학교에서는 영락교회와 한목사의 높은 뜻을 기리고 감사하기 위해 〈한경직목사의 동상과 기념관〉을 교내에 건립하였다.

이외에도 통일을 대비하여 여자교역자의 양성을 위한 영락여자신학교(1969년)를 설립했고, 서울여자대학교, 장로회신학대학교, 아세아연합신학대학교의 이사장으로 일하면서 한국 고등교육의 발전에도 크게 헌신하였다.

대광학교의 창립은 이들 피난민자녀들의 교육을 위한 것이었기에 1946년 말 한경직 목사는 백영엽목사, 박학전목사, 이인식목사, 김성호선생, 김치복집사 등과 논의한 후 이들을 위한 학교 설립안을 교회 내에 정식 제출하였다.

교회에서는 개교회(個敎會)의 차원이 아니라 월남 피난민을 지원하는 사회적 차원에서 격상하여 추진할 것을 결정하고 '이북신도대회'를 열기로 하였다. 그리하여 베다니 교회에서 1947년 8월 15일 광복 2주년을 맞아 한목사를 회장으로 선출하고 '월남한 교우를 위한 중등 교육기관을 설립하는 등 본격적인 추진을 시작하였다.

한경직목사는 대광중·고등학교를 설립한 후 2000년 타계할 때까지 53년간 이사장으로 재직하였으며 이후 대광학교는 한국에서 해방 이후 가장 많은 교역자를 배출한 대표적인 미션스쿨이 되었다.

이후 대광학원은 〈고등학교 평준화〉 이전까지는 한국에서 가장 우수한 고등학교 중의 하나로 성장할 수 있었으며 '기독교정신에 입각한 건전한 자아 정체성 확립, 창의인성과 자기주도 학습능력 겸비한 차세대 인재육성, 인간관계 정립과 덕성함양'을 교육 목표로 '3만 여명의 졸업생과 1,000여명의 목회자를 배출'하는 등 사립의 기독 명문학교로 자리하게 되었다.

한경직목사의 '평생의 화두'(Key word)인 "경천애인(敬天愛人)"을 교훈으로 삼은 대광중·고등학교에서는 설립 당시부터 이사장으로 수고한 뜻을 기리기 위하여 그의 호(號)를 따라 강당을 추양(秋陽)기념관으로 명명하였다.

그는 또한 1952년에 중학교에 진학하지 못한 청소년들을 영락교회에 모아 성경구락부로 출발하였고 이후 영락중학교와 영락상업고등학교로 발전(1959년)하게 되었으며 1981년에는 영락고등학교를 설립하여 '은혜·진리·사랑·봉사'를 학교 정신으로 꾸준하게 발전하는 가운데 서울 관악지역의 명문고로 자리하게 하였다.

이처럼 영락교회는 경천애인 사상의 실천적인 활동분야의 하나인 교육 분야에서 '교회와 교육은 분리될 수 없다.'는 확고부동한 원칙을 세웠다.

그리하여 영락교회에서는 자칫 교회에서의 교육이 '교회 안의 교회학교 교육'에만 제한되는 것이 아니라 기독정신으로 '사람을 잘 가르치면 즉 교육을 잘 시키면 나라와 사회를 바르게 이끌어갈 수 있다'는 교육적 신념과 '하나님을 사랑하면 사람을 사랑하게 되고 나라를 사랑하게 된다'는 목회자의 신념으로 어린이 주일학교에서부터 장년에 이르기까지의 성경공부학교를 시작하였다.

더불어 영락교회의 담장을 넘어서는 외부의 주간학교, 성경구락부,

기독교학교(Mission school)의 설립과 함께 여러 신학대학을 비롯한 기독교계통의 대학들을 직·간접적인 후원하여 왔다.

특히 한경직목사가 1922년에 입학하여 공부했던 평양 숭실대학이 폐교(1938년)되자 1954년에는 서울 상도동에 재건을 하여 초대 학장을 역임하면서 발전의 기초를 쌓게 하였다.

또한 서울여자대학교, 장로회신학대학교, 아세아연합신학대학교 등의 이사장을 역임하면서 한국의 기독교 대학과 신학대학의 발전에도 크게 기여하였다.

그동안 영락교회와 교우들은 한경직목사가 혼신(渾身)을 다하여 애쓰고 기도하며 계획하셨던 많은 일들을 늘 충성된 마음으로 순종하며 수행하여 왔다.

비록 세월의 흐름과 함께 '한경직목사의 시대(時代)와 역사(歷史)'는 지나갔지만 지금 우리들에게는 이를 그저 '간직하고 지켜내는 정도 내지 수준이 아니라 더 넓게 펼치면서 크고도 아름답게 꽃 피워야할 의무'가 기다리고 있다.

'경천애인 사상'의 지난 역사와 의미를 오늘에 되살리려는 것은 한경직목사의 삶과 헌신을 존경하는 것 정도에 그치지 않고 주님께서 "내 양을 먹이라"·"Take care of my sheep"·"称牧養我的羊"(요한복음 21:15~17)라는 명령을 제대로, 본격적으로 이행하는 것이 되기 때문이다.

경영학에서는 〈기업이란 무엇인가?〉를 3M으로 간략하게 설명하기도 한다. 즉 Matter, Money, Man이다. 이는 제품 생산을 위한 원자재 내지 재료(Matter), 자본금(Money) 그리고 이를 생산하고 유통시키며 관리하는 인력(Man)을 말하는 것이다.

또한 인력 내지 인사관리(HRM)의 중요성을 강조하면서 특히 제조업의 경우에는 시설 기자재 등과 같은 H/W(Hardware)와 이를 작동(operating)하고 업무활동을 지원하는 S/W(Software)를 치열한 경쟁국면의 시장환경 하에서 계속기업으로 존속시키는 중요한 요소(KSF)로 강조하고 있다.

하지만 최근에 이르러 다시 새로운 H/W가 강조되기 시작했다. 즉 그동안은 Hardware를 통하여 성장하여 왔으나 지속적인 발전과 도약을 위해서는 새로운 대안들을 위한 Software의 중요성이 더욱 커졌다.

기업에서는 자원과 자본이 투입되면서 생산 · 유통 · 판매 등의 본격적인 경영활동을 수행하여 왔으나 점차로 시간이 경과되면서부터 얻어지게 되는 결과물(output)은 '일시적이고 제한적'이라는 것이 드러났다.

즉 시장에 출시되어 고객들에게 알려진 후 새로운 문제점 내지 오류가 발견되면서 PDCA를 통해 점검하고 확인한 결과 그동안 지혜를 모아 계획(Plan)하고 조직과 자산을 투입하여 직접 가동하고 실시(Do)를 한 후 면밀한 확인(Check)의 결과 문제점이 발견되었고 이에 대한 새로운 접근방안 내지 개선(Act)이 필요하게 되었다.

결국 기업의 경영활동은 사람들이 하는 것이라는 결론에 도달하면서 Humanware의 중요성은 더욱 강조되어야 한다는 점이 판명되었으며 새로운 차원에서의 H/W의 도입이나 활용은 기업 본래의 미션(Mission)이나 비전(Vision)에 더욱 큰 의미를 갖게 하였다.

이러한 관점에서 한경직목사의 사람을 중시하고 그 역량을 키우려는 교육, 특히 기독교 교육에 대한 열정적인 리더십의 덕분이라고 할 수 있다.

이제부터는 그동안 영락교회가 설립된 처음부터 지금까지 한경직목사와 함께 마땅히, 잘 감당하여 "잘 하였도다 착하고 충성된 종아"라고 하시며 “네가 경천애인의 사상을 실천하는 일에 충성하였으매 내가 많은 것으로 네게 맡기리니 네가 주인의 즐거움에 참예할지어다”(마태복음 25:23)라는 칭찬과 격려의 말씀을 들었던 행사(contents)가 되었던 지금까지의 교육과 군선교 그리고 사회봉사활동을 더욱 풍성하게 이끌어 줄 수 있는 구체적인 내용들을 살펴보기로 하자.

첫째는 한경직목사가 3대 목표로 세웠던 ‘전도와 교육 그리고 봉사’를 실천하는 실행 과정에서 어느 하나 중요하지 않은 것 없으나 특히 교육에 대한 그의 열정은 무엇보다 뜨거웠다.

그는 자서전에서 ‘오늘날(2010년) 기독교 학교의 방향이 매우 모호해졌다. 학생들이 학교를 선택하는 것도 아니고 교사 역시 크리스천만을 고집할 수 없는 상황이어서 기독교적 환경을 만들기가 매우 어려워졌다. 이는 한국 교회는 물론 정부 차원에서 깊이 고려해 볼 일이다. 어찌 되었던지 기독교 학교에서 어떤 교육을 중점에 두고 할 것이냐는 매우 중요하다. 기독교 교육을 담당하는 교장과 교사들, 특히 신앙지도를 하는 교목의 사명이 얼마나 중대한지 이루 말할 수 없다.’는 염려와 우려를 언급하였다.

이러한 한목사의 걱정과 우려는 10여년이 지난 지금에 이르러서는 더욱 커지고 깊어져서 기독교 계통의 학교는 물론 저마다의 독창적인 설립 정신과 특성을 지니고 발전해 온 전국에 있는 명문의 사립교육기관들의 어려움은 극에 달하고 있다.

그리하여 한목사는 ‘나는 기독교 교육에 대해 매우 염려하는 동시에 교육을 책임지는 분들을 깊이 동정하며 하나님께 기도할 수밖에 없다’라고 고백하면서 ‘이제 우리들의 앞에는 기도 밖에는 없다. 지혜주시고 해결해 주실 것을 기도하여야 한다.’고 강조하고 있다.

한경직목사는 교육이 감당하고 있는 사명을 중시하면서 경천애인의 실천을 위한 '사람의 중요성'을 강조하고 있다. 따라서 '경천애인 사상'의 실천은 제한되거나 축소되어서는 안된다.

한목사와 영락교회는 먹을 것이나 잠잘 곳이 없거나 부족한 환경 가운데서도 가르치고 배우는 일에는 열심을 다했다. 6.25 당시 북한의 압도적인 군사력으로 부산까지 또 다시 밀려 내려가서도 천막교실을 세우고 교육을 멈추지 않았다.

그러므로 주어진 환경을 극복하려는 의지, 할 수 있다는 신념과 함께 부족함을 아시고 앞서가며 채워주시는 능력의 하나님을 기억하고 믿고 의지하면서 이끌어 나가야 할 것이다.

교육은 교실이나 운동장과 같은 건축이나 시설(Hardware)만으로 이뤄지지 않는다. 학습능력(學習能力)을 향상시킬 수 있는 교육 프로그램(Software)과 이를 구동 내지 활용할 수 있는 교사(Humanware)들은 무엇보다 중요한 관건(KSF)이 된다.

이의 해결방안(solution)은 '재정적인 지원이면 된다'고 세상에서도 알고 우리들도 잘 알고 있다. 하지만 주어진 일에 대한 신앙과 신념은 이 모든 것들을 초월하여 이끌어 준다.

'한 아이를 제대로 키우려면 온 동네가 필요하다'는 아프리카의 속담을 응용한다면 '한 학생을 제대로 키우려면 온 공동체가 필요하다'는 것이며, "예수는 키가 자라가며 하나님과 사람에게 더욱 사랑스러워 가시더라"(누가복음 2:52)는 말씀처럼 '예수 믿는 한 아이를 제대로 키우려면 온 교회가 필요하게 된다.'

영락교회 안의 각종, 다양한 교육 부서들은 물론 제도권의 교육기관을 직접(보성여중 · 고, 영락중 · 고등학교 등) 또는 간접 지원하는 교육기관(대광중 · 고등학교 등)에 대한 지원은 가시적인 효과나 효율성이 아닌 헌신과 사명감으로 이끌어가야 할 것이다.

더불어 이들 교육기관을 이끄는 책임자(교장이나 행정실장 등)의 경우 영락교회와의 지속적인 연결과 관계에 있을 때 비로소 '본래(本來)의 경천애인 사상'이 제대로 계승되어지고 아름다운 신앙과 그동안의 전통들이 보여주었던 귀(貴)한 사명들이 잘 감당되어질 것이다.

그리하여 결국에는 시간이 흐르게 되면 "믿음의 분량"(로마서 12:3)에 따라 잘 감당하게 될 것이며 "때가 이르게 되면"(As the time drew near for God, 사도행전 7:17) "천하보다 귀한 생명"(마태복음 16:26)들을 키워낼 수 있을 것이다.

1952년에 영락교회에서 설립한 영락고등학교는 "하나님을 공경하고 이웃을 사랑하자"를 교훈으로 주간은 인문계, 야간은 상과였으나 이후 영락여상, 영락유헬스고, 영락의료과학고등학교로 교명을 여러 차례 개명하였다.

이는 급격한 사회적 변화에 부응하려는 것이었으나 다른 한편으로는 개교 70년의 역사를 갖고 있는 학교로서의 역사성 또는 '설립 초기의 정신(初心)을 축소 내지 잃고 있지는 않은가?'에 대한 깊은 성찰이 있어야 할 것이다.

한경직목사는 평소 '교회가 사회를 위해 할 수 있는 일'에 대하여 세 가지를 생각하고 실천하였다.

첫째는 나라가 망했으니 나라를 되찾는 것이 한국청년들이 해야 할 일이라는 것을 알리는 것이다.

둘째는 민족을 부흥시키려면 과학을 배우게 해야 한다.

셋째는 애국심과 과학적 지식만으로는 안 되고 근본적으로 먼저 사람이 바로 되어야 한다고 하면서 이를 구체화시키기 위하여 전도사업, 교육사업, 봉사사업 등의 세 가지를 사업 목표를 세웠다.

이러한 그의 '교회의 사명'을 실천하기 위한 첫 열매는 고아와 노약자를 위한 〈보린원(保隣院)〉의 설립이었다.

한목사는 사회봉사를 교회의 본질적 사명으로 인식하면서도 복음전파는 교회의 첫째 사업(mission)인 것을 강조하면서 설교 등을 통해 '교회에서 교육사업, 자선사업, 문화사업, 사회개량운동도 일으키지만 이들은 근본적인 사업들이 아니라 부대적(附帶的)인 사업'이라고 하면서 '우리 교회의 첫째 사업은 복음을 전하는 일'이라고 역설하였다.

나아가 '이웃은 민족이나 국경을 초월합니다. 누구나 다 이웃입니다. 예수님께서는 언제든지 세계의 모든 사람들이 다 한 아버지의 자녀로서 모든 사람들이 어느 곳에 있든지 이웃으로 살아야 한다는 근본적인 뜻을 우리에게 가르쳐 주셨습니다'라는 강조를 통해"경천애인 사상"의 본질적인 목적을 분명하게 알려 주고 있다.

그의 복지(福祉) 사역은 신의주 제2교회를 이끌던 시절에 개인적 차원의 '사회봉사를 교회적 차원으로 발전시켜 이웃을 돕는다'는 뜻에서 〈보린원〉을 세운 것이 첫 사례이다(1939년).

그는 신의주 일대를 비롯해 멀리 상해까지 건너가 다양한 모금 활동 등을 전개해 이를 확장시켰고 많은 고아들을 돌보았으며 일제탄압으로 목회를 못하게 되었을 때에는 직접 보린원에 들어가 분뇨통을 매고 나르는 등 '고아들의 아버지'로 그들을 섬겼으며 남신의주에는 〈노인관〉을 증축(1941년)하는 등 일평생 동안 다양한 복지사역을 감당하여 왔다.

한경직목사는 해방 후 공산체제를 피해 월남하여 영락교회를 설립한 이후에도 수많은 사회봉사의 사역들을 펼쳐갔다.

즉 1947년에는 〈보린원〉을 재건하였으며 피난민을 위한 천막촌도 만들어 일정기간 그들이 남한 사회에 적응하게 하였다.

수많은 교육기관을 설립한 것은 월남한 피난민 자녀들을 보살피기 위한 사회복지차원에서 출발한 것이었으며 1950년에 6.25전쟁이 일어나자 부산으로 피난하여 그곳에서도 한목사는 〈보린원〉 사업을 계속하였다.

그는 단순히 고아들의 보호와 양육만으로는 사회적 요구에 부응할 수 없는 상황, 즉 전쟁미망인과 그 자녀들을 위한 쉼터(shelter)가 필요하게 되자 한국 최초로 〈다비다모자원〉을 세웠으며 의지할 곳이 없는 노인들을 위한 시설인 영락경로원도 설립하였다.

영락교회는 한경직목사의 이러한 사회복지활동을 적극 돕기 위하여 1947년에 보린원의 재건과 함께 피난민을 위한 천막촌의 설치하여 일정기간 남한 사회에서의 정착과 적응을 돕기도 했다.

당시 대부분의 교회와 단체들도 복지사업활동을 수행하고 있었으나 영락교회는 1957년에 서울시로부터 〈재단법인 영락원〉(현재의 영락사회복지재단)설립 인가를 받아 구축, 운영하면서 제대로 된 선도적인 행정 시스템을 갖추게 되었다.

1981년에는 관악구청의 제의를 받고 철거민 아이들을 돌보기 위한 〈합실어린이집〉, 1990년에는 저소득층 맞벌이 부부 아이들을 위한 〈영락어린이집〉, 1994년에는 뇌성마비 중증장애인 요양시설(Nursing Home for cerebral palsied children)인 〈영락애니아의 집(Aenea's Home)〉을 개설하였다.

1957년에 설립한 재단법인 〈영락원〉은 1990년에 〈영락사회복지재단〉으로 개명하여 다양한 사업을 전개하여 오고 있다.

현재 영락사회복지재단의 운영사업들은 아동복지사업(〈영락보린원〉, 〈영락그룹홈〉, 〈영락지역아동복지센터〉), 노인복지사업(〈영락경로원〉, 〈영락요양원〉, 〈영락가정봉사원파견센터〉, 〈영락소규모요양원〉, 〈은빛 사랑채〉, 〈노인주간보호센터〉), 모자복지사업(〈영락모자원〉, 영유아보육사업(〈합실어린이집〉, 〈영락어린이집〉), 장애인복지사업(〈영락애니아의집〉, 〈영락주간보호센터〉), 장학사업(〈금성장학회〉)등 총 13개의 시설로 확장되고 발전을 거듭하여 한국에서 특정의 한 교회가 설립한 복지재단으로는 최대 규모다.

마지막으로 믿음의 공동체인 영락교회와 교인들이 '경천애인의 사상'을 구체적으로 실천해야 할 구체적인 내용 또는 방안들을 제시하여 보면 다음과 같다.

첫째는 매년 돌아오는 창립기념주일에는 영락교회와 관련 있는 기관, 단체, 시설 등의 모든 관계 당사자들이 예배시간대별로 달리 하여 온 가족이 함께 드리는 기회로 삼아 교회 안의 전 부서들이 기관별 잔치를 마련하는 것이다.

이 일을 통해 '옛일들을 추억하고 서로들 간의 교제를 통하여 함께 한 참가자 전원들의 단합(unification)을 갖게 하는 시간을 마련하여야 한다'는 것이다.

그리하여 지난 세월의 회고는 물론 영광과 축복을 받은 믿음의 한 가족, '영락의 권속(眷屬)'이라는 자부심을 확인하게 해주는 것은 물론 대(代)를 이어가며 더 많이 또한 더 오래 헌신하여야겠다!'는 감동의 공유와 뜨거운 다짐을 굳게 하는 영락의 '아름다운 성가족'(Sagrada Familia)의 이음줄이 될 계기로 이어져야 한다.

이러한 계획 내지 실천방안의 성공 가능성은 2021년 7월 현재 통권 569호에 이른 영락교우들을 위한 교회잡지인 〈만남〉을 보면 알 수 있다. 3~4대를 이어가며 뜨겁고 진하게 녹아 흐르면서 교회를 중심으로 전개되는 집안 어르신들과 가족들 및 고향 친구 · 친척들의 신앙 간증이야기들은 공영방송의 'TV는 사랑을 싣고'를 뛰어 넘는 감동이 되어 〈만남〉지는 믿음(신앙)을 싣고'의 간증의 책이며 고백록이 되고 있기 때문이다.

둘째는 영락교회에서 오랜 동안 함께 헌신해 왔던 분들이 '하늘나라에 가셨다'는 부고(訃告)의 소식을 짧은 영상 등으로 소개하여 지나간 과거와 현재 그리고 미래를 잇게 하면서 추억하고 감사하는 가운데 감동을 넘어 은혜로 까지 이어져 아름답고 끈끈한 '귀(貴)한 믿음의 가족, 신앙공동체'임을 '뜨겁고 뭉클한 감동으로 확인하는 계기'(momentum)를 제공할 수 있어야 한다.

이러한 시간은 매년 돌아오는 생일이나 결혼식에서의 기쁨보다 더 큰 감동과 겸손의 시간인 동시에 참여한 모두를 진지하고 엄숙하게 '하나로 만드는 시간'으로 고인을 추모하고 기리는 시간으로 이어질 수 있기 때문이다.

셋째는 영락교회의 주차 공간은 결코 작지는 않으나 어쩔 수 없이 승용차를 가져오게 될 경우에는 무엇보다도 신속하고도 안전한 주차(parking)를 위하여 발레파킹시스템(Vallet Parking System)을 도입하여야 한다.

이는 쉽고 안전하며 신속한 주차를 위한 것임에도(지체되는 주차시간으로 예배시간에 못 맞췄다고 불평한 적이 있었다면 쉽게 이해가 될 것이다) 불구하고 이러한 제안을 전혀 '그럴 필요 없다'든가 인적 자원의 낭비로 여겨진다면 일단 시도를 먼저 해 본 후에 이의 도입에 대한 실시 또는 중단의 여부를 결정하여도 좋다고 본다.

넷째는 코로나19로 인해 예배는 물론 각종 교회(신앙) 생활의 신앙적 기쁨과 은혜를 어색함과 불편함으로 몰아가고 있는 요즘의 상황이지만 오히려 '위기(危機)를 기회(機會)'로 여기는 역발상(逆發想)의 전기(轉機)로 삼아야 한다.

지금까지의 신앙 내지 교회생활과의 이질적 분위기(attitude)와 환경(environment)에 적극적으로 대응하여 '피(避)할 수 없으면 즐기라'는 말 그대로 On-Line · Internet · YouTube · AI · SNS, Application 등과 같은 시대적 흐름을 전폭적으로 도입, 수용하여야 한다. MZ시대의 주류인 영락의 신세대(특히 중고등부, 청년부)들은 물론 교회 전체의 문화가 젊어져야 한다.

그리하여 우리들만의 교회에서 사회와 세계와 함께 하는 '젊은(hot한) 교회'를 지향하여야 한다.

다섯째는 영락교회의 통일된 하나의 대외적인 이름, 로고, 브랜드가 필요하다는 것으로 영락교회 브랜딩(Branding)의 일치 내지 통일이 필요하다. 기업의 CI(Corporate Identity)와 같이 YCI(YoungNak Church Identity)가 필요하다. 이를 제대로, 잘 만들기(디자인과 제작)만 한다면 어린 교회학교의 어린이들부터 어르신들에게 이르기까지 '지니고 다녀라!'고 하지 않아도 성경과 가방, 자동차 등에 부착하고 지니고 싶은 아이템(Must-have-Item)이 될 수 있다.

여섯째는 영락교회는 지금은 아니지만 머지않아 '유구(悠久)한 전통(傳統)의 역사(歷史)와 함께~'라는 수식어가 어울리게 될 것이므로 아동부에서 청년부에 이르기까지 교회 안의 젊은이들에 대한 기본적인 개념(concept)에서부터 시작하여 관심 깊은 배려와 다양한 지원이 절대 요구된다는 것이다.

언제나 세상에서도 그러하듯이 교회 안에서도 '관심이 있다, 사랑한다'는 것은 '말로만'으로는 안 된다. 더 쉽게 표현하자면 음식을 공궤할 때 '각자 맛있게 먹어라'보다는 테이블을 멋있게 셋팅해 놓고 '즐거운 시간되어라' (Enjoy the dishes, please!)해야 한다. 결국 충분하고 여유 있는 재정적 후원(financing)과 인적 지원(staffing)이 뒷받침되어야 한다는 것이다.

이 일과 관련하여 영락교회의 모든 구성원들, 신앙공동체의 권속(family)들이 기억해야 할 단어가 있다면 그것은 '예수도 청년이었다' 이다.

일곱째는 영락교회의 청년부 남자라면 반드시 가야 할 군대와 관련한 군선교에 대한 접근 방안이다. 대한민국인의 4대 의무 중의 하나인 국방의무는 그동안 나라의 안보를 튼튼히 하는 중대한 역할을 잘 감당하여 왔으나 군부대 안에서의 각종 '인명사고와 '근무이탈(脫營) 사건' 등은 늘 국방을 넘어서는 국민적 문제가 되어 왔다.

국방부의 '2004~2018년 군내 인명사고' 집계 자료에 따르면 장병 인명사고는 2005년 124건, 2011년 143건 등으로 증가세를 보이다 2012년을 기점으로 큰 변화가 있게 되었다. 2012년에는 111건에 이어 2015년에는 93건, 2018년 21건 등으로 2004년 이후 처음으로 100건 아래로 떨어지기도 했다.

국방부의 보고에 따르면 3년마다 주기적으로 발생했던 총기난사 사건 등 군부대 내 대형 악성사건도 2014년 이후에는 발생하지 않았고 군무이탈 사건도 2013년 643건에서 2018년에는 122건으로 지난 5년 동안 확연한 감소세를 보였다.

국방부는 병사들의 인권·인격 존중, '삶의 질'(Quality of Life) 향상 등에 중점을 둔 '병영문화 혁신' 정책을 본격적으로 추진하여 특히 2018년 2월부터는 병사들의 '평일 일과 후 외출 제도를 전면적으로 시행하였으며 모든 부대가 시범운영 중인 일과 후 휴대전화사용 제도'의 전면시행을 시작하였으며 각종 홍보와 지시 등도 홈페이지를 통한 '팝업 공지 및 이메일 서비스'를 제공하고 있다.

특히 과거에 교양훈련의 시간에 그치던 사단 사령부와 대대급 이상 각 부대에서는 아침회의에 간부들의 내적가치 신념화(內的價値 信念化) 교육시간을 별도로 편성해 당직 근무자에 의한 시나리오 낭독식 교육을 시행하고 중대급에서는 일일결산 시 간부 윤독과 토의를 통해 하루를 되돌아보는 시간을 갖는 등 다양한 방법으로 도입, 활용하고 있다.

또한 최근 코로나19가 만연되면서부터는 손 씻기는 물론이고 발열 체크와 손 소독, 마주보지 않는 자리 배치 및 이격된 거리에서 식사하게 하였으며 '온라인 전자책'으로 독서할 수 있도록 하는 등 '언택트의 병영생활'을 시행하고 있다.

군대는 하나의 조직으로 국가안보를 위해 국가의 재산과 영토를 보호하는 것은 곧 군대의 목표인 동시에 존재하는 이유이다.

요즘은 화해 무드가 대세로 남북 간의 평화 분위기 모드(mode) 조성이 곧 군대에 평화라도 가져다준 듯이 착각하게 만들고 있다. '나에게 별 다른 것, 아무 것도 해준 것이 없는 나라, 대충 때우고 전역하자.'는 냉소적(冷笑的) 마인드 내지 군인정신이 팽배해 있다. 비록 국내 및 세계적 정세와 여건에 따른 것이기는 하지만 최소한 의무적으로 복무하는 21개월 동안에는 최대한 자신에게 부여받은 임무(전문적 기술이나 전술적 주특기 등)를 제대로, 잘 숙달하려고 노력하는 자세를 보여야 할 것이다.

따라서 앞으로의 군선교는 고차원적인 국방 개혁은 무기체제의 업그레이드, 문화적 환경과 정서적 안정을 위한 긍정적 분위기 조성과 담대한 신앙으로 이끌어 갈 장기적인 프로그램의 도입과 적용까지도 지원할 수 있어야 한다.

그동안 영락교회는 2012년까지만 해도 200여개의 군인교회를 건축 지원하여 왔으나 점차로 군복무 기간의 단축과 부대 단위의 통폐합 등으로 교회의 건축 등에 있어 가시적 결과 즉 하드웨어적인(hardware) 측면에서도 신규 건축보다는 보수 및 수리 또는 리모델링의 수준에서 지원하는 경향을 보이고 있다.

군선교의 활동 내지 지원방법은 대대적인 발상의 전환이 요구되고 있다. 즉 소프트웨어(software)에서의 다양한 방법이 요구되는 바, 우선은 피아노나 건반악기 등의 CCM을 열창할 수 있는 악기들의 마련이나 영상예배를 위한 빔 프로젝트의 설치를 지원하는 것에서부터 군목과 군종들의 역할을 신앙지도만의 영역에서 좀 더 확장하여 사회진출에서의 발판을 삼으려는 교인 병사(Christian soldiers)들의 교양 내지 취업 스펙(military spec.)을 향상시키는데 방점을 찍는 것도 군인교회(Chapel)의 사명을 업그레이드시킬 새로운 영역(positioning)이 될 수 있다.

단순한 취미 수준의 영어가 아니라 TOEIC, TOEFL, GRE, GMAT 등 수요자들(軍人)의 니즈에 맞는 고급 영어를 배우도록 지원하고 부동산 · 유통 · 물류 · 보험관리 · 전산회계 등 전문적인 교육을 도입, 활용할 수 있는 공간과 필요한 기자재를 지원할 수 있어야 한다.

물론 이를 직접 가르치고 지원할 인원들을 파견하거나 이들을 후원하는 식으로 과거의 가시적 내지 물량(quantity)의 지원이나 제공인 가시적인 것에서 벗어나 눈에는 띄지 않는 비가시적인 수준(quality)이라 할 인적 자원(H/W) 등에서의 지원방안을 강구하여야 한다.

여덟째는 yTED의 운용이다. 널리 알려진 바와 같이 TED는 Technology, Entertainment, Design의 약어로 강연시간 18분 이내에 '알릴 가치가 있는 아이디어'(Ideas worth spreading)를 세계인들과 공유(視聽)되는 세계적인 글로벌 유투브(YouTube) 특강이다.

yTED는 영락교회가 세계(인)를 대상으로 하여 "경천애인의 사상"

을 세계적으로 널리 확산시키려는 영적(靈的)프로젝트이다. 여기에서의 y는 영락교회를 뜻하며 TED는 Truth, Evangel, Dedicated를 뜻하는 것으로 약 15분 정도의 유투브와 같은 세계적인 소통의 매체를 통해 신학과 철학, 심리학 등의 인문학 분야의 전문가들이 세계인을 상대로 제공되고 있는 글로벌 지적 네트워킹이며 방송이다.

영락교회의 yTED는 '복음직인 전동(傳統)·정통(正統)의 신앙생활 그리고 헌신적(獻身的)이고 이타적(利他的)인 삶의 아름다운 증거들을 찾아내고 널리 전파하면서 긍정과 소망의 콘텐츠'를 온 세상에 전파하자는 것이다. "사랑하는 세계인들이여 네 영혼이 잘 됨같이~"(요한 3서 2)는 바로 여기에 해당하는 말씀이다.

아홉째는 지난 1992년에 한경직목사가 템플턴상(Templeton Prize)을 수상하면서 그분과 영락교회를 세상에 널리 알렸던 것과 같은 '한경직목사상(Rev.Han's Prize)'에 대한 필요성이다.

이를 통해 한국 교회와 사회 그리고 세계에 알리는 것은 성경적일 뿐만 아니라 선교적 마인드에 기초한 영락교회와 한경직목사의 "경천애인의 사상"을 세계에 널리 알리는 기회가 되면서 전 지구적(global)인 시청(視聽)의 yTED를 통해 한목사와 영락교회의 아름다운 정신(vision)과 귀한 사역(mission)을 널리 알리게 될 것이다.

그리하여 이를 보기도 하고 듣기도 하면서 시청을 하는 가운데 세상의 모든 사람들은 "경천애인(敬天愛人)의 사상(思想)" 곧 '하나님을 사랑하며'(Praising God) 또한 '사람들을 사랑하는'(Loving People) 사상을 먼저는 마음으로 감동하고 이어서는 그들의 손과 발로 그들의 처(處)한 곳, 바로 그 자리, 일자리(現場)에서 실천해 나가게 될 것이다.

열째는 지금 영락교회라는 이름(敎會名)은 국내는 물론 한국인이 있는 곳이면 세계 곳곳, 어디 에서나 볼 수 있다.

교회 이름은 성도들에게는 신앙 내지 교회생활의 시작과 나중까지를 이끌고 규정짓는 정체성(Identity)에 관련한 것으로 교단과 교파 그리고 개인적 신앙의 지향점 내지 신앙관을 표출하는 중요한 상징이며 기준이기도 하다.

이는 단순한 장소적 위치(location) 파악을 넘어 '나의 삶과 함께 해온 믿음생활의 영적(靈的) 주소'를 뜻하는 것으로 지금까지 믿음생활을 지켜온 처소(處所)에 대한 신뢰와 당당함을 드러내는 기회가 되기 때문이다.

영락교회라는 이름을 사용하는 교회들(기관이나 시설 포함)이 함께 모여 '한경직목사'와 그의 "경천애인의 사상"을 실천하는 방법과 사례(Case study)를 함께 공유의 장(場)이 마련되어야 한다. 이러한 시간과 공간은 한경직목사의 〈경천애인의 사상〉을 더욱 크고 넓게 확장시키는 계기(momentum)가 될 것이다.

이제 지금까지 언급한 대안들(alternatives)들을 요약하면 다음의 〈표 3〉에서 보는 바와 같다.

〈표 3〉 경천애인 사상의 실천

경천애인(敬天愛人)			
경천(敬天)		애인(愛人)	
경(敬)	천(天)	애(愛)	인(人)
*Praising *Worship 한경직상 (Rev.Han's Prize) Holy Community	*Gloria Dei! *Amore Dei! 주의 일꾼 양성 오직 믿음/은혜 Youtube/SNS 그리스도 · 성경 헌신적 봉사자들 CI(Church Iden tity) Sagrada Familia Youth First Vallet Parking	*Loving *섬김(의 리더십) *교육 그리스도를바라보자! *봉사 *선한 능력 선한 청지기 투명회계 충성 헌신	*People 지속적 관심 교육 첨단사회교육시설 Give&Give지원 세상 속 그리스도군사 공의(公義) 사회기여 청년회귀(늦게라도) Cyber공간전도 성장에서 성숙으로 미래형 통일교육 경천애인커뮤니티 yTED Rev.Han's Prize

영락교회가 앞으로 맞이하게 될 100주년을 바라보면서 그동안 한국의 교회와 사회에 끼친 영향력에 관련하여 무엇보다도 먼저는 '하나님께 감사(Praising God!)'를 하면서 영광을 돌려야 할 것이다.

다음으로는 한걸음 더 나아가 100년 그 이후에도 '선(善)한 영향력(影響力)을 곳곳마다에 미치기 위한 아름다운 계획들과 주신 사명'에 대한 신실한 수행과 실천은 "너희는 세상의 빛이라"(마태복음 5:14)는 말씀의 진정한 의미가 "너희는 교회 안에서만의 빛"이 아니라 밖으로 나아가 "세상에서의 빛"이 되어야 한다는 것임을 잘 알고 실천하고 있을 때에야 비로소, 제대로 이뤄진다는 것을 기억해야 한다.

비록 현재로는 사람(人的資源)이 없고 재정적으로도 힘들고 어려운 데다 무엇보다도 이러한 시도나 노력들이 과연 '하나님께 영광을 돌리는 가운데 모든 이들에게 기쁨을 주는 것일까?'의 두려움과 의아심이 앞설 수 있다.

그럼에도 불구하고 항상 뜨거운 기도로 계획을 세우고 "오직 푯대를 향하여 앞으로 달려가는 이의 마음"(빌립보서 3:13~14), 곧 신실하고 단단한 마음으로 씨 뿌리고 가꿔서 귀한 꽃을 피울 수 있어야 한다.

이것이야 말로 '진정한 사랑, 곧 이웃들을 사랑하는 것(Loving People), 애인(愛人)'인 것이다. 여기 그들, 아니 우리 모두를 위한 '결심과 다짐'이 있다. '알리자, 영락교회!', '자랑하자 한경직목사', 그리고 '열심을 다하자, 경천애인 사상의 실천!'이 바로 그것들이다.

어떤 일을 계획(planning)을 세운 후 실천(doing)을 하고 드디어 마무리를 하는 경우 그동안을 되돌아보고 평가(seeing)를 하는 때에 이르러 '정말 잘했다!, 잘했다' 보다는 '그저 그렇다 중간은 가겠어!, 왜?, 뭐하러 이런 일을~!'라고 하는 말들이 오고 가면서 '주(主)의 일, 교회 일' 나아가 '경천애인 사상을 실천하려는 기관과 관계자들을 시험 당하게 하는 일'이 종종 있다.

그러다 보면 때로 또는 결과적으로 교회에서의 많은 일들에 관련하여 '경천(敬天)은 잘하는데 애인(愛人)은 잘 안 되고 있다'는 평(評)을 듣는 경우도 있게 된다.

언제나 무슨 일이든지 일을 하다보면 '열심히 하는 것과 잘하는 것은 분명히 다르다.'

그러므로 지혜롭게 그리고 신실하게 감당하고 실천하여야 한다.

이제 영락교회와 교우들이 경천애인의 사상을 신실하게 실천하려는 것에 관련하여 '누가 진정으로 선한 영락교회인(Good Samaritan, Good YoungNak Christian)이 될 수 있는가?'라는 질문이 던져진다면 이에 대한 응답은 아래와 같은 몇 가지의 단계로 생각해 볼 수 있다.

사마리아 사람의 경우에서와 같이 대개의 봉사활동은 먼저 '불쌍히 여기게 되는 마음이 생기고 이는 곧 안타까운 마음으로 이어지며 상처를 감싸 주는 동안 연민의 마음이 들고 돌보는 과정'에서 긍휼(矜恤)의 마음이 생겨난다.

하지만 진정한 사마리아 사람의 모습은 특정의 어려운 상황에 처한 사람이나 사건들을 보고 일순간에 마음이 뜨거워져 돕게 되는 측은지심(惻隱之心)에서 안전한 장소로 데려가는 것만으로 끝나지 않고 아리마대 요셉(마가복음 15:42~46)이 '주님을 장사하기 위하여 자신을 위해 준비했던 장소까지 내어 놓았던 것처럼 끝까지 책임지고 사랑하면서 관심의 끈'을 놓지 않는데 있다.

선한 사마리아 사람이 그리하였던 것처럼 끝까지(제대로 자립하고 본격적으로 운영될 수 있을 때까지) 기다리고 그동안 쓴 돈(費用)까지도 지급할 수 있어야 한다.

나아가 그동안 이 일(敬天愛人)을 위해서 '애쓰고 수고한 것에 대해서도 반드시 갚아 주리라(reimburse)'고 하면서 관계자들로 하여금 '편안한 마음으로 오랜 기간에 걸쳐 맡은 일들을 전념하여 집중할 수 있는 무기한(無期限)의 지속적인 관심'으로 보살펴 줄 수 있어야 한다.

한경직목사가 우리들에게 맡겨 주신 유업(遺業)인 "경천애인의 사상"은 결코 박물관의 보물(寶物)이나 또는 몸을 사치(奢侈)하게 하는 귀금속이나 보석(寶石)과 같은 것이 아니다.

평생을 통하여 '경천애인의 사상'을 마음에 품고 기도하면서 온 몸으로 본(本)을 보이셨고 지금은 영락동산에 자리한 한경직목사의 묘비(墓碑)에는 아래와 같은 말씀이 기록되어 있다.

"하나님이 세상을 이처럼 사랑하사 독생자를 주셨으니 이는 그를 믿는 자마다 멸망하지 않고 영생을 얻게 하려 하심이니라"(요한복음 3:16).

이 말씀은 짧고 단순하지만 우리들에게 "경천애인의 사상과 원리"를 감당할 힘과 용기 그리고 장래의 축복까지도 전해 주고 있다.

하나님은 우리들에게 "멸망하지 않고 영생을 얻게 하신다." 하셨고, 한경직목사는 이를 "가르치시고 본을 보이셨다."

그러므로 영락교회와 교우들은 한경직목사를 통하여 '이미 배웠고 보았으니' 이제는 "이 믿음을 더욱 굳게 하여 지금 우리들이 하는 수고, 즉 경천애인(敬天愛人) 사상을 실천하여 나가는 동안 때로는 어둡고 힘이 들더라도 능력 주심을 믿고 모든 일들을 잘 감당할 수 있도록 주의 밝은 빛으로 이끌어 주실 것"을 확신하면서 담대하게 나아갈 수 있어야 한다.

【저자 소개】

김성호교수는 고려대학교에서 공부(국제경영전공, Ph.D)하고 이후 협성대학교 경영대학에서 강의하여 왔으며 지금은 명예교수로 있다. 또한 감리교신학대학교 대학원에서 신학을 공부(M. Div.)하여 목사 안수를 받았다.

대학에서 재직하는 동안 45편의 논문과 〈국제통상실무〉(법문사), 〈글로벌경쟁시대의 국제경영〉(비즈프레스), 〈해운이야기〉(한국경제신문사), 〈국제무역〉(학문사), 〈해상보험요론〉(학문사), 〈국제해상운송실무〉(공저, 박영사), 〈국제통상협상〉(두남) 등 국제 무역·경영 관련의 저서 21권과 〈목회를 위한 경영, 경영을 위한 목회〉(프리칭 아카데미), 〈산에서 말씀하시는 하나님〉(비즈프레스) 등 종교, 신앙 관련의 저서 2권을 출간하였다.

2020년 11월에는 영락교회 한경직목사기념사업회에서 주관한 〈한경직 논문상 공모〉에서 "한경직목사의 경천애인 사상의 실천방안에 대한 연구"로 논문상을 수상한바 있다.

대학에서는 경영대학장, 경영정보대학원장, 학생처장, 평생교육원장, 도서관장 등을 역임하였으며 목회 활동으로는 분당 불꽃교회, 김포중앙교회 교육목사 등을 거쳐 서울 남가좌교회에서 협동목사로 사역을 한 후 은퇴하였으며 지금은 여러 대학과 교회 등에서 특강과 말씀을 전하고 있다.